Otto Rühle

# Zur Psychologie
# des proletarischen Kindes

Herausgegeben von
Lutz von Werder und Reinhart Wolff

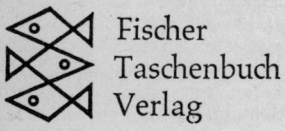

Fischer
Taschenbuch
Verlag

Fischer Taschenbuch Verlag
April 1975
Ungekürzte Ausgabe

Umschlagentwurf: Jan Buchholz / Reni Hinsch

Fischer Taschenbuch Verlag GmbH, Frankfurt am Main
Lizenzausgabe mit freundlicher Genehmigung
des März Verlages, Frankfurt am Main
© März Verlag, Frankfurt am Main 1969
Gesamtherstellung: Hanseatische Druckanstalt GmbH, Hamburg
Printed in Germany
ISBN 3 436 02068 0

# Inhalt

# Lutz v. Werder: *Vorwort zur Taschenbuchausgabe:* Arbeiterkind und Klassenbewußtsein. Otto Rühle als sozialistischer Sozialisationsforscher

## 1. Bürgerliche und sozialistische Sozialisationsforschung

Sozialisationsforschung entsteht in der Entwicklung der Gesellschaft dann, wenn der Prozeß der Integration der gesellschaftlichen Individuen in den Arbeitsprozeß und in die gesellschaftlichen Verkehrsformen nicht mehr naturwüchsig erfolgen kann, sondern gesellschaftlich, d. h. staatlich organisiert werden muß.

Diese Epoche tritt ein, wenn die Produzenten, von den Produktionsmitteln getrennt, sich nur noch durch den Verkauf ihrer Arbeitskraft reproduzieren können. Da sie, bevor sie auf dem Arbeitsmarkt erscheinen können, in eine Form gebracht werden müssen, die den Anforderungen der Produktion entspricht, müssen sie einen gesellschaftlichen, staatlich organisierten Qualifikationsprozeß durchlaufen. Die Organisation dieser Bildungsproduktion erheischt allgemeine Kenntnisse über Form und Inhalt der Ausbildung der Arbeitskräfte, um Arbeitsgrundlagen für die staatliche Organisation der Bildungsproduktion und für die Arbeit des gesellschaftlichen Lehrpersonals im — von der Produktion gesonderten — Ausbildungssektor zu schaffen. Sozialisationsforschung, die diese Grundlagen bereitstellen will, ist also erst nötig und möglich, wenn die vergesellschaftete Erziehung eine verwissenschaftlichte Planung, Durchführung und Kontrolle erfordert.

Die Entwicklung der Sozialisationsforschung ist sowohl abhängig vom Stand der Beherrschung der äußeren Natur durch den Menschen wie der Beherrschung der inneren Natur des Menschen durch den Menschen selbst. Ihre Entwicklung unterliegt zugleich den gesellschaftlichen Verhältnissen und den Grenzen, die diese der Bearbeitung und Beherrschung der Natur setzen. In der kapitalistischen Industriegesellschaft wird die Naturbeherrschung in die Grenzen der privaten Aneignung der gesellschaftlichen Produkte gepreßt, im Widerspruch zum verbreiteten Schein der Gleichheit, Freiheit und des allgemeinen Wohlstands der Gesellschaft.

Die Sozialisationsforschung muß, solange sie am Bestand der kapitalistischen Industriegesellschaft orientiert ist, ihren Ausgang von den als gleich und frei erscheinenden Individuen oder von der in natürlicher Harmonie erscheinenden Gesellschaft nehmen. Sie wird deshalb entweder die Bedingungen der Herausbildung gleicher und freier Individuen oder die Bedingungen der Erhaltung der scheinbar harmonischen Gesellschaft von Generation zu Generation untersuchen.[1] Eine Sozialisationsforschung, die den Verkehrungen der Oberfläche der kapitalistischen Gesellschaft, diesem wahren »Eden der angebornen Menschenrechte«[2] verhaftet bleibt, begreift nicht viel von dieser Gesellschaft, in deren »Tiefe ganz andere Prozesse vorgehen, in denen diese scheinbare Gleichheit und Freiheit der Individuen verschwindet«[3].

Solange die Sozialisationsforschung den Schranken unterliegt, die ihr der Schein der Oberfläche der kapitalistischen Gesellschaft setzt, wird sie einfach den Blick verschließen »vor den sozialen Faktoren und Triebkräften, die objektiv über das System hinaustreiben«[4]. Die Untersuchung der Auswirkungen der wirklichen gesellschaftlichen Verhältnisse auf die gesellschaftlichen Individuen und der Möglichkeiten der kollektiven Emanzipation der im Kapitalismus unterdrückten Klasse wird nur eine Sozialisationsforschung in Angriff nehmen, die mit Hilfe der Marxschen Gesellschaftstheorie den kapitalistischen Schein durchbricht und mit Bezug auf die Bewegung der Arbeiterklasse wirkliche Emanzipationsprozesse erkennen kann. Wenn der Klassenkampf auf die Agenten und Opfer kapitalistischer Bildungsproduktion übergreift, entstehen die Voraussetzungen und Grundlagen von sozialistischer Sozialisationsforschung. Diese Forschung wird möglich, wenn die Emanzipation der Arbeiterkinder von den kapitalistischen Erziehungsverhältnissen einen gewissen Grad erreicht hat, der die Planung, Durchführung und Kontrolle einer sozialistischen Vergesellschaftung in den kapitalistischen Grenzen nötig macht. Sozialistische Sozialisationsforschung wird von Arbeiterparteien und sozialistischen Erziehern für die Erziehung der Arbeiterkinder benötigt. Diese Forschung bleibt an die Arbeiterbewegung gebunden. Sie teilt mit ihr die Erfolge und Niederlagen im Klassenkampf.

---

[1] Zu den soziologischen und psychologischen Typen bürgerlicher Sozialisationsforschung vgl. B. Caesar: *Autorität in der Familie*. Reinbek 1972 (rde 366), S. 11–22.
[2] MEW (K. Marx/F. Engels: *Werke*) 23. Berlin 1968, S. 189.
[3] K. Marx: *Grundrisse der Kritik der politischen Ökonomie*. Berlin 1953, S. 159. Zu den Grenzen bürgerlicher Sozialisationsforschung vgl. auch C. Hagemann-White u. R. Wolff: ›Gesellschaftliche Entwicklung und Sozialisationsforschung‹. In: *Erziehung und Klassenkampf* 9, 1973, S. 21–23.
[4] E. Hahn: *Historischer Materialismus und marxistische Soziologie*. Berlin 1968, S. 112.

## 2. Einige Probleme sozialistischer Sozialisationsforschung

Sozialistische Sozialisationsforschung begreift den Prozeß der Vergesellschaftung der Arbeiterkinder in doppelter Hinsicht. Sie sieht diesen Prozeß sowohl als Prozeß der Anpassung der Arbeiterkinder an die kapitalistische Gesellschaft durch Ausbildung einer bestimmten Form des Arbeitsvermögens als auch als Emanzipation des Arbeiterkindes von dieser gesellschaftlichen Zurichtung durch Entwicklung einer bestimmten Form bewußter politischer Qualifikation und Sozialisation. Sie untersucht besonders die Bewußtseinsformen, die Arbeiterkinder dazu veranlassen, in den Prozeß politischer Sozialisation einzutreten, und die Bewußtseinsformen, die sie in ihm erreichen können. Diese Forschung wirft einige Probleme auf.

Die sozialistische Sozialisationsforschung geht davon aus, daß die politische Bewußtseinsentwicklung der Arbeiterkinder prinzipiell ebenso verlaufen muß wie bei den erwachsenen Arbeitern. Die Arbeitereltern übertragen ihr Bewußtsein weitgehend auf die Arbeiterkinder. Das gesellschaftliche Bewußtsein der Arbeiterkinder als Alltagsbewußtsein[5] müßte also dieselbe widersprüchliche und doppelte Bestimmung aufweisen wie das Bewußtsein der Arbeiter. »Auf Grund der doppelten Beziehung des Arbeiters zum Kapital, einmal in der Zirkulation als gleichberechtigter Warenbesitzer, zum anderen in dem despotischen Produktionsprozeß als bloßer subjektiver Faktor des Kapitals, ist sein Bewußtsein über sein gesellschaftliches Verhältnis doppelt und widersprüchlich bestimmt.«[6] Während das Zwangsverhältnis der Produktion sich im Bewußtsein der Arbeiter »unterschwellig als rebellisches Verhältnis ausdrückt«[7], vermittelt ihm die Sphäre der Zirkulation den Schein von Gleichheit und Freiheit. Aber ebenso wie der Arbeiter bestimmten Mystifikationen in bezug auf die Gesellschaft unterliegt[8], so zwingt ihn der Gang der Produktion zur Entwicklung bestimmter Formen richtigen Bewußtseins: »Zeichnet sich die bürgerliche Gesellschaft einerseits durch den Entfremdungsprozeß der Arbeit, die Mystifikation der gesellschaftlichen Verhältnisse aus, so entwickeln sich zugleich in ihr die materiellen und geistigen Bedingungen der Emanzipa-

---

[5] Vgl. dazu T. Leithäuser: *Untersuchung zur Konstitution des Alltagsbewußtseins.* Hannover 1972, S. 186–221.
[6] Projekt Klassenanalyse: *Materialien zur Klassenstruktur der BRD.* Teil 1. Berlin 1973, S. 240.
[7] Projekt Klassenanalyse: *Zur Taktik der proletarischen Partei.* Berlin 1972, S. 86.
[8] Ebd., S. 88–94; Dies.: *Materialien . . .*, S. 219–256; Autorenkollektiv: *Klassenlage und Bewußtseinsformen technisch-wissenschaftlicher Lohnarbeiter.* Frankfurt 1973, S. 103–160.

tion der Arbeiterklasse, die Entfaltung der gesellschaftlichen
Potenzen der Arbeit.«[9] Der Ansatz des Bewußtseins vom ökonomischen Gegensatz von Lohnarbeit und Kapital »findet seinen Ausdruck im organisierten Widerstand der Arbeiter gegen
ihre Organisierung durch das Kapital im unmittelbaren Produktionsprozeß«[10]. Die Arbeiter entwickeln so gewerkschaft-
liches Bewußtsein, das erst zum Klassenbewußtsein wird durch
die Vermittlung revolutionärer Theorie im Rahmen einer marxistischen Arbeiterpartei.[11] Der Marxismus unterscheidet also
gewisse Stufen der Entwicklung des Arbeiterbewußtseins bis
zum wirklichen Klassenbewußtsein, die nicht spontan durchlaufen werden, sondern von der Entwicklung der Entmystifikation des Arbeiterbewußtseins und der adäquaten Interven-
tion einer marxistischen Partei abhängen.[12]

Im Hinblick auf die Arbeiterkinder ergeben sich hier allerdings mehrere Aspekte, die bei ihnen eine vom Bewußtsein
der Arbeiter doch unterschiedliche Entwicklung des Klassenbewußtseins nahelegen.

1. Das Arbeiterkind nimmt an der Unterdrückung und Emanzipation seiner Klasse teil, aber im entwickelten Kapitalismus nicht in der Produktion, sondern in Familie, Schule
   und auf der Straße. Es unterliegt damit nur in vermittelter
   Form der Mystifikation und beginnenden Entmystifikation
   des Bewußtseins seiner Klasse.
2. In der Arbeiterfamilie und in der Schule herrschen weder
   die Freiheit und Gleichheit des Marktes noch die gleichgül-
   tige Despotie des Betriebs, sondern persönliche Abhängig-
   keits- und Knechtschaftsverhältnisse. Das Bewußtsein des
   Arbeiterkindes muß deshalb im Unterschied zum Bewußtsein seiner Klasse eine personalistisch gefaßte doppelte Bestimmung entwickeln. Soweit der Lehrer das Arbeiterkind
   als gleichberechtigten Warenbesitzer ausbildet, vermittelt er
   den Schein von Gleichheit und Freiheit; soweit er das Arbeiterkind bloß zum subjektiven Faktor des Kapitals prä-
   pariert, vermittelt er die Erfahrung der Despotie. Diese
   doppelte Bestimmung des Bewußtseins des Arbeiterkindes

[9] Projekt Klassenanalyse: Zur Taktik . . ., S. 89; Dies.: Materialien . . .,
S. 228 f, 254 ff.
[10] Autorenkollektiv: Klassenlage . . ., S. 123, 168, 173; Projekt Klassenanalyse: Materialien . . ., S. 257 f.
[11] Vgl. dazu E. Hahn: Materialistische Dialektik und Klassenbewußtsein. Frankfurt 1974, S. 81–91; E. Mandel: ›Lenin und das Problem des
proletarischen Klassenbewußtseins‹. In: Autorenkollektiv: Lenin. Revolution und Politik. Frankfurt 1970, bes. S. 149 ff, S. 198 ff.
[12] Zu den Stufen des Arbeiterbewußtseins vgl. F. Deppe: Das Bewußtsein der Arbeiter. Köln 1971, bes. S. 61–64; G. Lukács: ›Klassenbewußtsein‹. In: Ders.: Geschichte und Klassenbewußtsein. Berlin 1923, S. 89–92.
Die Entwicklung der Stufen des Arbeiterbewußtseins illustriert M. Vester:
Die Entstehung des Proletariats als Lernprozeß. Frankfurt 1970.

bleibt aber dem Schein persönlicher Willkür seitens des Lehrpersonals verhaftet. Der doppelte Charakter der gesellschaftlichen Beziehungen des Arbeiterkindes bleibt ihm im Alltagsbewußtsein durch den Schein persönlicher Abhängigkeit verborgen. Dieser Schein verstärkt sich in seinem Alltagsbewußtsein durch die wirkliche persönliche Abhängigkeit des Arbeiterkindes von seinen Eltern.

3. Das Arbeiterkind hat im Unterschied zu den erwachsenen Arbeitern sein Arbeitsvermögen und damit auch seine kognitive und psychische Entwicklung noch nicht abgeschlossen. Dazu kommt: Sein Begriffsvermögen wird nur auf niedrigem Niveau entwickelt, um seine Ausbildungskosten und den Wert seiner Arbeitskraft möglichst niedrig zu halten. Dazu kommt ein Zwang zur Sprunghaftigkeit im Verhalten, weil es sich noch nicht selbständig reproduziert und keine sichere Orientierung aus dem gleichbleibenden Verkauf der Arbeitskraft und ihrer Anwendung zieht. Zwischen der Produktion seines Arbeitsvermögens in der Schule und der Reproduktion seines Lernvermögens in der Familie wird es hin- und hergerissen.

Für die sozialistische Sozialisationsforschung ergibt sich das Problem, die Besonderheiten der Entwicklung des Klassenbewußtseins beim Arbeiterkind herauszuarbeiten sowie die diesem Bewußtsein entsprechenden organisierten Verkehrsformen zu bestimmen. Es stellt sich weiter die Frage, wie bei den Arbeiterkindern die aufgrund der besonderen Aspekte ihrer Klassenlage sich entwickelnde Tendenz zu einem utopischen Bewußtsein, das sich nur abstrakt gegen Herrschaft als moralisch suspekt wendet, überwunden werden kann. Das Problem stellt sich, wie und wann gelingt den Arbeiterkindern der Anschluß an das fortgeschrittene Bewußtsein der Arbeiterklasse.

Die sozialistische Sozialisationsforschung steht aber auch vor erkenntnistheoretischen Schwierigkeiten. Es stellt sich die Frage: Wie weit reichen die Kategorien der politischen Ökonomie, um auch die Bewußtseinsformen zu bestimmen, die aus persönlicher Abhängigkeit im Reproduktionsbereich und im Bereich der Bildungsproduktion erwachsen. Inwieweit schlagen sich außerdem in der Bewußtseinsentwicklung der Arbeiterkinder Faktoren nieder, die in der inneren Natur der Kinder gründen und die in der politischen Ökonomie bisher keinen Begriff fanden. Die sozialistische Sozialisationsforschung hat häufig geglaubt, hier Grenzen der politischen Ökonomie feststellen zu können. Sie hat deshalb versucht, Marxismus mit Psychoanalyse, Individualpsychologie, in sozialistischen Staaten auch mit Sozialpsychologie[13] zu kombinieren, um

[13] Vgl. H. Hiebsch: *Sozialpsychologische Grundlagen der Persönlichkeits-*

Probleme der politischen Entwicklung der gesellschaftlichen
Individuen analysieren zu können.

Otto Rühle, der auf dem Standpunkt stand, die politische
Ökonomie analysiere die materiellen Verhältnisse und die
Individualpsychologie das Seelenleben, ging davon aus, daß
im Rahmen sozialistischer Sozialisationsforschung eine Synthese beider Wissenschaften »möglich und nötig ist«.[14]

Die Voraussetzungen, Ergebnisse, praktischen Folgen und
die heutige Relevanz dieses Ansatzes haben wir im folgenden
zu diskutieren.

## 3. Otto Rühle als sozialistischer Sozialisationsforscher

Die Entstehung und Entwicklung von Otto Rühles Sozialisationstheorie ist nicht nur dem wachsenden Klassenkampf um
den Ausbildungssektor und der Verschärfung des Klassenkampfes um die Jugend im Imperialismus geschuldet. Sie wird
auch entscheidend geprägt von der Entwicklung der deutschen
Arbeiterbewegung. Da die sozialistische Sozialisationstheorie
als Teil der marxistischen Gesellschaftstheorie auftritt und die
Rezeption der Gesellschaftstheorie von der Entwicklung des
politischen Standpunktes des jeweiligen Marxisten abhängt,
wird auch bei Otto Rühle die Abhängigkeit der Entwicklung
seiner Sozialisationstheorie nicht nur von seiner politischen
Position und seinem Gesellschaftsverständnis, sondern auch
von der Entwicklung der Arbeiterbewegung verständlich.

Rühles erster Entwurf einer Sozialisationstheorie ist durchaus dem traditionellen Marxismusverständnis der 2. Internationale verpflichtet. Dieser Marxismus, repräsentiert im
Werk von Karl Kautsky, betonte besonders die historische
Gesetzmäßigkeit des Unterganges des Kapitalismus und des
Sieges des Sozialismus. »Die Erhebung des Proletariats aus
seiner Erniedrigung ist ein unvermeidlicher, naturnotwendiger
Prozeß«[15], schreibt Kautsky und begreift damit auch den Ent-
wicklungsprozeß des Klassenbewußtseins und der Sozialisation der Arbeiterkinder im Interesse der Arbeiterklasse als
naturwüchsig und unaufhaltsam. Kautsky konstatiert die
Identität der Auflösung der kapitalistischen Gesellschaft und
der Entwicklung eines dieser Auflösung angemessenen Klassenbewußtseins. Dieser Prozeß erfordert für ihn zugleich den
Eingriff der Arbeiterpartei, die im Besitz der revolutionären

*formung.* Berlin 1971; H. Hiebsch/M. Vorweg: *Einführung in die marxistische Sozialpsychologie.* Berlin 1971.
[14] Otto Rühle: ›Marxismus und Individualpsychologie‹. In: *Am anderen
Ufer* 1, 1924, S. 24.
[15] K. Kautsky: *Das Erfurter Programm.* Berlin 1965, S. 199.

Theorie ist.[16] Mit Hilfe der Partei und ihrer Schulungsarbeit, die dem Arbeiter das richtige Bewußtsein vermittelt, ist das »unaufhaltsame und rapide Fortschreiten des Gesamtproletariats« sicher.[17]

Da für Otto Rühle bis zum Ersten Weltkrieg, als bezahlter Wanderlehrer, die traditionelle Vorstellung galt, daß die Arbeiter mit Hilfe der Partei problemlos in immer wachsendem Maße Klassenbewußtsein entwickelten, verstand sich für ihn auch die Entwicklung zum Klassenbewußtsein bei den Arbeiterkindern von selbst. Rühle hatte vor dem Ersten Weltkrieg auch eine ganz spontaneistische und mechanistische Vorstellung von der Entstehung des Klassenbewußtseins bei den Arbeiterkindern, wenn er schreibt: »Schon treiben die Niederungen des Elends Schößlinge voll Kraftgefühl und ungeahnter Frische, schon tritt die proletarische Jugend im Glanz der Morgensonne als ein Heer von Fechtern auf den Plan der Geschichte.«[18] Die Klassenunterdrückung produziert im Bewußtsein der Arbeiterkinder ungehindert das sozialistische Bewußtsein. »Aus dem Bewußtsein der Erniedrigung erwachsen ihm im tiefsten Innern tatkräftige Impulse der Aufrichtung und Erhebung ... und auf schnurgeradem Weg mündet seine Gefühls- und Gedankenwelt ein in den Strom der großen proletarischen Bewegung.«[19] Um den spontanen Prozeß der Entwicklung des Klassenbewußtseins· bei der Arbeiterjugend zu beschleunigen, sah Rühle seine Aufgabe in der Aufklärung der Arbeiterklasse über die Formen der Unterdrückung der Arbeiterkinder.[20]

Der mechanistisch verstandene Marxismus brach mit der Burgfriedenspolitik der SPD im Ersten Weltkrieg und durch ihren Verrat an der Novemberrevolution kläglich zusammen. Für alle bewußten Marxisten zeigte sich nun deutlich, daß der Sieg des Sozialismus das Klassenbewußtsein der Massen auf jeden Fall »ebenso notwendig braucht, wie eine bestimmte Höhe der gesellschaftlichen Produktion und der zahlenmäßi-

---

[16] Für Kautsky ist die SPD die Vereinigung von Arbeiterbewegung und wissenschaftlichem Sozialismus. Vgl. ders.: *Das Erfurter Programm*, bes. S. 238–248.
[17] Vgl. Karl Kautsky: *Der Weg zur Macht*. Frankfurt 1971. S. 47, bes. S. 38–48.
[18] Otto Rühle: *Grundfragen der Erziehung*. Stuttgart 1912, S. 25.
[19] Otto Rühle: *Das proletarische Kind*. München 1911, S. 262. Rühle als Anhänger des Parteizentrums war hier optimistischer als z. B. die linke Klara Zetkin, die schon erkannte, daß Widerstände in der bürgerlichen Gesellschaft der Arbeiterjugend den »Weg zum Heerlager des proletarischen Befreiungskampfes versperren konnten«. Vgl. dazu L. v. Werder: *Sozialistische Erziehung in Deutschland 1848–1973*, Frankfurt 1974 (Fischer Taschenbuch Bd. 6244), S. 129 ff.
[20] Dieser Aufgabe dienten seine Schriften: *Die Volksschule, wie sie ist*. Berlin 1903; *Kinderelend. Proletarische Gegenwartsbilder*. München 1906; *Das proletarische Kind*. München 1911; *Grundfragen der Erziehung*. Stuttgart 1912.

gen Entwicklung des Proletariats selbst«[21]. Alle Marxisten, die sich von der 2. Internationale abwandten, mußten sich nun die Frage nach den Bedingungen der Entstehung des Klassenbewußtseins im Proletariat neu stellen.

Gegenüber der Kautskyschen Vorstellung setzte sich in der deutschen Arbeiterbewegung, nach der Gründung der KPD, der Leninsche Marxismus stärker durch. Lenin war schon früh zu einer Kritik der spontaneistischen Klassenbewußtseinstheorie gekommen. Lenin nahm zwar an, daß die Entwicklung der kapitalistischen Produktionsweise das Proletariat zwingt, den Aktionen des Kapitalismus mit ökonomischen Kämpfen zu begegnen, er wies aber darauf hin, daß die Entwicklung des Klassenbewußtseins in der spontanen Arbeiterbewegung auf unüberwindbare Grenzen stoße. »Die spontane Arbeiterbewegung ist an und für sich nur fähig, Trade-Unionismus hervorzubringen.«[22] Lukács' Analyse bestätige Lenin. Lukács wies nach, daß aufgrund des im Kapitalismus herrschenden Warenfetischismus die Arbeiter nur ein verdinglichtes Bewußtsein haben können.[23] Proletarisches Klassenbewußtsein als der »bewußtgewordene Sinn der geschichtlichen Lage der Klasse«[24], als Bewußtsein »der Gesellschaft als Ganzes«[25] und als Fähigkeit, »die Wirklichkeit verändernd zu handeln«[26], entwickelt das verdinglichte Arbeiterbewußtsein nicht spontan. Es entwickelt in Kämpfen und Krisen zwar eine »Intention auf das Richtige«[27], aber es bleibt »in den beiden Extremen des rohen Empirismus und des abstrakten Utopismus gleichmäßig und hoffnungslos gefangen«[28]. Die spontane Arbeiterbewegung bleibt ökonomischen Reformvorstellungen oder abstrakten Endzielforderungen verhaftet. Klassenbewußtsein muß dem Proletariat durch die Partei von außen[29] bzw. durch die Partei als »selbständige Gestalt des proletarischen Klassenbewußtseins«[30] vermittelt werden.

Gegen diese Position der 3. Internationale opponierten die Linksradikalen. Sie sahen das Fehlen des Klassenbewußtseins

[21] M. Adler: ›Klassenkampf und Erziehung‹. In: Rotkol (Hg.): *Soll Erziehung politisch sein?* Frankfurt 1970, S. 30.
[22] Vgl. W. I. Lenin: *Werke.* Bd. 5. Berlin (DDR) 1955, S. 452 und 385 f. Vgl. auch E. Mandel: ›Lenin und das Problem des proletarischen Klassenbewußtseins‹, a.a.O., S. 150.
[23] Vgl. G. Lukács: ›Die Verdinglichung und das Bewußtsein des Proletariats‹. In: Ders.: *Geschichte und Klassenbewußtsein.* Berlin 1923, S. 94 ff.
[24] G. Lukács: ›Klassenbewußtsein‹. In: Ders.: *Geschichte und Klassenbewußtsein,* S. 86.
[25] Ebd., S. 61.
[26] Ebd., S. 81.
[27] Ebd., S. 85.
[28] Ebd., S. 89.
[29] W. I. Lenin: *Werke.* Bd. 5, S. 385 ff, 430, 436.
[30] G. Lukács: ›Methodisches zur Organisationsfrage‹. In: *Geschichte und Klassenbewußtsein,* S. 333.

im Proletariat nicht in der Überschätzung des spontaneistischen Klassenbewußtseins und im Fehlen einer richtigen Partei, sondern vielmehr in der Unterdrückung der proletarischen
Spontaneität durch die Herrschaft einer Partei über die Klasse
begründet. Die 2. und 3. Internationale mußten nach ihren
Vorstellungen deshalb scheitern, weil sie das Klassenbewußtsein lehren und nicht aus den praktisch-politischen Erfahrungen der Arbeiter sich entwickeln lassen wollten. Rosa Luxemburg als Vertreterin des Linksradikalismus vertraute der
spontanen Entwicklung des Klassenbewußtseins in der revolutionären Tat. »Die proletarischen Massen schulen, d. h.
ihnen Vorträge halten und Flugblätter und Broschüren ver-
breiten. Nein, die sozialistische Proletarierschule braucht das
alles nicht. Sie werden geschult, indem sie zur Tat schreiten.«[31]
Nach 1918 wurden diese Thesen in Beiträgen von Gorter,
Pannekoek, K. Schröder[32] verbreitet. Otto Rühle stimmte mit
ihnen nach seinem Ausscheiden aus SPD und KPD überein[33].
Er sah allerdings nicht nur in der Parteiherrschaft über die
Klasse, sondern nun auch in den Herrschaftsformen, denen
das Arbeiterkind in der Arbeiterfamilie und in der Schule
unterworfen ist, Ursachen, die die spontane Entstehung des
Klassenbewußtseins verhinderten. »Der Arbeiter von heute ist
nur im Betrieb wirklicher Proletarier und als solcher Revolutionär im Sinne der proletarisch-sozialistischen Revolution.
Außerhalb des Betriebes ist er Kleinbürger, befangen in kleinbürgerlichem Milieu und philiströsen Lebensgewohnheiten,
beherrscht von kleinbürgerlicher Ideologie.«[34]

Sein zweiter Entwurf einer sozialistischen Sozialisationstheorie, der zusammengefaßt in der 1925 publizierten Schrift
*Die Seele des proletarischen Kindes* vorliegt, war deshalb auf
die Analyse der Entwicklung bzw. Verhinderung der Entstehung von Klassenbewußtsein beim Arbeiterkind gerichtet.

Dieser zweite Entwurf ging nicht wie der erste von einer
mechanistischen Identität von Sein und Bewußtsein aus. Er
rezipierte auch nicht die Klassenbewußtseinstheorie von Lenin
und Lukács. Er versuchte die Brechung des sozialen Seins
im Bewußtsein nicht wie Lukács mit der Theorie des Warenfetischismus, sondern mit Hilfe der Adlerschen Individualpsychologie zu fassen. Die Folge davon war: Rühle über-
wand den mechanistischen Traditionalismus der 2. Internationale. Da er aber die Entwicklung des Klassenbewußtseins

[31] R. Luxemburg: *Politische Schriften*. Bd. 2. Frankfurt 1966, S. 200.
[32] Vgl. ihre Beiträge in: F. Kool (Hg.): *Die Linke gegen die Parteiherrschaft*. Freiburg 1970.
[33] Vgl. bes. seine Beiträge: ›Grundfragen der Organisation‹. In: *Die Aktion*
1921; *Die Revolution ist keine Parteisache*. Berlin 1920; *Von der bürgerlichen zur proletarischen Revolution*. Dresden 1924.
[34] Otto Rühle: *Von der bürgerlichen zur proletarischen Revolution*, S. 51.

nur an die Überwindung autoritärer personeller Verhältnisse und nicht zugleich an die Auflösung des verdinglichten
Bewußtseins geknüpft sah, konnte er mit seiner zweiten Sozialisationstheorie nicht den Prozeß der Entwicklung des
wirklichen Klassenbewußtseins im Arbeiterkind erklären.
Aus der Negation jeder Form persönlicher Unterdrückung
ergab sich für Rühle die bewußte Intention des Bewußtseins
auf eine herrschaftslose Gemeinschaft, der allerdings die
Kenntnisse der Durchsetzung ihres Ziels gegen die Kapital-
herrschaft ermangelten.

Mit Lukács kann man sagen, Rühle blieb damit in der Erklärung der Entwicklung des abstrakten Utopismus befangen.
Rühles Erklärung des spontanen Auftretens von anarchisti-
schem und utopistischem Bewußtsein in der Arbeiterjugend
war allerdings wichtig, weil nach dem Ersten Weltkrieg der
spontane Widerstand der Arbeiterkinder gegen ihre Unterdrückung in der Schule sichtbare Formen annahm und in sozialistische Bahnen geleitet werden mußte. Rühles Analyse
konnte zwar nicht die Auswirkungen der allgemeinen Klassenunterdrückung auf das Arbeiterkind offenlegen, sie konnte
aber auf die Bewußtseinsauswirkungen der persönlichen Unterdrückung des Arbeiterkindes durch Lehrer und Eltern hin-
weisen. Seine zweite Sozialisationstheorie sowie ihre Weiterentwicklung in seinem Spätwerk[35] stellt somit keine voll-
ständige Theorie der Entwicklung der Bewußtseinsformen des
Arbeiterkindes dar. Aber dieser zweite Entwurf gewann trotzdem eine ziemliche Bedeutung für Teile der deutschen Arbeiterbewegung. Sehen wir uns die Theorie also näher an, ehe
wir ihren praktischen Einfluß, das Kreuzfeuer der Kritik, das
sie auslöste, und ihre heutige Bedeutung betrachten.

## 4. Zum Versuch einer materialistischen
Umformulierung der Adlerschen Individualpsychologie

Otto Rühle faßt in seiner zweiten Sozialisationstheorie das
Verhältnis von Sein und Bewußtsein, von Gesellschaft und Individuum mit Hilfe zweier Theorien: des Marxismus und der
Individualpsychologie. Die Vermittlung beider Theorien versucht Rühle nicht auf der Ebene der Erkenntnistheorie, wie

---

[35] Vgl. dazu die Anwendung seiner 1925 vorgelegten Sozialisationstheorie auf die Probleme der Faschisierung der Mittelschichten, der stali-
nistischen Entwicklung in der Sowjetunion und die Bedingungen einer
neuen revolutionären Perspektive in folgenden Schriften: Otto Rühle:
*Illustrierte Kultur- und Sittengeschichte des Proletariats.* Frankfurt 1971,
S. 1 ff, 251, 294, 414 ff; Otto Rühle (unter dem Pseudonym: Carl Steuermann): *Der Mensch auf der Flucht.* Berlin 1932, S. 126 ff; Otto Rühle:
*Schriften.* Reinbek 1971 (RK 255), S. 24—32, 85—90, 130—136, 167—175.

häufig bei den Freudomarxisten der Weimarer Zeit[36]. Otto Rühle legt ihre Vermittlung im Rahmen der Analyse der sozialen Entwicklung des Arbeiterkindes dar. Die Analyse der Vergesellschaftung des Arbeiterkindes basiert bei Otto Rühle auf dem Konzept des Verhältnisses von Umwelt und Individuum, wie es A. Adler für die Entwicklungsstufen des Kindes gefaßt hat. Demnach wird angenommen, daß das Kind in eine repressive Umwelt hineingeboren wird, gegen die es sich zur Wehr setzen muß. Diese Wechselbeziehung von Repression und Reaktion spiegelt sich nach Adler im Kind als Entwicklung von Minderwertigkeitsgefühl (als Ausdruck der Repression) und die Minderwertigkeit kompensierendes Machtstreben (als Ausdruck der Reaktion) wider. Dieses Machtstreben äußert sich nun je nach den individuellen Gegebenheiten in der Form direkter oder indirekter Aggression gegen die soziale Umwelt. Die Aggression drückt sich in direkter Form in der Durchbrechung der Umweltzwänge: in Verwahrlosung und Kriminalität aus, in indirekter Form zeigen sich Aufsteigertum bzw. Konformismus. Im Prozeß der Auseinandersetzung mit der sozialen Umwelt gewinnt das Individuum Charakterstrukturen, die durch Lebensplan und Leitlinien festgelegt sind.[37]

Rühle versucht dieses Modell sowohl seines abstrakten wie ahistorischen Charakters zu entkleiden, indem er »die seelischen Vorgänge ... als Ausdruck der ökonomisch-sozialen Verhältnisse«[38] aufzufassen versucht. Die Herrschaftsverhältnisse und ihre Folgen, wie sie Adler begreift, entspringen für Rühle aus der spezifischen kapitalistischen Gesellschaft, die mit entwickelter Warenproduktion sowohl zur Klassenunterdrückung wie zur Konkurrenz aller gegen alle führt. Die kapitalistischen Verhältnisse sind es auch, die die von Adler beschriebenen Charakterstrukturen prägen. »Der wirtschaftliche Konkurrenzkampf findet sein getreues Abbild in der Welt der seelischen Beziehungen der Menschen zueinander.«[39]

Zugleich führt die kapitalistische Produktion aber auch zum

[36] Vgl. H. P. Gente (Hg.): *Marxismus, Psychoanalyse, Sexpol*. Bd. 1, Frankfurt 1970 (Fischer Taschenbuch Bd. 6056); H. J. Sandkühler (Hg.): *Psychoanalyse und Marxismus*. Frankfurt 1970.
[37] Alfred Adler entwickelt diese Theorie genauer in seinen Schriften: *Über den nervösen Charakter*. Frankfurt ²1973 (Fischer Taschenbuch Bd. 6174), S. 30–105; *Menschenkenntnis*. Frankfurt ⁹1972 (Fischer Taschenbuch Bd. 6080), S. 71–88; *Der Sinn des Lebens*. Frankfurt ²1974 (Fischer Taschenbuch Bd. 6179), S. 67–93. Otto Rühle stellt die Rezeption dieser Theorie in der vorliegenden Arbeit: *Zur Psychologie des proletarischen Kindes*, S. 51–55, 82–94, dar.
[38] O. Rühle: ›Marxismus und Individualpsychologie‹. In: *Am anderen Ufer* 1, 1924, S. 24.
[39] O. Rühle: ›Der autoritäre Mensch und die Revolution‹. S. diese Ausgabe, S. 163.

Kampf der Klassen gegeneinander. Sie zwingt besonders die Arbeiter zur Entwicklung solidarischer Beziehungen innerhalb ihrer Klasse. Rühle geht deshalb in der materialistischen Fundierung des Adlerschen Modells davon aus, daß die kapitalistische Gesellschaftsordnung nicht nur Individualisten, sondern auf dem Boden des Klassenkampfes auch Gemeinschaftsmenschen hervorbringt. Die Kompensation des allgemeinen Machtstrebens durch ein natürliches Gemeinschaftsstreben, wie es Adler faßt, wird durch Rühle an die Entwicklung des Klassenkampfes gebunden gesehen. Die allgemeine Konkurrenz kann nach Rühle in zweifacher Weise verarbeitet werden: »Mit einer bürgerlichen Orientierung macht der Mensch, entsprechend seinen klassenmäßigen Sicherungsbedürfnissen, eine Rechtfertigung und Erhaltung der überlieferten Welt mit Privatinteresse, Individualismus, Egoismus, Machtstreben, Autorität daraus. Mit einer bewußten proletarisch-revolutionären Orientierung gewinnt er daraus, entsprechend seinem entgegengesetzt verlaufenden Sicherheitsbedürfnis, die Disposition und Mittel zur inneren und äußeren Überwindung dieser Welt.«[40]

Sein materialistisch fundiertes Adlersches Modell versucht Rühle der Entwicklung des Arbeiterkindes zugrunde zu legen, indem er die Besonderheiten der Entwicklung von Bürgerkind und Arbeiterkind herauszuarbeiten sucht.

Er faßt die soziale Umwelt des Arbeiterkindes einmal im Unterschied zur relativ befriedigenden Umwelt des Bürgerkindes als repressive Umwelt der Arbeiterklasse. Er schreibt: »Die hier geschilderten Erscheinungen treffen im allgemeinen auf das seelische Verhalten aller Kinder mehr oder weniger zu. Die Begleitumstände aber, unter denen sie sich auswirken, sind für das proletarische Kind in besonderem Maße ungünstig.«[41] Er sieht zweitens die soziale Umwelt des Arbeiterkindes im Unterschied zu der des Bürgerkindes von der emanzipatorischen Entwicklung der Arbeiterklasse beeinflußt.[42] Die Arbeiterbewegung nimmt Einfluß auf den Verlauf des Minderwertigkeitsgefühls beim Arbeiterkind. Beide Bestimmungen prägen für Rühle die Verlaufsform des Minderwertigkeitsgefühls und damit die Entwicklung des Alltagsbewußtseins des Arbeiterkindes.

Das Alltagsbewußtsein wird für das Arbeiterkind einmal durch ein »gesteigertes Minderwertigkeitsgefühl« bestimmt.[43] Dieses Minderwertigkeitsgefühl ist Produkt seiner ungesicher-

[40] Ebd., S. 164.
[41] O. Rühle: *Zur Psychologie des proletarischen Kindes* (›Die Seele des proletarischen Kindes‹). S. diese Ausgabe, S. 54.
[42] Ebd., S. 56 ff.
[43] Ebd., S. 82.

ten Stellung in der Arbeiterfamilie und autoritärer Verhältnisse in der öffentlichen und privaten Erziehung.[44] Das Alltagsbewußtsein des Arbeiterkindes ist aber zum anderen von ausgeprägten Versuchen der Kompensation des Gefühls der Minderwertigkeit geprägt. Die Kompensationsversuche können in unterschiedlicher Richtung verlaufen. Rühle entwickelt vier Typen von Arbeiterkindern. Wenn das Arbeiterkind durch individuelle Anstrengungen das Minderwertigkeitsgefühl zu überwinden versucht, dann wird aus dem Arbeiterkind der Typ des gehorsamen Kindes. Das gehorsame Kind wählt den Weg der indirekten Aggression und erstrebt bei äußerer Willigkeit und Unterwerfung Macht und Ansehen »mit Hilfe der indirekten Aggression auf Umwegen, Winkelzügen, von hinten herum«[45]. Wenn das Arbeiterkind als Kompensationsform seines Minderwertigkeitsgefühls die direkte Aggression wählt, dann wird das Kind zum Rebellen: »Sein Lebensplan ist beherrscht von der Note der Aktivität. Gegenüber der Autorität, die ihm in der gesamten sozialen Umwelt entgegentritt, ist sein Bemühen unausgesetzt darauf gerichtet, die in seiner Person verkörperte Autorität zur Geltung zu bringen.«[46] Als individueller Rebell muß das Arbeiterkind gegenüber den Zwängen der Klassenlage unterliegen und sich zum Typ des abwegigen Kindes entwickeln[47], das in Verwahrlosung[48], Kriminalität[49], Prostitution[50] oder Selbstmord[51] endet. Wird aber das Arbeiterkind durch den Einfluß der Arbeiterbewegung[52] und durch die Vereinigung des Protestes auf der Straße[53] zu kollektiven Aggressionsformen geführt, so können sich Ansätze zur Herausbildung des Typs des revolutionären Arbeiterkindes entwickeln.[54] Mit der Ausbildung kollektiver Aggressionsformen ändert sich das Alltagsbewußtsein des Arbeiterkindes. Ohne schon die allgemeinen Mystifikationen zu durchbrechen, gewinnt sein Bewußtsein die »Intention auf das Richtige« (Lukács).

Die bei Rühle analytisch geschiedenen proletarischen Kindertypen sind in Wirklichkeit als Verhaltensmöglichkeiten in jedem Arbeiterkind vorhanden. Der Vergesellschaftungsprozeß stellt das Arbeiterkind ständig in eine Entscheidungssituation, ob es seinen kompensierenden Lebensplan auf eine individuelle bürgerliche oder kollektive und sozialistische Perspek-

[44] Ebd., S. 82.
[45] Ebd., S. 88.
[46] Ebd., S. 98.
[47] Ebd., S. 109, 128.
[48] Ebd., S. 109 ff.
[49] Ebd., S. 113.
[50] Ebd., S. 113 ff.
[51] Ebd., S. 123 ff.
[52] Ebd., S. 136 f, 140, 142 f.
[53] Ebd., S. 104.
[54] Ebd., S. 128.

tive ausrichtet. Schon das Alltagsbewußtsein des Arbeiterkindes reproduziert den Doppelcharakter des Bewußtseins seiner Klasse. Das proletarische Kind hat »neben der individuellen eine Massenseele«[55]. Diese Charakterstruktur unterscheidet das Arbeiterkind gründlich vom strukturell individualistisch eingestellten Bürgerkind. Die Kindertypen Rühls verteilen sich außerdem in unterschiedlichem Maße auf die Klassen. In der Bürgerklasse wird häufiger das gehorsame, in der Arbeiterklasse mehr das rebellische und abwegige Kind vorkommen. In der kapitalistischen Gesellschaft kann das Bürgerkind unter seinen Klassenbedingungen schon in individueller Form soziale Identität gewinnen, das Arbeiterkind erreicht seine soziale Identität nur im Ausleben kollektiv gesteuerter Aggressionen gegen Klassenherrschaft. Rühle hat damit Adlers fatalistische und biologistische Aggressionstheorie überwunden. Für Rühle ist die Aggression nicht angeboren, sondern durch Klassenunterdrückung und individuelle Unterdrückung gesellschaftlich produziert. Aggression ist keineswegs dysfunktional, wenn sie als Antrieb zum Klassenkampf und zu höheren Formen sozialen Bewußtseins entwickelt wird.[56] Rühle hat außerdem die Adlersche Lehre vom natürlichen Machtstreben und Gemeinschaftsgefühl in jedem Menschen klassenspezifisch differenziert. Er hat diese Lehre als die Psychologie kapitalistischer Klassenindividuen ausgewiesen. Rühle hat Adlers Psychologie auf ihre vom Kapitalismus produzierten Beine gestellt.[57]

## 5. Arbeiterkind und Klassenbewußtsein

Indem Rühle in seiner Sozialisationstheorie das Alltagsbewußtsein des Arbeiterkindes analysierte, entwickelte er zugleich Thesen über die Entstehung von Klassenbewußtsein beim Arbeiterkind.

Da Rühle davon ausgeht, daß das Arbeiterkind in seiner Auseinandersetzung mit der Klassenumwelt »an das Schicksal der sozialen Klasse gebunden ist, der es entstammt«[58], sieht er die

[55] Ebd., S. 136.
[56] Natürlich wird diese Umformulierung der Freud- und Adlerschen Aggressionstheorie in der heute anwachsenden Diskussion über Aggression unterschlagen. Vgl. etwa H. Selg (Hg.): *Zur Aggression verdammt?* Stuttgart 1972.
[57] Diese Leistung Otto Rühles wird in den Darstellungen der Individualpsychologie seitens der bürgerlichen Adlerianer unterschlagen. Vgl. z. B. M. Sperber: *Alfred Adler oder das Elend der Psychologie.* Frankfurt 1971 (Fischer Taschenbuch Bd. 6139); H. Jacoby: *Alfred Adlers Individualpsychologie und dialektische Charakterkunde.* Frankfurt 1974 (Fischer Taschenbuch Bd. 6230); J. Rattner: *Alfred Adler.* Reinbek 1972 (Rowohlts Monographien Nr. 189); R Dreikurs: *Grundbegriffe der Individualpsychologie.* Stuttgart 1969.
[58] O. Rühle: *Zur Psychologie . . .*, s. diese Ausgabe, S. 56.

im Arbeiterkind entstehenden Bewußtseinsformen auch an die Entwicklung der Bewußtseinsformen der Klasse und des Klassenkampfes gebunden.[59]

Klassenbewußtsein hat für Rühle als »bewußt gewordenes Sein« mehrere Aspekte.[60] Es ist einmal negativ die »Erkenntnis dessen, was hinsichtlich der Lebensbeziehungen und Lebensbedingungen die Angehörigen einer Klasse gegen die einer anderen Klasse abgrenzt«[61]. Es ist positiv zugleich Zusammengehörigkeitsbewußtsein gemeinsam Unterdrückter und Ausgebeuteter.[62] Es bezieht sich aber nicht nur auf die augenblickliche Lage der Arbeiterklasse, sondern umfaßt die richtige Einsicht in die zukünftige Bedeutung und Aufgabe der Arbeiterklasse. Klassenbewußtsein ist zugleich Erkenntnis »der historischen Sendung des Proletariats, die sich in seiner revolutionären Rolle darstellt und aktive Anteilnahme an der Durchführung dieser Rolle«[63]. Es ist damit Bewußtsein von der Möglichkeit einer neuen, klassenlosen Gesellschaft: »ohne Klassenscheidung, ohne oben und unten, ohne Überlegenheit und Unterlegenheit, ohne Herren und Sklaven«[64]. Dieses Bewußtsein entwickelt sich für Rühle abhängig vom Stand der Auseinandersetzung der Klassen.

Rühle unterscheidet drei Stufen in der Entwicklung des Klassenbewußtseins, die durchaus evolutionär einander ablösen: »Im Verlauf der Entwicklung von der ersten Regung des Klassengefühls bis zu den letzten Ekstasen des Klassenkampfes lassen sich ohne Mühen drei Phasen erkennen: die des inneren Aufbegehrens bei äußerlich williger Unterwerfung, die der inneren und äußeren Revolte von Einzelnen oder zufällig Verbündeten und die der planvollen Kampfführung durch eine organisierte und geschulte Gemeinschaft.«[65] Diese drei Stufen durchlaufen die Arbeiter in der Geschichte der Arbeiterbewegung. Die erste Phase, »inneres Aufbegehren bei äußerer Willigkeit und Unterwerfung, reicht bis weit in die Zeit der großen Partei- und Gewerkschaftsorganisationen hinein«[66]. Die zweite Phase entwickelt sich, »wenn die verelendeten und gepeinigten Massen nach langen Perioden stummer, hündischer Ergebenheit ihren im geheimen aufgehäuften Haß plötzlich in leidenschaftlichen Explosionen entladen«[67]. Die dritte Phase sieht Rühle dann eintreten, wenn die Arbeiterklasse bereit ist, einen bewußten und langfristigen Klassenkampf zu führen.

[59] Ebd., S. 56 f.  [60] Ebd, S. 56.
[61] Ebd., S. 57.  [62] Ebd., S. 57.
[63] O. Rühle: ›Der autoritäre Mensch und die Revolution‹. S. diese Ausgabe, S. 161.
[64] O. Rühle: *Zur Psychologie* . . ., s. diese Ausgabe, S. 137.
[65] Ebd., S. 95.
[66] Ebd., S. 95.
[67] Ebd., S. 97.

Diese dritte Phase erreicht für Rühle die Arbeiterbewegung in der Weimarer Zeit. »Bei der proletarischen Klasse geht die Zeit des Rebellentrotzes, der Revolten allmählich über in die Zeit des revolutionären Vormarsches, der Revolution und der neuen Gemeinschaft.«[68]

Da für Rühle die Stufen der Entwicklung des Klassenbewußtseins für die erwachsenen Arbeiter und für die Kinder aufgrund der Identität ihrer Klassenlage gleich sind, entwickelt sich beim Arbeiterkind die Durchbrechung des Alltagsbewußtseins und die Entstehung des Klassenbewußtseins, wie bei den erwachsenen Arbeitern auch, in drei Stufen. In diesen Stufen werden bestimmte Verhaltensweisen des Arbeiterkindes im Alltag zur psychischen Grundlage der Entwicklung des Klassenbewußtseins. Das Arbeiterkind der ersten Stufe des Klassenbewußtseins, das noch völlig im Alltagsbewußtsein befangen ist, ist das gehorsame Kind. Dieses Arbeiterkind »verhält sich den Eltern und Erziehern gegenüber genauso, wie sich der gehorsame Proletarier einst (zum Teil auch heute noch) dem Bourgeois gegenüber verhielt. Es gehorcht — und ballt die Faust in der Tasche.«[69] Das gehorsame Kind erkennt die Autorität äußerlich an, heimlich entwertet es aber die Autorität, »schädigt und hintergeht sie, wo es nur kann«[70]. Das gehorsame Arbeiterkind täuscht erzieherische Erfolge vor. Es ist aber ein großer erzieherischer Mißerfolg.[71] Das gehorsame Arbeiterkind kennt in dieser Phase der Bewußtseinsentwicklung nicht nur die Interessengegensätze zwischen den Individuen, es hat »die Gegensätzlichkeit der Gefühls- und Interessensphäre innerhalb der Klassengesellschaft«[72] schon erkannt. Es ist sich »an Hand eines entsprechenden Erlebnisses der tiefen Kluft bewußt (geworden), die zwischen ihm und dem Kind der bürgerlichen Klasse aufgähnt«[73]. Die zweite Stufe des Klassenbewußtseins erreicht das Arbeiterkind, wenn bei ihm »der Trotz als generelle Haltung den Gehorsam erheblich zurückgedrängt hat«[74]. Dieses Kind ist äußerst widerspenstig. Es liegt im Kampf mit allen Bezugspersonen, mit Eltern, Lehrern und auch, wenn deren Machtmittel erschöpft sind, mit anderen Behörden.[75] Das Leben des trotzigen Kindes ist »auf Kampf eingestellt«[76]. Für die Entwicklung des Klassenbewußtseins ist es nun entscheidend, in welcher Richtung das

[68] O. Rühle: ›Kind und Klasse‹. In: *Am anderen Ufer* 3, 1924, S. 23.
[69] O. Rühle: *Zur Psychologie* . . ., s. diese Ausgabe, S. 96.
[70] Ebd., S. 95.
[71] Ebd., S. 96 f.
[72] Ebd., S. 58.
[73] Ebd., S. 58.
[74] Ebd., S. 98.
[75] Ebd., S. 98.
[76] Ebd., S. 98.

Arbeiterkind sein Handeln angesichts der erkannten Dichotomie der Gesellschaft orientiert. Wenn das Arbeiterkind seinen Trotz individualistisch wendet, bleibt es im Alltagsbewußtsein befangen. Es wird an den sozialen Schranken seiner Klassenlage scheitern oder zum Aufsteiger oder Absteiger werden. Wenn es seine Aggression aber seiner Klassenlage gemäß kollektivistisch wendet, unterstützt durch »die Gemeinschaft der Straßenjungen«[77], so entwickelt es punktuell klassenspezifisches Gemeinschaftsgefühl aufgrund »zufälliger und vorübergehender Vereinigung der Proteste«[78]. Es reproduziert mit dieser Haltung die Phase der Arbeiterbewegung, die durch kurzfristige und unorganisierte Revolten gekennzeichnet war.[79]

Die dritte Stufe des Klassenbewußtseins erreicht das Arbeiterkind, wenn seine kollektiven Verhaltensweisen das Moment des Zufälligen, Provisorischen, Unbewußten abstreifen und es in Jugendorganisationen und Kindergruppen eine »planvolle, dauernde, bewußte Verbindung von Proletarierkindern« eingeht.[80] Der langfristigen Kampf- und Organisationsperspektive in einer »neuen, wirklichen, lebendigen Gemeinschaft der Tat«[81] entspricht nun ein Bewußtsein, das die Klassengesellschaft ablehnt und eine klassenlose Gesellschaft verwirklichen will: eine Gesellschaft »ohne Klassenscheidung, ohne oben und unten, ohne Überlegenheit und Unterlegenheit, ohne Herren und Sklaven«[82]. Diese höchste Stufe des Klassenbewußtseins sieht Rühle aber ständig von der Gefahr bedroht, durch autoritäre und diktatorische Tendenzen in der Kinderorganisation wieder zerstört zu werden. Jede autoritäre Organisation kann die Klassensolidarität sprengen und die Arbeiterkindergruppe wieder in einen Haufen trotziger oder nur scheinbar gehorsamer Individuen verwandeln.[83]

Wenn Rühle auch von der Entwicklung der Identität des Klassenbewußtseins bei erwachsenen Arbeitern und Arbeiterkindern ausgeht und ihm das »Verhalten des Kindes unter bestimmten Umständen wie eine Spiegelung des Verhaltens der Klasse in einer bestimmten Phase erscheint«[84], so sieht er doch Unterschiede in der Entwicklung des Klassenbewußtseins bei den erwachsenen Arbeitern und den Arbeiterkindern. Der erste Unterschied liegt darin, daß das Arbeiterkind sich noch in der Entwicklung befindet. Es ist sprunghaft und labil, wäh-

[77] Ebd., S. 103
[78] Ebd., S. 104.
[79] Ebd., S. 103.
[80] Ebd., S. 155.
[81] Ebd., S. 137.
[82] Ebd., S. 137, Vgl. auch S. 155 f.
[83] Ebd., S. 150 f.
[84] Ebd., S. 96.

rend der Arbeiter feste soziale Beziehungen ausgebildet hat. »Das Kind greift unter dem Einflusse verschiedenster Faktoren die eine oder andere Verhaltensweise heraus ... in den seltensten Fällen ist die Aufeinanderfolge der Verhaltensweisen eine planvolle Sukzession, gleichsam eine Wahl immer tauglicherer Mittel zu einem Ziel hin, wie bei der Klasse als Ganzem.«[85] Rühle sieht also, daß das Arbeiterkind nicht spontan und zielstrebig alle Stufen des Klassenbewußtseins und Klassenhandelns durchläuft, sondern äußerst labil von einer Stufe zur anderen wechselt. Er erkennt weiter, daß die Arbeiterkinder für die Entwicklung des organisierten und langfristigen Kampfes gegen die Klassengesellschaft das Vorbild der Erwachsenen- und Arbeiterorganisationen brauchen.[86] Die Stellung der Arbeiter in der Produktion zwingt diese eher, gegenüber den Angriffen des Kapitals Klassenbewußtsein zu entwickeln, als die Kinder, die bei scharfer Unterdrückung eher in individualistischen Gehorsam oder Trotz flüchten. Die Tendenz zur Verzögerung der Entwicklung des Klassenbewußtseins beim Arbeiterkind glaubt Rühle besonders in den kleinbürgerlich-autoritären Verkehrsformen in Familie und Schule zu finden, »wo die Autorität der Eltern noch in unverminderter Glorie und ungebrochener Kraft besteht«[87], fixiert sie das Arbeiterkind auf gehorsame oder abwegige Verhaltensweisen, begünstigt auf jeden Fall eine individuelle Kompensation des Minderwertigkeitsgefühls und verhindert eine kollektivistische Reaktion auf die Klassengesellschaft.[88] Bei der Untersuchung der Entwicklung des Klassenbewußtseins, das sich für Rühle weitgehend spontan, aufgrund historischer Kampferfahrungen, bildet, entdeckt Rühle Hindernisse für die Entwicklung des Klassenbewußtseins bei Arbeiterkindern, die in der gesellschaftlichen Natur und der sozialen Lage des Arbeiterkindes begründet sind. Die Beseitigung dieser Hindernisse erwartet Rühle von einer Erziehung zum Klassenbewußtsein.

## 6. Erziehung zum Klassenbewußtsein

Erziehung zum Klassenbewußtsein ist für Rühle kein voluntaristischer Akt. Die Praxis der Erziehung zum Klassenbewußtsein hängt von gesellschaftlichen Bedingungen ab. Wie für Rühle die Entstehung des Klassenbewußtseins sowohl an die »Erschütterungen und Zersetzungen der kapitalistisch-

[85] Ebd., S. 96.
[86] Ebd., S. 136, 142.
[87] Ebd., S. 96.
[88] Zur weiteren Analyse der Auswirkungen autoritärer Familien- und Schulerziehung auf das Arbeiterkind vgl. O. Rühle: *Zur Psychologie . . .*, s. diese Ausgabe, S. 69–75 u. S. 75–82.

bürgerlichen Welt« wie an die Entstehung einer neuen Gesellschaft »im Schoße der alten«[89] gebunden ist, so ist die Erziehung zum Klassenbewußtsein von der Praxis des Klassenkampfes anhängig.[90] Die Erziehung zum Klassenbewußtsein kann nur Tat der kämpfenden Arbeiterbewegung sein. »Wie das Proletariat in seinen entwickeltsten Formationen bereits organisatorische Vorbereitungen trifft, um Betriebe, Produktionsmittel, Technik der kapitalistischen Wirtschaft in seine Gewalt zu bringen, und wie es eine revolutionäre Taktik entwickelt, um die politische Macht der Herrenklasse zu erobern, zu zerbrechen, so muß es sich auch des Kulturschaffens, der Bildungspflege, des Erziehungswerks im Rahmen seiner Klassenkampfstrategie bemächtigen, muß auf diesem Gebiet einen eigenen Standpunkt gewinnen, eine selbständige Orientierung vornehmen, eine neue schöpferische Aktivität entfalten.«[91] Rühle glaubt, daß die Arbeiterbewegung dann zu einer Erziehung ihrer Kinder übergeht, wenn sie selbst von der Phase der Revolte in die Phase des »revolutionären Vormarsches, der Revolution und der neuen Gemeinschaft fortschreitet«[92]. In dieser Phase ist die Arbeiterbewegung bereit, die Bewußtseinsformen der jungen Generation zu beeinflussen. Sie wird nun danach streben, die sprunghaft wechselnden Verhaltensweisen des Arbeiterkindes zwischen Gehorsam, Abwegigkeit und Trotz in eine planvolle Entwicklung des Bewußtseins und Verhaltens zu verwandeln. Sie wird alles tun, um das abwegige Kind an der weiteren Flucht zu hindern, und sie wird versuchen, aus dem revoltierenden Arbeiterkind ein revolutionäres zu machen und den »revoltierenden Trotz, der noch eine autoritäre Kampfgeste ist, in revolutionäres Selbstbewußtsein umzuformen«[93]. Für Rühle ist die Entwicklung von Klassenbewußtsein beim Kind ein Werk der Erziehung. Diese Erziehung orientiert sich an Zielen und Mitteln, wie sie der Lage der Arbeiterklasse entsprechen. Ziel der sozialistischen Erziehung ist es einmal, »die bürgerliche Ideologie und Denkmethode aus den Köpfen fortzuräumen und durch sozialistische Ideologie und revolutionäre Denkmethode zu ersetzen«[94]. Das neue Denken soll von einer neuen Moral begleitet werden. Für die proletarische Moral ist gut, was dem Sozialismus nützt, »und schlecht wird sie alles nennen, was die Bourgeoisie

[89] O. Rühle: ›Die Ideen der Erziehung‹. In: Am anderen Ufer 5, 1924, S. 9.
[90] O. Rühle: ›Das Ende der Erziehung‹. In: Am anderen Ufer 5, 1924, S. 17.
[91] O. Rühle: ›Marxismus und Erziehung‹. In: Am anderen Ufer 1, 1924, S. 12.
[92] O. Rühle: ›Kind und Klasse‹. In: Am anderen Ufer 3, 1924, S. 23.
[93] Ebd., S. 23.
[94] O. Rühle: ›Marxismus und Erziehung‹, S. 12.

erhält, stärkt, fördert und den Klassenkampf lähmt«[95]. Die
proletarische Moral führt zu einem Verhalten, das sich im
Mut, in Solidarität, Kampfwillen und Verantwortungsbereitschaft äußert.[96]

Das wichtigste Mittel der Erziehung zum Klassenbewußtsein ist für Rühle die klassenspezifische Gemeinschaftserziehung. Gemeinschaftserziehung kann nur Klassengemein-
schaftserziehung sein, denn: »Gemeinschaft kann nur bestehen
zwischen Menschen, deren Leben aus gleicher oder ähnlicher
wirtschaftlich-gesellschaftlicher Grundlage erwächst. Innerhalb
einer Klassengesellschaft also nur zwischen Menschen einer
und derselben Klasse.«[97] Die Gemeinschaftserziehung fordert
den sozialistischen Erzieher, der in der Lage ist, alle Anlässe,
die das Minderwertigkeitsgefühl des Arbeiterkindes erwecken
könnten, auszuschalten. Dazu gehört primär, daß die Erzieher
vom Podest ihrer »Überlegenheit, Autorität und Würde her-
absteigen, um den Kindern, die nicht mehr Untergebene, Gehorchende, Objekte unserer Despotie sein sollen, sondern
gleichgestellte, solidarisch verbundene Freunde und Genossen,
in brüderlicher Kameradschaft die Hände zu reichen.«[98] Die
Erziehung der Erzieher ist für Rühle ein Hauptmittel der Be-
wußtseinsveränderung der Kinder.[99] Um den ständigen
Wechsel der kindlichen Verhaltensweisen schrittweise in klassenbewußte Bahnen zu lenken, muß die sozialistische Erziehung »schon im frühesten Kindesalter beginnen«[100]. Rühle
nennt drei Institutionen, in denen die Gemeinschaftserziehung
realisiert werden kann. Es sind die Familie, die Gemeinschaft
der Genossen und selbstorganisierte »Erziehungsgemeinschaften«[101]. Den letzteren, am besten in Form von Kindersiedlun-
gen, räumt er die größten Chancen bei der Erziehung ein. »In
der Kindersiedlung ... ist das Zusammenleben der Kinder
organisch auf Gemeinschaft eingestellt. Hier ist kein Raum für
Zwang und Druck von seiten der Großen, keiner aber auch
für unsoziale Willkür von seiten der Kleinen. Große und
Kleine arbeiten in der und für die Gemeinschaft. Gemeinsame
Beratung, Beschlußfassung, Ausführung: Die Kinderdemokra-
tie.«[102] Erziehung zum Klassenbewußtsein ist aber auch in

[95] O. Rühle: ›Moral und Erziehung‹. In: *Am anderen Ufer* 5, 1924, S. 13.
[96] O. Rühle: *Zur Psychologie ...*, s. diese Ausgabe, S. 187. Die Ziele der
sozialistischen Erziehung werden auch dargestellt in : O. Rühle: *Erziehung
zum Sozialismus*. Berlin 1919; O. Rühle: *Grundfragen der Erziehung*. Stuttgart 1912, S. 19.
[97] O. Rühle: ›Eltern und Kinder‹. In: *Am anderen Ufer* 3, 1924, S. 5.
[98] O. Rühle: *Zur Psychologie ...*, s. diese Ausgabe, S. 48.
[99] Vgl. O. Rühle: ›Die Seele des proletarischen Kindes‹. In: *Die Sozialistische Erziehung*, 1926, S. 112.
[100] O. Rühle: *Zur Psychologie ...*, s. diese Ausgabe, S. 187.
[101] O. Rühle: ›Wege zur Gemeinschaft‹. In: *Am anderen Ufer* 2, 1924, S. 22 f.
[102] Ebd., S. 25.

Kindergruppen möglich, »die einen Anfang selbständiger Emanzipation auf dem Wege des Zusammenschlusses und der freien Aktion im Klassenkampfsinne darstellen«[103]. Die Bewegung der Kindergruppen würde sich für Rühle, gemäß seiner überwiegend spontaneistischen Konzeption der Klassenbewußtseinsentwicklung, am besten entfalten, wenn jeder autoritäre Einfluß ausgeschaltet wäre und sie sich als Bewegung der Kinder ohne Einfluß der Erwachsenen als »nur Kinderbewegung« entwickeln könnte.[104]

Rühles Vorstellung, daß sich das Klassenbewußtsein beim Arbeiterkind spontaneistisch entwickelt, wenn nur gewisse Hindernisse beseitigt werden, zwingt ihn dazu, seine Konzeption der Erziehung zum Klassenbewußtsein weitgehend als einen Abbau der Schranken der Klassenbewußtseinsentwicklung zu formulieren. Dabei klammert er alle Probleme der Vermittlung des wissenschaftlichen Sozialismus an Kinder aus. Klassenbewußtsein bei revolutionären Kindern ist für Rühle schließlich das Bewußtsein, das von einer idealen Gemeinschaftsutopie ausgeht und mit ihr die bestehende Gesellschaft der Klassen als Pseudogemeinschaft negiert. »Und der proletarischen Jugend schwebt irgendwie das Bild einer neuen Gemeinschaft vor. Einer Gemeinschaft, die anders ist als die, der sie entfloh und gegen die sie im Kampfe steht.«[105] Das Klassenbewußtsein der Kinder bleibt auch auf der höchsten Stufe an die Negation der Autorität fixiert.

Rühle überschätzt die Durchsetzbarkeit eines derartigen Bewußtseins bei Kindern im Kapitalismus keineswegs: »Der neue Mensch, der Mitmensch, ohne Machtstreben und Überlegenheitswahn . . . er wird sich ganz entfalten erst in der sozialistischen Gesellschaft. Aber um eben diese sozialistische Gesellschaft zu erreichen, bedürfen wir der Menschen, die wenigstens teilweise schon innerlich das Alte abgestreift und das Neue in sich aufgebaut haben.«[106]

## 7. Sozialisationstheorie und Arbeiterbewegung

Solange Otto Rühle organisiertes Mitglied der deutschen Arbeiterbewegung war, konnte er seine Beiträge zur sozialistischen Sozialisationstheorie in parteiinternen Publikationen und in seiner Parteiarbeit unter den Arbeitermassen umsetzen. Dafür brachte er gute Voraussetzungen mit. Seit 1896, nachdem er als 22jähriger aus politischen Gründen seinen Beruf als

[103] Ebd., S. 25.
[104] O. Rühle: *Zur Psychologie . . .*, s. diese Ausgabe, S. 150 f.
[105] Ebd., S. 137.
[106] O. Rühle: ›Wege zur Gemeinschaft‹, S. 22.

Volksschullehrer aufgeben mußte, arbeitete er in der SPD hauptberuflich als Redakteur sozialdemokratischer Zeitungen, später als Wanderlehrer und Wanderredner, und ab 1912 war er SPD-Abgeordneter des Deutschen Reichstages. Während der gesamten Dauer seiner SPD-Zugehörigkeit war er fast ausschließlich »mit der Arbeiterbildung und Arbeiteragitation beschäftigt«[107]. Auch als er ab 1916 angesichts der Rechtsentwicklung der SPD und unter dem Einfluß von Karl Liebknecht linksradikale Positionen bezog und 1918 zum Gründungsmitglied der KPD wurde, arbeitete er als festangestellter »Wanderredner« in der neuen Partei[108]. Erst als er als Konsequenz seiner anarchistischen Position jede Parteiorganisation der Arbeiterbewegung ablehnte, aus der von ihm mitbegründeten linksradikalen KAPD und syndikalistischen Allgemeinen Arbeiterunion austrat[109] und als freier »sozialistischer Schriftsteller und Revolutionslehrer«[110] lebte, stellte sich für ihn das Problem, wie seine sozialistische Sozialisationstheorie und die Arbeiterbewegung zu vermitteln sind, in ganzer Schärfe.[111]

Er versuchte das Problem zu lösen, indem er als unorganisierter Einzelner sozialistische Vorträge und Kurse abhielt, Zeitschriftenartikel und Bücher produzierte und persönliche Kontakte besonders zu den anarchistischen und syndikalistischen Teilen der Arbeiter- und Arbeiterjugendbewegung pflegte[112] und so Einfluß auf die proletarische Öffentlichkeit nahm.

Um seine sozialistische Sozialisationstheorie unter diesen Umständen in der Arbeiterbewegung zu propagieren, publi-

[107] G. Mergner: *Arbeiterbewegung und Intelligenz.* Starnberg 1973, S. 40.
[108] Ebd., S. 129, s. a. S. 145, S. 209, Fußnote 63.
[109] Zur Geschichte des Linksradikalismus in Deutschland und zu Rühles Position in dieser Bewegung vgl. H. M. Bock: *Syndikalismus und Linkskommunismus von 1918–1923.* Meisenheim 1969, bes. S. 215 ff, 281 ff; F. Kool (Hg.): *Die Linke gegen die Parteiherrschaft.* Olten 1970, S. 122 ff; G. Mergner, a.a.O., S. 110 ff; P. Mattick: ›Otto Rühle und die deutsche Arbeiterbewegung‹. In: O. Rühle: *Von der bürgerlichen zur proletarischen Revolution.* Berlin 1970; U. Eßbach-Kreuzer/W. Eßbach: *Solidarität und soziale Revolution.* Frankfurt 1974, S. 59 f; H. Jacoby: ›Utopie als Gegenbild‹. In: O. Rühle: *Baupläne für eine neue Gesellschaft.* Reinbek 1971 (Rowohlts Klassiker 288), S. 227 ff; Rotkol (Hg.): *Soll Erziehung politisch sein?* Frankfurt 1970, S. 61 ff; B. Reichenbach: ›Zur Geschichte der KAPD‹. In: *Archiv für Geschichte des Sozialismus und der Arbeiterbewegung.* 13. Jg., 1928, S. 117–140; O. Ihlau: *Die roten Kämpfer.* Meisenheim 1969, S. 3–34, S. 179.
[110] G. Mergner: Nachwort. In: O. Rühle: *Schriften.* Reinbek 1971 (Rowohlts Klassiker 255), S. 206.
[111] Den Austritt aus der Allgemeinen Arbeiterunion (Einheitsorganisation) leitete Rühle mit der Publikation der Artikelserie: ›Der autoritäre Mensch und die Revolution‹, abgedruckt in der vorliegenden Ausgabe; *Zur Psychologie . . .*, S. 161–180, ein.
[112] Vgl. G. Mergner, a.a.O., S. 163–176.

zierte er außerdem ab 1924 in Dresden die Zeitschrift *Am anderen Ufer — Blätter für sozialistische Erziehung*. Diese Zeitschrift hatte die Aufgabe, »eine möglichst konsequente, grundlegende Theorie für die sozialistische Erziehungspraxis zu geben«[113]. Sie diente der »wissenschaftlichen Beratung und praktischen Hilfeleistung, vorwiegend für Arbeitereltern, die sich um die Erweckung eines revolutionären Geschlechtes bemühen«[114]. Von dieser Zeitschrift erschienen im Jahre 1924 5 Nummern, jede 30—32 Seiten stark. Jede Nummer enthielt grundlegende theoretische Beiträge und Schulungsmaterial für die Erziehung der Erzieher. Es wurden Analysen der autoritären Erzieherrolle, Beispiele für politische Gespräche mit Kindern und die Klärung von exemplarischen Fällen von Erziehungskonflikten abgedruckt. Nach einem Jahr erkannte Otto Rühle, der bei dieser Arbeit auch von seiner Frau Alice Rühle-Gerstel unterstützt wurde, daß diese Zeitschrift als abstraktes Theorieorgan kaum ihre Adressaten und ihr angestrebtes Ziel erreichte. Das Scheitern dieses Projektes motivierte Rühle 1925 zur Organisation der Erziehungsmeinschaft »Das proletarische Kind«, die auch eine Zeitschrift gleichen Namens herausbrachte. Die neue Zeitschrift sollte sich durch »leichtere Zugänglichkeit und volkstümlichere redaktionelle Färbung«[115] auszeichnen. Sie sollte nur noch »praktische, heute und sofort durchführbare Ratschläge für eine zeitgemäße Erziehung im Sinne des Klassenkampfes bringen«[116]. Die praxisnahe Agitation der Zeitschrift sollte dadurch verbessert werden, daß ihre Leser zugleich in regionalen Arbeitsgruppen organisiert wurden. Die Erziehungsgemeinschaft, die Anfang 1925 11 Lesergruppen, unter anderem in Leipzig, Nürnberg, Berlin, Gera, Stuttgart, Jena, umfaßte, richtete ihr Augenmerk besonders auf die Schulung ihrer Mitglieder und Sympathisanten[117] und auf die Unterstützung der »Emanzipationsbestrebungen der proletarischen Jugend in den freien Kindergruppen«[118]. Gegenüber den sozialistischen Erziehungsbemühungen der Arbeiterparteien[119] grenzte sich die Erziehungsgemeinschaft scharf ab.

Otto Rühle, der für die Basisarbeit der Erziehungsgemein-

[113] O. Rühle: ›Warum wir diese Schriftenreihe schließen‹. In: *Am anderen Ufer* 5, 1924, S. 18.
[114] O. Rühle: ›Der Sinn der Erziehung‹. In: *Am anderen Ufer* 1, 1924, S. 6.
[115] O. Rühle: ›Warum wir diese Schriftenreihe schließen‹, S. 19.
[116] Ebd., S. 19. Die Zeitschrift *Am anderen Ufer* ist unter dem Titel: Alice u. Otto Rühle: *Erziehung und Gesellschaft*. Berlin 1972, neu verlegt worden.
[117] Schulungsmaterial für die Erziehung zum Klassenbewußtsein veröffentlichte die Zeitschrift: *Das proletarische Kind* im 1. Jg., 1925, S. 217 bis 238. Diese Beiträge sind neu abgedruckt in: Rotkol (Hg.): *Soll Erziehung politisch sein?* Frankfurt 1970, S. 68—90.
[118] *Das proletarische Kind*, 1. Jg., 1925, S. 4.
[119] Zu diesen Ansätzen vgl. B. Voigt: *Bildungspolitik und politische Erziehung in den Klassenkämpfen*. Frankfurt 1973 (Fischer Athenäum Ta-

schaft 1925 die Ergebnisse seiner sozialistischen Sozialisationsforschung in der Schrift *Die Seele des proletarischen Kindes* zusammenfaßte, kritisierte die autoritäre Organisationsform der KPD- und SPD-Kinderorganisation und ihre starke Abhängigkeit von den Organisationen der Erwachsenen. Eine von Erwachsenenorganisationen abhängige Kinderorganisation verhinderte für Otto Rühle die Entstehung von Klassenbewußtsein bei den organisierten Arbeiterkindern, weil sie die Arbeiterkinder unter dem Schein von »Kollektivform und Gemeinschaftsforderungen« nur zu »Herrschaftsgelüsten und Machtabsichten« führte.[120] So konnte sich die Erziehungsgemeinschaft nur auf die »vereinzelten, nicht sehr starken« anarchistischen und syndikalistischen Jugendgruppen stützen.[121] Zur Unterstützung der anarchistischen Jugendbewegung veranstaltete die Erziehungsgemeinschaft unter anderem eine »Tagung antiautoritärer Erzieher« am 26. und 27. 9. 1925 in Jena. Diese Tagung beschloß die Errichtung eines antiautoritären Ferienheimes: »Der Vorschlag, ein Einfamilienhaus mit drei bis vier Morgen Land und Scheune in der Nähe von Jena zu kaufen und in Form eines Kinderferienheims als Versuchsheim auszubauen, wurde begrüßt und unterstützt.«[122] Die Entwicklung des utopischen Bewußtseins als Konzeption des Klassenbewußtseins bei Rühle erfordert als ein Mittel seiner Entstehung die »pädagogische Insel«. Als Prototyp der Erziehungsinsel erscheint das antiautoritäre Kinderheim »Kinderland Birkenwerder« bei Berlin, das Rühle unterstützte. *Das proletarische Kind* berichtet: »Ein 20 Morgen großes Grundstück, märkischer Sand, Kiefern, Wiese und Bach und auf diesem Gelände ein Stall und ein halbfertiges Wohngebäude ... Wenn man in den Sommerferien ... hinkommt, sieht man bereits ein Stückchen Kinderland: Jungen und Mädel aus den Arbeitervierteln Berlins sind draußen, baden sich in Luft, Licht und Wasser, spielen, arbeiten im Garten oder sammeln sich im nahen Wald Beeren zum Abendbrot, erleben Natur und kindliche Gemeinschaft. Hier erwächst Erziehung, Pflicht und Gemeinschaftsgefühl aus dem gemeinsamen Leben und der gemeinsamen Arbeit, fern vom schlechten Beispiel und falschen Lehren Erwachsener.«[123] Mit der Erziehungsgemeinschaft scheint Rühle einigen Einfluß unter anderem auf das Selbstbewußtsein der anarchistischen Jugendgruppe »Freie Ju-

schenbuch, Bd. 3009, S. 270 ff; L. v. Werder: *Sozialistische Erziehung in Deutschland 1848–1973.* Frankfurt 1974 (Fischer Taschenbuch Bd. 6244), S. 136 ff; Rotkol (Hg.): *Soll Erziehung politisch sein?* Frankfurt 1970.
[120] O. Rühle: *Zur Psychologie* ..., s. diese Ausgabe, S. 150.
[121] Zur Einschätzung der anarchistischen Jugendbewegung der Weimarer Zeit vgl. O. Rühle: *Zur Psychologie* ..., s. diese Ausgabe, S. 154.
[122] *Das proletarische Kind.* 1. Jg., 1925, S. 118.
[123] *Das proletarische Kind.* 1. Jg., 1925, S. 95.

gend« gehabt zu haben.[124] Diese Gruppe erklärte 1926: »In unserer antiautoritären ›Freien Jugend‹ findet der junge Proletarier, dessen Minderwertigkeitsgefühl und Unsicherheit durch seine soziale Stellung besonders überspannt ist, seinen gesunden, normalen Ausgleich. Auf allen anderen Gebieten ausgestoßen ... findet er in der ›Freien Jugend‹ ein neues Bewegungsfeld. Dort gibt es kein Oben und Unten, sondern ein gleiches Nebeneinander — Geordnetsein. Da ist er gleichwertiger Mitmensch. Langsam findet er Mut, Vertrauen zur Gemeinschaft, zur proletarischen Klasse. In ihm entwickelt sich ein Klassen- und Selbstbewußtsein.«[125] Die mit der Erziehungsgemeinschaft von Rühle begonnene Elternarbeit brach allerdings bald zusammen. Ende 1925, nach einem Jahr, bestanden von den 11 Gruppen nur noch vier. Otto und Alice Rühle müssen mitteilen: »Der Versuch, die Leser der Monatshefte örtlich zu Arbeitsgruppen zusammenzufassen ... hat bisher nur recht bescheidene Erfolge gehabt.«[126] Nach 12 Heften wird die Herausgabe der Zeitung eingestellt. Die Erziehungsgemeinschaft wird Anfang 1926 aufgelöst. Rühles Versuch, ohne Rückhalt in der organisierten Arbeiterbewegung die Ergebnisse seiner Sozialisationsforschung für eine politische Erziehung fruchtbar zu machen, war damit gescheitert.

Mit dem Scheitern der Erziehungsarbeit war jedoch der Einfluß der Sozialisationstheorie von Otto Rühle nicht zu Ende. Im Gegenteil. Deutliche Spuren von Rühles Theorie lassen sich auf dem linken Flügel der bürgerlichen Reformpädagogik, z. B. bei Paul Lazarsfeld und Ludwig Wagner finden.[127] Dieser Flügel versuchte die Gemeinschaftserziehung nicht wie Foerster, Kerschensteiner und Lietz in den Dienst der Bourgeoisie zu stellen[128], sondern in den Dienst der Arbeiterbewegung. Auch die Theorie und Praxis der österreichischen Kinderfreundebewegung, deren radikalen Flügel Otto Rühle schon 1925 durchaus positiv einschätzte[129], zeigt den Einfluß Rüh-

[124] Diese Jugendgruppe druckte 1925 in ihrem Zentralorgan: *Freie Jugend*. 7. Jg., Nr. 15, S. 1 z. B. Rühles Beitrag ›Der autoritäre Mensch und die Revolution‹ ab.
[125] A. Rischka: ›Arbeiterbewegung und Freie Jugend‹. In: *Freie Jugend. Blatt der Jungen Anarchisten*. 8. Jg., 1926, Nr. 13, S. 1.
[126] *Das proletarische Kind*. 1. Jg., 1925, S. 287.
[127] P. Lazarsfeld/L. Wagner: *Gemeinschaftserziehung durch Erziehungsgemeinschaften*. Wien/Leipzig 1924.
[128] Vgl. W. Scheibe: *Die reformpädagogische Bewegung. 1900–1932*. Weinheim 1971. S. 43–50, 124–130, 297 ff; Th. Wilhelm: *Pädagogik der Gegenwart*. Stuttgart 1960, S. 45–58; Zur Kritik der reaktionären Gemeinschaftserziehung vgl. auch K. H. Günther u. a.: *Geschichte der Erziehung*. Berlin 1967, S. 563 ff; S. Bernfeld: *Antiautoritäre Erziehung und Psychoanalyse*. Bd. 2. Frankfurt 1969, S. 404–418 (auch als Ullstein Taschenbuch Bd. 3075).
[129] Vgl. O. Rühle: *Zur Psychologie* ..., s. diese Ausgabe, S. 145 ff, ›Wege zur Gemeinschaft‹, S. 24.

les.[130] Dieser Einfluß erfaßte gegen Ende der Weimarer Zeit auch die deutsche Kinderfreundebewegung.[131] Die Adler-marxistische Sozialisationstheorie, die Rühle propagierte, wurde zur Basis der Erziehung zum Klassenbewußtsein in Deutschland und Österreich.[132] Besonders die Sozialisations-theorie von O. F. Kanitz kann als direkte Fortführung und Verbesserung der Rühleschen Sozialisationstheorie gelten.[133] Auch über den Faschismus hinaus, nachdem Rühle 1943 in Mexiko im Exil starb, sind die Ergebnisse der Rühleschen So-zialisationstheorie, allerdings ohne Rekurs auf Rühle, in die sogenannte Autoritarismusforschung und in die Theorie des autoritären Charakters aufgenommen worden.[134]

## 8. Im Kreuzfeuer der Kritik

Rühles Versuch, Marxismus und Individualpsychologie im Rahmen der Entwicklung einer sozialistischen Sozialisations-theorie zu verbinden, hat große Kritik hervorgerufen. Die Kri-tik wurde von verschiedenen Seiten erhoben. Marxisten kriti-sierten die Verbindung von Marxismus und Individualpsy-chologie als Verwässerung des ersteren. »Otto Rühle war ... unglücklicherweise der erste, der die populären Ideen von Marx in die neue Sprache der bürgerlichen Soziologie und Psy-chologie übersetzte ... Diese Art von Marxismus war für die Arbeiter von keinem praktischen Nutzen, noch konnte sie eine Hilfe für ihre Erziehung bedeuten.«[135] Adlerianer kritisierten

[130] So lobte das Zentralorgan der österreichischen Kinderfreunde *Die so-zialistische Erziehung* nicht nur das Erscheinen von Otto Rühles Buch *Die Seele des proletarischen Kindes*: »Wir können dieses wertvolle Buch allen unseren Lesern wärmstens empfehlen« (6. Jg., 1926, S. 113). Die Kinder-freunde nahmen das Buch auch in ihr Buchvertriebsnetz auf.
[131] Vgl. die Rezeption der Adler-marxistischen Sozialisationstheorie bei K. Kerlow-Löwenstein: *Das Kind als Träger der werdenden Gesellschaft*. Wien ²1927, S. 73; Ders.: *Die Aufgaben der Kinderfreunde*. Berlin 1930, S. 5–9.
[132] Vgl. E. Wexberg: ›Alfred Adlers Individualpsychologie und die sozia-listische Erziehung‹. In: *Die sozialistische Erziehung*. 4. Jg., 1924, S. 428 bis 433; O. Müller-Main: ›Individualpsychologie und proletarische Erzie-hung‹. In: *Aufbau* 9, 1930, S. 257–259; O. F. Kanitz: ›Alfred Adler und die sozialistische Erziehung‹. In: Ders.: *Das proletarische Kind in der bür-gerlichen Gesellschaft*. Frankfurt 1974 (Fischer Taschenbuch Bd. 6240), S. 211–214.
[133] Kanitz selbst bezieht sich an vielen Stellen lobend auf Otto Rühle. Vgl. O. F. Kanitz: *Das proletarische Kind in der bürgerlichen Gesellschaft*, S. 24 f, 35, 52 f, 80 f, 109, 148.
[134] Vgl. E. Fromm u. a.: *Studien über Autorität und Familie*. Paris 1936; E. Fromm: *Die Furcht vor der Freiheit*. Frankfurt ⁵1972, S. 137–202. Die Ergebnisse der Autoritarismusforschung referiert B. Caesar: *Autorität in der Familie*. Reinbek 1972 (rde 366), S. 31 ff, 55 ff; D. Österreich: *Auto-ritarismus und Autonomie*. Stuttgart 1974, S. 18 ff, 100 ff, 191 ff.
[135] P. Mattick: ›Otto Rühle und die deutsche Arbeiterbewegung‹. In:

die Verfälschung der Individualpsychologie durch den Marxismus. »Aber ihr schlagt einen Weg vor, der uns bedenklich erscheint. Ihr teilt die Menschen in feindliche Lager: Klassen. Ihr wollt eine Gemeinschaft nur für das Proletariat auf Kosten der anderen, der Bourgeoisie.«[136] Freudomarxisten schließlich, die Marxismus und Psychoanalyse zu verbinden suchten[137], wandten sich gegen eine Verbindung von Marxismus und der von ihnen als Pseudowissenschaft eingestuften Individualpsychologie. »Der Marxismus wird also die Psychoanalyse ohne weiteres verwenden, wenn sich nur die Richtigkeit ihrer Behauptungen erweist; hingegen wird er bei der Übernahme auch richtiger Behauptungen der Individualpsychologie auf der Hut sein müssen vor Verschmelzungen mit der kleinbürgerlichen Lebensphilosophie Adlers, aus der die wissenschaftlichen Einsichten Adlers nur sehr schwer auszulesen sind.«[138] Ohne Zweifel geht in die Stellungnahme der Freudomarxisten die Auseinandersetzung zwischen Freud und Adler mit ein.[139] Otto und Alice Rühle und die marxistischen Adlerianer[140] haben auf diese Angriffe hin versucht nachzuweisen, daß Marxismus und Individualpsychologie sich jeweils ergänzen. »Wir sehen, daß die Theorien von Marx und Adler verblüffend parallel laufen, die Geschichte von der gleichen Tendenz gestalten sehen, die Gegenwart gleichermaßen beurteilen, für die Zukunft das Gleiche voraussagen und fordern.«[141] Sie beschritten damit einen Weg, der von Freudo-

O. Rühle: *Von der bürgerlichen zur proletarischen Revolution*. Berlin 1970, S. 100 f; ebenso F. Pfemfert: ›Achtung, falsche Weichenstellung‹. In: O. Rühle: *Zur Psychologie . . .*, s. diese Ausgabe, S. 178 f; J. Broh: ›Erwiderung auf Rühle‹, ebd., S. 171 f; O. Kanehl: ›Zur Diskussion über Rühles autoritären Menschen und die Revolution‹, ebd., S. 168.

[136] A. Rühle-Gerstel: *Der Weg zum Wir. Versuch einer Verbindung von Marxismus und Individualpsychologie*. Dresden 1927, S. 192.

[137] H. Dahmer: *Libido und Gesellschaft. Studien über Freud und die Freudsche Linke*. Frankfurt 1973.

[138] S. Bernfeld: ›Zur Frage: Psychoanalyse und Marxismus‹. In: *Der Klassenkampf* 3, 1927, S. 94. Zur weiteren Kritik Bernfelds an Adler vgl. Bernfeld: *Antiautoritäre Erziehung und Psychoanalyse*, a.a.O., S. 489, 505 f. Die Ironie des Schicksals hat es aber zuwege gebracht, daß trotz der Kritik Bernfelds an der Individualpsychologie Bernfelds eigener Versuch einer Freudomarxistischen Sozialisationstheorie (vgl. S. Bernfeld: *Sisyphos oder die Grenzen der Erziehung*. Frankfurt 1967 (Suhrkamp Taschenbuch Nr. 37, S. 49 ff) mit Rühles Ergebnissen in vielen Punkten übereinstimmt.

[139] Vgl. dazu A. Rühle-Gerstel: *Freud und Adler*. Dresden 1925.

[140] Zu ihnen gehörten außer O. F. Kanitz und Erwin Wexberg auch Manès Sperber, Otto Müller-Main, Georg Polak. Letztere organisierten sich bis 1933 in der Berliner »Fachgruppe für dialektisch-materialistische Psychologie«. Vgl. ihre Publikation: Autorenkollektiv: *Krise der Psychologie – Psychologie der Krise*. Berlin 1932.

[141] O. Rühle: ›Marxismus und Individualpsychologie‹. In: *Am anderen Ufer* 1, 1924, S. 22. Die Berechtigung einer Synthese versucht Alice Rühle-Gerstel in ihrem Buch: *Der Weg zum Wir. Versuch einer Verbindung von Marxismus und Individualpsychologie* zu beweisen.

marxisten wie Reich und Bernfeld ebenso eingeschlagen wurde, um ihre Art der Vermittlung von Psychoanalyse und Marxismus zu rechtfertigen. Die Diskussion um die Vermittlung von Marxismus und Psychoanalyse bzw. Individualpsychologie ist bis heute noch nicht endgültig abgeschlossen. Erst wenn die Marxisten auch für die Entwicklungsstufen der Arbeiterkinder erklären können, »wie die psychischen Mechanismen beschaffen sind, mittels derer in den Köpfen der lebenden und wirtschaftenden Menschen gegebene Produktionsverhältnisse, die ihnen entsprechende Ideologie erzeugen«[142], können diese Vermittlungsversuche als überholt betrachtet werden.

Nicht nur die Verbindung von Individualpsychologie und Marxismus wurde kritisiert, auch die von Rühle auf Adlermarxistischer Basis entwickelte Sozialisationstheorie wurde besonders von marxistischer Seite kritisch betrachtet. Man bemängelte dabei folgende Punkte:

1. Rühle leitet die Bewußtseinsformen der Kinder hauptsächlich aus dem als natürlich gegebenen Generationsgegensatz ab.[143]
2. Rühle verfällt der Überschätzung der Veränderung der Psyche der Individuen ohne Veränderung der gesellschaftlichen Verhältnisse, in denen sie leben.[144]
3. Rühle konstruiert die Entstehung des Klassenbewußtseins außerhalb der wirtschaftlich-politischen Klassenkämpfe.[145]
4. Rühle leugnet die Notwendigkeit der Vermittlung des wissenschaftlichen Sozialismus und der Organisation der Klassenbewußtseinsentwicklung durch eine marxistische Arbeiterpartei.[146]

Diese Kritik weist deutlich auf die Mängel der Rühleschen Sozialisationstheorie hin. Sie kann aber nicht die Stärke dieser Theorie aufweisen. Rühle ist mit seiner Theorie denen entgegengetreten, die dem Arbeiterkind jede Möglichkeit der Entwicklung von Klassenbewußtsein absprachen, es für völlig unpolitisch erklärten und jede Politisierung des Arbeiterkindes als Zerstörung einer »heilen« Kindheit bejammerten. Er hat die empirischen Untersuchungen der Weimarer Zeit in eine Theorie gefaßt, die diese empirischen Befunde zum dichotomi-

[142] S. Bernfeld: *Antiautoritäre Erziehung und Psychoanalyse*. Bd. 2, S. 497.
[143] Vgl. dazu E. Hoernle: *Grundfragen proletarischer Erziehung*. Frankfurt 1973 (Fischer Taschenbuch Bd. 6247), S. 147; J. Raspe: *Zur Sozialisation proletarischer Kinder*. Frankfurt 1972, S. 30, 32.
[144] Vgl. dazu. J. Broh: ›Erwiderung auf Rühle‹. In: O. Rühle: *Zur Psychologie* ..., s. diese Ausgabe, S. 171; O. Kanehl: ›Zur Diskussion über Rühles autoritären Menschen und die Revolution‹, ebd., S. 169.
[145] E. Hoernle: *Grundfragen* ..., S. 151; O. Kanehl, s. diese Ausgabe, S. 168.
[146] E. Hoernle: *Grundfragen* ..., S. 151; J. Raspe: *Zur Sozialisation* ..., S. 33; K. H. Günther u. a.: *Geschichte der Erziehung*, S. 452.

schen und politischen Bewußtsein der Arbeiterkinder verarbeitet.[147] Gewisse Stärken der Rühleschen Theorie werden auch deutlich, wenn man sie mit anderen Theorien der Weimarer Zeit über die Entstehung des Klassenbewußtseins beim Arbeiterkind vergleicht. Völlig spontaneistische Theorien der Entstehung des Klassenbewußtseins beim Arbeiterkind behaupteten z. B.: »Das Leben selbst besorgt die Bildung des Klassenbewußtseins am besten und nachdrücklichsten, indem es das Kind, den Jugendlichen, zusehends in seine Wirbel zieht und ihn allmählich als aktives Wirtschaftssubjekt in den Kreis einer Gesellschaftsklasse hineinstellt.«[148] Diese spontaneistischen Theorien unterstellten auch eine naturwüchsige Tradierung des Klassenbewußtseins zwischen den Generationen. »Die stärkste Antriebsfeder zur revolutionären Gesinnung bei Arbeiterkindern ist den Beobachtungen nach die Identifizierung mit älteren klassenbewußten Geschwistern oder Eltern.«[149] Gegenüber solchen Theorien in der Tradition der 2. Internationale, die jede Erziehung zum Klassenbewußtsein als unnötig erachten lassen, weist Rühle zu Recht auf die in der familiären und öffentlichen Erziehung etablierten Schranken und Destruktionsmittel für die Entstehung von Klassenbewußtsein hin. Seine Theorie deckt die Wichtigkeit der organisierten politischen Selbsttätigkeit der Arbeiterkinder bei der Entwicklung von Klassenbewußtsein auf. Seine Theorie war aber nicht in der Lage, die kognitiven Momente der Klassenbewußtseinsentwicklung zu analysieren, die nach G. Lukács und Lenin das Klassenbewußtsein als parteiliches Totalitätsbewußtsein von seinen empirischen und utopischen Vorformen unterscheidet. Auch die Notwendigkeit der Kooperation von

[147] Die Entstehung des dichotomischen Bewußtseins bei Arbeiterkindern belegen: O. Rühle: *Zur Psychologie . . .,* s. diese Ausgabe, S. 58—61; A. Jalkotzky: ›Kindliche Erkenntnisse über Klassenscheidung‹. In: *Die sozialistische Erziehung.* 5. Jg., 1925, S. 71—76; L. Lichtenstein: ›Das proletarische Kind im Lichte der Kinderforschung‹. In: Autorenkollektiv: *Krise der Psychologie . . .,* a.a.O., S. 113—125; M. Döring: ›Die psychologische Lage des proletarischen Kindes‹. In: *Proletarische Pädagogik: Bericht des 5. Weltkongresses der Internationale der Bildungsarbeiter.* Leipzig 1928, S. 43—56; H. Schneckenburger: Das soziale Verständnis des proletarischen Kindes‹. In: *Die sozialistische Erziehung.* 5. Jg., 1932, S. 61 f; H. Schneckenburger: ›Das soziale Verständnis des Arbeiterkindes‹. In: *Zeitschrift für pädagogische Psychologie.* 34. Jg., 1933, S. 274—285; H. Schneckenburger: ›Die Altersentwicklung und die Milieubedingtheit des sozialethischen Verständnisses beim proletarischen Kinde‹. In: *Zeitschrift für angewandte Psychologie.* 1932, Bd. 42, Heft 5/6; Bd. 43, Heft 1/2; K. Böge: ›Arm und reich vom kindlichen Standpunkt aus gesehen‹. In: *Zeitschrift für pädagogische Psychologie.* 33. Jg., 1932, S. 169—184; A. Schrott: ›Soziologische Betrachtungen mit Kindern‹. In: *Die sozialistische Erziehung.* 6. Jg., 1926, S. 272—279.
[148] T. Geiger: ›Klassenlage, Klassenbewußtsein und öffentliche Schule‹. In: Ders.: *Arbeiten zur Soziologie.* Neuwied/Berlin 1962, S. 329.
[149] W. Reich: *Was ist Klassenbewußtsein?* Amsterdam 1968, S. 32.

Jugendorganisation und Partei als praktischer Ausdruck der Einheit von wissenschaftlichem Sozialismus und sozialistischer Politik im Klassenkampf konnte Rühle nicht aufzeigen.

Einige Fehler in der Klassenbewußtseinstheorie von Otto Rühle wurden in der Theorie Edwin Hoernles überwunden. Hoernle leitet die Bewußtseinsformen des Arbeiterkindes aus der Einsicht in die Verkehrung des Bewußtseins der gesellschaftlichen Individuen im Kapitalismus ab. Da das Kind der Oberfläche der Gesellschaft besonders auf der Straße konfrontiert ist, kann Hoernle feststellen: »Die Straße der bürgerlichen Großstadt an sich wirkt gegenrevolutionär. Die Triebkräfte des gesellschaftlichen Lebens werden hier nicht offenbar. Nur die Oberfläche sieht das Kind.«[150] Diese Oberfläche ist nicht spontan zu durchbrechen. Hoernle leugnet keineswegs, daß die Unterdrückung das Arbeiterkind zu spontanem Widerstand zwingt. Er meint nur, daß der Widerstand im »Dunkel des Unterbewußtseins und isoliert geführt wird«[151]. Der spontane Widerstand der Kinder verbleibt »in der ungeleiteten, regellosen, verzweifelten und deshalb demoralisierenden Art tierischer Selbsthilfe«[152]. Das heißt nicht, daß bestimmte kollektive Widerstandserfahrungen nicht auch im Arbeiterkind Ansätze von Gruppensolidarität erwecken. »Im Proletarierkinde liegen alle Elemente bereit, um eine kommunistische Weltanschauung und einen kommunistischen Charakter zu formen, sie müssen aber aus den Tiefen des Unbewußten gehoben werden ans Licht des Bewußtseins.«[153] Das Arbeiterkind entwickelt kein spontanes Klassenbewußtsein, ebensowenig wie die erwachsenen Arbeiter. Aber wie diese kann es sein Bewußtsein verändern, wenn es am Kampf seiner Klasse teilnimmt, »einfach deshalb, weil es an den Leiden seiner Klasse teilnimmt«[154]. Die Entwicklung von Klassenbewußtsein beim Arbeiterkind in seiner höchsten Form ist an mehrere Voraussetzungen gebunden, die Rühle nicht genügend beachtet hat:

1. Das »Abhängigkeitsgefühl im Kinde«[155] und das soziale Minderwertigkeitsgefühl muß durch gesellschaftlich wertvolle Leistungen des Arbeiterkindes aufgehoben werden. Bloße Gemeinschaftserziehung kann das Minderwertigkeitsgefühl nicht völlig beseitigen. Das Minderwertigkeitsgefühl wird beseitigt, »indem wir an die Stelle der dumpfen Minderwertigkeitsgefühle die klaren Hochgefühle setzen, die das Bewußtsein erzeugt, ein brauchbares, anerkanntes, energisch unterstütztes, aktiv mitarbeitendes Glied zu sein

[150] E. Hoernle: *Grundfragen proletarischer Erziehung*, S. 167.
[151] Ebd., S. 176.
[152] Ebd., S. 177, 108 f.
[153] Ebd., S. 168.
[154] Ebd., S. 156.
[155] Ebd., S. 204.

der großen proletarischen Kampfgemeinschaft«[156]. Zur Festigung des sozialen Selbstbewußtseins muß das Proletariat außerdem gegenüber den Kindern eine »neue autoritätsfreie Haltung einnehmen«[157].

2. Die Arbeiterkinder können ihr Alltagsbewußtsein nur durchbrechen, wenn sie ihre Lebensverhältnisse selbst zu ändern beginnen. Eine Änderung ihres Bewußtseins auf Erziehungsinseln ohne Änderung der Verhältnisse scheitert. Es geht darum, die Arbeiterkinder »innerhalb ihres gegebenen proletarischen Milieus . . . in den Kampf um die Veränderung dieses Milieus handelnd einzuführen«[158].

3. Klassenbewußtsein entsteht nicht ohne begriffliche Anstrengung. Ausgehend von den Widersprüchen gewisser Erscheinungen des gesellschaftlichen Lebens, sollen die Arbeiterkinder die »Klassenscheidung als Grundtatsache des heutigen gesellschaftlichen Lebens, das Privateigentum als ökonomische Ursache dieser Klassenscheidung«[159] erkennen lernen. Zur Erkenntnis des Wesens der Gesellschaft und zur Durchdringung der Oberfläche ist sozialkritische Beobachtungsgabe[160], die Einführung ins »politische Handeln«[161], verbunden mit »systematisierender Schulungsarbeit«[162] nötig.

4. Die Vermittlung des wissenschaftlichen Sozialismus, die Verbindung der Arbeiterkinder mit dem Kampf ihrer Klasse geschieht nicht in einer autonomen Kinderbewegung. »Eine solche Erziehung muß selbstverständlich in der Hand des fortgeschrittensten, revolutionärsten Teils des Proletariats liegen, also der kommunistischen Kampforganisationen: Jugend und Partei.«[163]

Hoernles Sozialisationstheorie stellt sicher, daß das Bewußtsein der Arbeiterkinder sich in Richtung des praktischen Klassenbewußtseins der kämpfenden Arbeiterbewegung entwickelt. Sie versucht zu gewährleisten, daß die Arbeiterkinder noch vor Eintritt in die Produktion die Chance zur Entwicklung eines richtigen Bewußtseins erhalten. Hoernle hat die Gefahr, daß das Arbeiterkind innerhalb seiner Bewußtseinsentwicklung bei der bloßen Negation von Klassenherrschaft und persönlicher Unterdrückung stehenbleibt, gesehen. Die Fixierung der Entwicklung des Klassenbewußtseins bei Kindern auf ein bloß utopisches Bewußtsein hat er zu überwinden gesucht.

[156] Ebd., S. 178 f, 200.
[157] Ebd., S. 111.
[158] Ebd., S. 162.
[159] Ebd., S. 197.
[160] Ebd., S. 197.
[161] Ebd., S. 120.
[162] Ebd., S. 135 u. 196.
[163] Ebd., S. 157 u. 136 ff.

## 9. Die neue politische Sozialisationsforschung und das Problem des Klassenbewußtseins bei Arbeiterkindern

Es ist Ausdruck der Bindung der sozialistischen Sozialisationsforschung an die Entwicklung der Arbeiterbewegung, daß es in der Phase der Verfolgung und Unterdrückung der Arbeiterbewegung keine sozialistische Sozialisationsforschung gab und ihre früheren Ergebnisse unbekannt und verschollen blieben.

Mit den Ansätzen zur Rekonstruktion einer politischen Arbeiterbewegung änderte sich die Situation.[164] Die Änderung der gesellschaftlichen Lage führte auch zu neuen Tendenzen in der Theoriebildung. Nachdem die polit-ökonomischen Analysen des Ausbildungssektors[165] ausgiebig zeigen konnten, »daß alle gutgläubig inszenierten pädagogischen Reformen im Namen von Humanisierung, Verbesserung der Lebensqualität, Chancengleichheit usw. sich in Wahrheit lediglich als konsequente Strategien zur Durchsetzung des Profitinteresses des Kapitals erweisen«»[166], drängte sich die Frage auf, wieweit die Arbeiterklasse die Grenzen der kapitalistischen Bildungsreform überwinden kann. Damit stellt sich auch das Problem, ob die Arbeiterkinder selbst schon politisch im eigenen Interesse denken und handeln können.

Dieses Problem zwang auch die politische Sozialisationsforschung zur Entdeckung einer neuen Perspektive. Beschäftigte sie sich traditionellerweise mit der Frage, inwieweit »Sozialisation die Menschen dem jeweiligen Herrschaftssystem unterwirft«[167], so warf sie jetzt die Frage auf, ob es möglich

---

[164] Zur Rekonstruktion der Arbeiterbewegung in der BRD und zur Veränderung ihrer Bewußtseinsformen liegt eine unübersehbare Flut von Material vor. Vgl. u. a.: H. Jung u. a.: ›Kampfaktionen der westdeutschen Arbeiterklasse 1966—70‹. In: *Das Argument* 11/12, 1970; H. Jung: ›Die betrieblichen Abwehraktionen der Belegschaften 1967/68‹. In: *Marxistische Blätter* 4, 1968. Autorenkollektiv: *Die Septemberstreiks 1969.* Frankfurt 1969; Autorenkollektiv: *Am Beispiel der Septemberstreiks. Anfang der Rekonstruktionsperiode der Arbeiterklasse?* Frankfurt 1971; Autorenkollektiv: *Proletariat in der BRD.* Berlin 1974, bes. S. 307 ff u. 480 ff.
[165] Vgl. E. Altvater/F. Huisken: *Materialien zur politischen Ökonomie des Ausbildungssektors.* Erlangen 1971; F. Huisken: *Zur Kritik bürgerlicher Didaktik und Bildungsökonomie.* München 1972 usw.
[166] H. Ortmann: ›Politische Ökonomie und Pädagogik‹. In: *Erziehung und Klassenkampf* 9, 1973, S. 40.
[167] W. Gottschalch: *Bedingungen und Chancen politischer Sozialisation.* Frankfurt 1972 (Fischer Taschenbuch Bd. 1311), S. 22. Empirische Untersuchungen wiesen nach, daß die politische Prägung und Unterwerfung der Kinder im Schulalter schon weit fortgeschritten ist. Vgl. E. H. Müller: ›Politisches Lernen im Kindesalter‹. In: Müller/Neuß/Nußbaum: *Politikunterricht und Gesellschaftskunde in der Schule.* Ulm 1971; W. Wasmund: ›Kinder und Wahlkampf‹. In: *Westermanns Pädagogische Beiträge* 1, 1974; D. Tiemann: ›Politische Erziehung im Elementar- und Primarbereich‹. In: H. Hielscher: (Hg.): *Materialien zur sozialen Erziehung im Kindesalter.* Heidelberg 1974, S. 35 ff; G. Beck: *Autorität im Vorschulalter.* Weinheim 1973; P. Ackermann: ›Politisches Lernen in der Grundschule.* München

ist, daß schon Kinder systemüberwindendes Verhalten und Bewußtsein entwickeln können.[168]

Diese neue Perspektive in der politischen Sozialisationsforschung trat exemplarisch in einer Debatte jüngerer Wissenschaftler um die Probleme der politischen Sozialisation zutage. Auf der Basis der Rezeption amerikanischer Studien zur Entwicklung politischen Verhaltens von Kindern kam Nyssen zu pessimistischen Ergebnissen: »Auf Grund der Untersuchungen zur politischen Sozialisation ist anzunehmen, daß die Menschen in der Regel tiefverwurzelte Loyalitätsgefühle gegenüber dem eigenen politischen System entwickeln, und zwar — wie gesagt — bereits in der Kindheit.«[169] Nyssen blieb dabei nicht stehen. Er leitete zugleich aus seinen Untersuchungen auch noch die These von der Wirkungslosigkeit nichtsystemkonformer politischer Bildung bei Kindern ab.[170] Dieser scheinbare wissenschaftliche Nachweis der Aussichtslosigkeit einer kritischen Bewußtseinsbildung im Kindesalter traf in der Bundesrepublik auf breite Zustimmung konservativer Sozialisationsforscher, die sich bei ihrer Argumentation derselben amerikanischen Studien bedienten wie Nyssen.[171]

Nyssens Position blieb allerdings nicht lange ohne Widerspruch. Ulf Preuß-Lausitz wies Nyssen nach, daß die totale Anpassung der Kinder an das bestehende System nicht für Unterschichtkinder gelten kann, weil die »Erfahrung der Unterprivilegiertheit noch eher die Möglichkeiten einer ›systemkritischen‹, wenn schon nicht antikapitalistisches Erziehung ermöglicht«[172]. Die Vermutung, daß die Unterschichtkinder in

1973; S. Aust u. a.: *Beiträge zur politischen und sozialen Erziehung in der Grundschule.* Essen 1972; G. Beck: *Politische Sozialisation und politische Bildung in der Grundschule.* Frankfurt 1972; U. Lohmar: *Politik in der Hauptschule.* Düsseldorf 1970; Becker/Herkommer/Bergmann: *Erziehung zur Anpassung.* Schwalbach 1968; W. Jaide: *Jugend und Demokratie?* München 1971.

[168] Vgl. zur neuen Orientierung der politischen Sozialisationsforschung W. v. Baeyer-Katte: ›Sozialisation im politischen Verhalten‹. In: *Handbuch der Psychologie.* Bd. 7/2. Göttingen 1972, S. 1047.

[169] F. Nyssen: ›Kinder und Politik‹. In: Autorenkollektiv: *Politische Bildung — Politische Sozialisation.* Weinheim 1973, S. 57.

[170] Ebd., S. 57 f.

[171] Vgl. u. a. G. C. Behrmann: ›Politische Sozialisation in den USA und politische Bildung in der BRD‹. In: *Gesellschaft, Staat, Erziehung.* 14. Jg., 1969, S. 145–160; A. Harnischfeger: ›Politische Sozialisation‹. In: *Geschichte in Wissenschaft und Unterricht.* 21. Jg., 1970, S. 80–90; K. Wahl: ›Neuere Forschungsergebnisse zur politischen Sozialisation im Kindesalter‹. In: *Politische Studien.* 21. Jg., 1970, S. 592–600; A. Hainke: *Politische Einstellungen und Lernprozesse bei Kindern und Jugendlichen. Neuere amerikanische Beiträge zu einer Theorie der politischen Sozialisation.* Tübingen 1971; K. Wasmund: ›Politische Sozialisation im frühen Schulalter‹. In: *Westermanns Pädagogische Beiträge.* 23. Jg., 1971, S. 530–539; B. Claussen: ›Politische Sozialisation im Kindesalter‹. In: *Zeitschrift für Pädagogik* 3, 1974, S. 305–325.

[172] U. Preuß-Lausitz: ›Politisches Lernen. Zur Kritik der sogenannten

ihrer besonderen sozialen Lage mit »gesellschaftlichen Widersprüchen« konfrontiert werden, die »sie in permanente Konflikte« und antikapitalistisches Verhalten treiben[173], wurde inzwischen von einer ganzen Reihe von Untersuchungen bestätigt. So stellten auch G. Brandt u. a. gegenüber der affirmativen politischen Sozialisationsforschung in den USA fest, daß bei »gesellschaftlich unterprivilegierten Gruppen« nicht nur systemkonformes Verhalten zu erwarten ist. »Es sind demnach auch alternative politische Sozialisationsprozesse vorstellbar«, die »von negativen Einstellungen zu bestehender sozialer Herrschaft ausgehen«[174]. Der Prozeß der Distanzierung der Arbeiterkinder vom bestehenden Gesellschaftssystem wurde untersucht. So wurde einmal die besondere Unterdrückung des Arbeiterkindes aufgrund seiner Klassenlage, die auch seine Lage in Familie und Schule bestimmt, herausgearbeitet. »Das Arbeiterkind hat sich einer Fülle von Torturen, Erniedrigungen, Mißerfolgserlebnissen ... zu unterziehen, ehe es reif für die Fabrik entlassen wird.«[175] Andererseits konnte aufgezeigt werden, daß die verstärkte Repression das Arbeiterkind zu spezifischen Formen von Aggression treibt.[176] Da diese klassenspezifische Aggressivität vom Arbeiterkind, wenn es nicht resigniert und sich mit anderen Kindern zusammenschließt, auch zum Kampf gegen die repressive Umwelt eingesetzt werden kann, kann das Arbeiterkind eine Kampfbereitschaft entwickeln, die die »kämpferischen Elemente des späteren Klassenbewußtseins vorwegnimmt«[177].

Diese theoretischen Überlegungen, die Preuß-Lausitz' Vermutungen bestätigen, wurden durch praktische Erfahrungen in Schülerläden und proletarischen Kindergruppen bestätigt. Es wurde festgestellt, daß schon Arbeiterkinder aufgrund ihrer klassenspezifischen Unterdrückung nicht nur emotional ag-

politischen Sozialisation‹. In: Autorenkollektiv: *Politische Bildung — Politische Sozialisation*, a.a.O., S. 79.

[173] U. Preuß-Lausitz: ›Vom angepaßten Kind zum linken Schüler‹. In: Autorenkollektiv: *Politische Bildung . . .*, S. 101.

[174] Autorenkollektiv: *Berufliche Sozialisation und gesellschaftliches Bewußtsein jugendlicher Erwerbstätiger.* Frankfurt 1973, S. 176.

[175] E. Brechstein: *Die Sozialisation des Arbeiterkindes in Familie und Schule.* Freiburg 1971, S. 101; Vgl. dazu auch P. Brückner: *Sozialpsychologie des Kapitalismus.* Frankfurt 1972, S. 37 ff, 106 ff, 120 ff; G. Vinnai: *Sozialpsychologie der Arbeiter.* Reinbek 1973 (rororo Nr. 6812), S. 49 ff, 74 ff; P. Milhoffer: *Familie und Klasse.* Frankfurt 1973 (Fischer Taschenbuch Bd. 6515), S. 130 ff. Selbst die schichtenspezifische Sozialisationsforschung beschreibt zumindest die Unterprivilegiertheit und Tantalussituation (Bernfeld) des Arbeiterkindes. Vgl. B. Caesar: *Autorität in der Familie*, a.a. O; W. Gottschalch u. a.: *Sozialisationsforschung*, a.a.O.

[176] Vgl. J. Raspe: *Zur Sozialisation proletarischer Kinder.* Frankfurt 1972, S. 63; Projektgruppe Brelohstr.: *Proletarisches Vorschulprogramm.* Bochum 1971, S. 341, 347, 349 f.

[177] L. Lorenz: *Arbeiterfamilie und Klassenbewußtsein.* Gießen 1972, S. 71.

gressiv auf privilegierte Kinder reagieren, sondern daß sie auch kognitiv sich von der herrschenden Klasse distanzieren. Sie bilden ein dichotomisches Gesellschaftsbild aus. »Hauptsächlich handelte es sich um das Erleben und das Bewußtsein des arm-reich Gegensatzes, um das Unten-Oben — Herrschafts- und Ausbeutungsverhältnis und um den permanenten bewußten Gegensatz des Arbeiterkindes zur Bourgeoisie.«[178]

Das Alltagsbewußtsein der Arbeiterkinder reproduziert die repressiven Erfahrungen ihrer Eltern in der Produktion[179], verstärkt durch die Ergebnisse ihrer eigenen Auseinandersetzung mit den Klassenschranken in der westdeutschen Gesellschaft. Schon die Arbeiterkinder erweisen sich als geprägt von der Erfahrung der gesellschaftlichen Ohnmacht, wie sie sich im dichotomischen Bewußtsein niederschlägt. Sie zeigen aber zugleich Anzeichen der doppelten Bestimmung ihres Bewußtseins. Sie zeigen nicht nur Momente der Ohnmacht und Flucht, sondern auch des Trotzes und der Bereitschaft, unter kollektiven Bedingungen gegen die Unterdrückung Widerstand zu leisten. Die Arbeit in den proletarischen Kindergruppen zeigte, daß das Arbeiterkind in der Gegenwart schon soweit emotionale und kognitive Distanz zur herrschenden Klasse in ihren verschiedenen Erscheinungsformen gewonnen hat, daß es, in Gruppen organisiert, zum systemkritischen Handeln fähig ist. In den proletarischen Kindergruppen erwies sich die Erklärung des Alltagsbewußtseins der Arbeiterkinder durch Otto Rühle als durchaus aktuell. Als bestes Mittel der Verhinderung der regressiven Reaktion des Arbeiterkindes auf seine Klassenlage erschien die organisierte Selbsttätigkeit der Kindergruppen, die zu Kollektiven wurden, wenn der politische Erzieher, wie Rühle es nahegelegt hatte, jede autoritäre Distanz zu den Kindern abgebaut hatte. Die antiautoritäre Erziehungsbewegung hat diese Erkenntnis wiederentdeckt, ohne ihre Bedeutung für die Veränderung des Bewußtseins des doppelt unterdrückten Arbeiterkindes in seinen gesellschaftlichen Voraussetzungen richtig gesehen zu haben.[180]

[178] Autorenkollektiv: *Schülerladen Rote Freiheit.* Frankfurt 1971 (Fischer Taschenbuch Bd. 1147), S. 124; ebenso L. v. Werder: *Von der antiautoritären zur proletarischen Erziehung*, Frankfurt 1972 (Fischer Taschenbuch Bd. 1265), S. 144; Projektgruppe Brelohstr., a.a.O., S. 319.
[179] Die dichotomische Struktur des Arbeiterbewußtseins ist durch umfassende Untersuchungen belegt. Vgl. H. Popitz u. a.: *Das Gesellschaftsbild des Arbeiters.* Tübingen 1957; S. Grimm: *Die Bildungsabstinenz der Arbeiter.* München 1966; S. Herkommer: ›Gesellschaftsbild und politisches Bewußtsein‹. In: *Das Argument* 50, 1969, S. 208—222. Zur Kritik der Popitzschen Arbeit: F. Deppe: *Das Bewußtsein der Arbeiter.* Köln 1971, S. 36, 74 ff.
[180] Die bisherige wissenschaftliche Diskussion über die antiautoritäre und sozialistische Erziehung hat ihre radikalen Anstöße schleunigst wie-

Diese Erkenntnisse, die die Auflösung des Alltagsbewußtseins bei Arbeiterkindern in kritischer Richtung aufweisen, werden heute einer sozialistischen Richtung in der politischen Sozialisationsforschung Auftrieb geben.

Bei der Konstituierung einer neuen sozialistischen Sozialisationsforschung wird es sicherlich auf die kritische Arbeit radikaldemokratischer Lehrer in der Hauptschule ankommen. Diese Lehrer, das zeigen nicht nur die Berufsverbote[181], sondern auch die steigende Zahl radikaldemokratischer Unterrichtsmodelle[182], die harte Diskussion um die Hessischen Rahmenrichtlinien »Gesellschaftslehre«[183] und Strategieentwürfe für kritisches Lehrerverhalten in der Hauptschule[184], bemühen sich um eine erste Anbahnung des Klassenbewußtseins beim Arbeiterkind. Sie üben dafür nicht nur den »Abbau der Erwachsenenübermacht«, sondern orientieren ihre Lehrarbeit »an den Werten, Traditionen, Zielsetzungen und Interessen der Klasse der Unterprivilegierten«.[185] Das ist ein guter Anfang. Noch mehr Lehrer müssen Sozialisationsforscher im Interesse der Arbeiterkinder werden. Die Ergebnisse ihrer Arbeit werden wichtige Anregungen für den Fortschritt sozialistischer Sozialisationsforschung geben.[186]

Die Bedeutung der sozialistischen Sozialisationsforschung wird außerdem wachsen, je intensiver sozialistische Kinderorganisationen wie die »Falken«, die »Jungen Pioniere« usw.

der zugeschüttet und ihre Fehler gar nicht begriffen. Vgl. z. B.: J. Claßen (Hg.): *Antiautoritäre Erziehung in der wissenschaftlichen Diskussion.* Heidelberg 1973, bes. S. 44 ff, 174 ff, 203 ff, 243 f. Besonders verunsichert haben die antiautoritären und sozialistischen Erziehungsansätze die Reaktion. Vgl. W. Brezinka: *Die Pädagogik der neuen Linken.* Stuttgart 1973; H. Bath: *Emanzipation als Erziehungsziel?* Bad Heilbronn 1974; L. Kerstins: *Modelle emanzipatorischer Erziehung.* Bad Heilbronn 1974, aber auch H. Giesecke: ›Erziehung gegen den Kapitalismus?‹ In: Ders.: *Bildungsreform und Emanzipation.* München 1973, S. 150—177.
[181] Vgl. H. Bethge/E. Roßmann: *Der Kampf gegen das Berufsverbot.* Köln 1973.
[182] Vgl. Autorenkollektiv Göttingen: ›Übersicht über Modelle und Materialien für einen antikapitalistischen Unterricht‹. In: *Ästhetik und Kommunikation* 9, 1972, S. 90—105; W. D. Lugert: *Zur Kritik bürgerlichen Unterrichts.* Starnberg 1973; Projektgruppe Arbeitslehre Marburg: *Schule, Produktion, Gewerkschaften.* Reinbek 1974 (rororo 6908); Projektgruppe Brelohstr., a.a.O., S. 194—242; F. Behrens: *Das Projekt Arbeit in der Grundschule.* München 1974.
[183] Vgl. D. Voigt: ›Thesen zum bildungspolitischen Verhalten gegenüber den Hessischen Rahmenrichtlinien »Gesellschaftslehre«‹. In: *Ästhetik und Kommunikation* 15/16, 1974, S. 120—133.
[184] H. G. Rolff u. a.: *Strategisches Lernen in der Gesamtschule.* Reinbek 1974 (rororo 6854); J. Beck: *Lernen in der Klassenschule.* Reinbek 1974 (rororo 6820), S. 176 ff.
[185] H. J. Schmidt: ›Zur Fragwürdigkeit einiger Konzeptionen nicht autoritärer politischer Bildung‹. In: *Ästhetik und Kommunikation* 12, 1973, S. 59.
[186] Ein erster Ansatz in dieser Richtung liegt vor: K. Wünsche: *Die Wirklichkeit des Hauptschülers.* Köln 1972; M. du Bois-Reymond/B. Söll: *Neuköllner Schulbuch.* Bd. 1 u. 2. Frankfurt 1974 (Suhrkamp 681).

eine wissenschaftliche Grundlage ihrer Arbeit fordern. Das Bedürfnis nach einer weiteren Klärung der Bedingungen der Entwicklung von Klassenbewußtsein bei Kindern, das auch bald die alten Probleme, wie sie Otto Rühle exemplarisch offenlegte, wieder aufwerfen wird, hat sich in den Reihen sozialistischer Erzieher schon artikuliert: »Wichtig ist die Erarbeitung einer genauen Analyse der Klassenlage der Arbeiterkinder heute, die Untersuchung ihres Lebens in der Familie, in der Schule, auf der Straße . . . sowie die Form des spontanen, oft unbewußten Widerstands der Kinder. Diese Aufgabe muß gemeinsam von marxistischen Wissenschaftlern und den Praktikern der sozialistischen Erziehungsarbeit begonnen werden.«[187] Einen derartigen Aufruf verfaßte Otto Rühle schon 1910, um 1925 feststellen zu müssen: »Er ist ungehört verhallt. Das proletarische Kind, dieser arme Paria, ist das verlassenste Geschöpf, das es unter der Sonne gibt.«[188]

Es liegt nun an den Angesprochenen, ob sich die Geschichte in diesem Punkt, 50 Jahre später, wiederholt. Es steht fest: Keine Emanzipation des Proletariats ohne die Befreiung des Arbeiterkindes.

Berlin, November 1974                                        L. v. W.

[187] U. Hecker: ›Zur Aktualität der marxistischen Pädagogik der Weimarer Zeit für den Aufbau einer sozialistischen Kinderorganisation in der BRD‹. In: Marxistische Blätter 3, 1974, S. 86; Die gleiche Forderung erhebt auch H. J. Schmidt: ›Zur Fragwürdigkeit . . .‹, a.a.O., S. 59.
[188] O. Rühle: Zur Psychologie . . ., s. diese Ausgabe, S. 47. Sicher ist es nicht überraschend, daß heute zur Entwicklung des Klassenbewußtseins bei Arbeiterkindern noch kaum gearbeitet wird. Als Grund für das Versagen der »berufenen Sachverständigen« schrieb Rühle 1925: »Das Objekt dieser Bemühungen erschien ihnen nicht lohnend genug.« (O. Rühle: Zur Psychologie . . ., s. diese Ausgabe, S. 47. Die Entwicklung des Klassenbewußtseins der Arbeiterjugend wird gegenüber dem des Arbeiterkindes heute schon genauer erforscht. Vgl. L. Hack u. a.: ›Klassenlage und Interessenorientierung. Zum Konstitutionsprozeß der Bewußtseinsstrukturen und Verhaltensmuster junger Industriearbeiter‹. In: Zeitschrift für Soziologie 1, 1972, S. 15–30; C. Hübner u. a.: ›Politökonomische Bestimmung zur Lage der Arbeiterjugend im Kapitalismus und deren Bedeutung für die Entwicklung des Klassenbewußtseins‹. In: Erziehung und Klassenkampf 1, 1971, S. 5–30; M. Deppe-Wolfinger: ›Gewerkschaftliche Jugendbildung und politisches Bewußtsein‹. In: F. Deppe: Das Bewußtsein der Arbeiter, a.a.O., S. 301 bis 359; H. Deppe-Wolfinger: Arbeiterjugend — Bewußtsein und politische Bildung. Frankfurt 1972 (Fischer Athenäum Taschenbuch Bd. 4006), S. 190–208; W. Maier: ›Zum Verhältnis von Sozialwissenschaft und politischer Bildung‹. In: Ästhetik und Kommunikation 7, 1972, S. 17–24; M. Liebel: ›Politische Bildung im Interesse der Arbeiterjugend?‹. In: Erziehung und Klassenkampf 4, 1971, S. 64–73; Autorenkollektiv: Gewerkschaftliche Jugendbildung — Rahmenkonzeption. Frankfurt 1973, S. 72–87.

# Die Seele des proletarischen Kindes*

## Einleitung

Die wissenschaftliche Erschließung des kindlichen Seelenlebens durch die Methoden exakter Forschungsarbeit hat noch keine sehr lange Geschichte. Kaum mehr als hundert Jahre umschließen die ganze Reihe der praktischen und theoretischen Bemühungen, die diesem Studiengebiet gewidmet wurden und die auf wissenschaftlichen Charakter Anspruch erheben dürfen. Solange man in der Seele nichts anderes sah als einen Teil des göttlichen Geistes — dem Mensch gewordenen Erdenkloße eingehaucht —, hatte man keine Veranlassung, ihrer Ergründung und Erforschung besondere Aufmerksamkeit zuzuwenden. Die Theologie gab hierüber hinreichend Aufschluß; mit der Lehre von der Erbsünde, von der sie dabei ausging, und der Erbschuld, die sie daraus folgerte, ist ihre Orientierung in dieser Frage gekennzeichnet.

Auch die spekulative Philosophie, die der biblischen Metaphysik folgte, wußte, weil ihr Seelenbegriff nur auf gedanklichen Abstraktionen beruhte, mit der kindlichen Seele nicht viel anzufangen. Rationalisten wie Romantiker halfen sich bei der Vorstellung von der inneren Beschaffenheit der kindlichen Natur mit einem allgemeinen ethisch-ästhetischen Wunschbilde, einer phantastischen Idealkonstruktion. Erst die materialistische Schule, die alle Geheimnisse aufstöberte und — nüchtern-praktisch wie sie war — die über dunkle Zusammenhänge gebreiteten Schleier zu lüften begann, setzte unter Führung der empirischen Medizin mit der eigentlichen psychologischen Kinderforschung ein. 1856 erschien aus der Feder des Rudolstädter Arztes Berthold Sigismund das liebenswürdige und an guten Beobachtungen reiche Werkchen »Kind und Welt«, das, wie eine viel ältere und ganz unbekannt gebliebene Arbeit des Marburger Professors Tiedemann, aus Tagebuchblättern eines Vaters über die psychische Entwicklung seines Kindes hervorgegangen war. 1859 veröffentlichte Professor Kußmaul seine »Untersuchungen über das Seelenleben des neugeborenen Menschen«. 1872 erschien Hellwigs Schrift über die »Vier Temperamente der Kinder«.

Hatten alle diese Publikationen ihrem Inhalt und Charakter

* Erschienen: Dresden 1925

nach nur die Bedeutung von Vorarbeiten und ersten Ansätzen zu einer systematischen Kinderseelenforschung gehabt, so stellte 1882 der Jenenser Professor Preyer mit seinem umfangreichen und für die damalige Erkenntnissphäre hochbedeutsamen Werke »Die Seele des Kindes« die Kinderpsychologie, die sich damit als selbständige Wissenschaft konstituierte, auf eine breite und sichere Grundlage. Ausgehend von Beobachtungen der seelischen Entwicklung seines Söhnchens und unter Heranziehung und Verwendung des gesamten einschlägigen Materials, dessen er habhaft werden konnte, gab Preyer in seinem klassischen Werke eine grundlegende Darstellung von der Entwicklung der Sinne und Gefühle, des Willens, des Intellekts und der Sprache des Kindes, die für Jahrzehnte zu einer Fundgrube für die wissenschaftliche Kinderforschung der ganzen Welt wurde.

Preyer fand viele Nachfolger, mehr im Ausland als in Deutschland, da hier die spekulative Seelenkunde der Herbartschen Schule, die »Psychologie ohne Seele«, mit den neuen Erkenntnissen der empirischen Seelenkunde in einem langen und unentschiedenen Kampfe lag. Besonders in Amerika erschienen zahlreiche Tagebuchaufzeichnungen über die seelische Entwicklung kleiner Kinder, darunter als bedeutendste die Studien von Miß Shinn. Ein Zeichen dafür, wie rasche Fortschritte die junge Wissenschaft machte, war die Tatsache, daß den Tagebüchern sehr bald systematische Übersichten und zusammenhängende Darstellungen aus dem Gebiet kindlicher Seelenverfassung und Seelentätigkeit folgten. Von amerikanischen Autoren seien genannt: Tracy, Stanley Hall, Barneß, Russell, Baldwin; von englischen: Sully, Warner und Pollock; von französischen: Compayré; von italienischen: Lombroso und Ferriani; von russischen: Sikorski; von bulgarischen: Gheorgow.

Mit Beginn der neunziger Jahre ist die Kinderpsychologie als selbständige Disziplin und wichtigste Hilfswissenschaft der Pädagogik auch in Deutschland in Aufschwung gekommen, und zwar auf biologischer, physiologischer, experimenteller und entwicklungswissenschaftlicher Grundlage.

Ein ganzer Stab von Gelehrten hat sich dem neu erschlossenen Forschungsgebiet zugewandt. Hartmann, der bereits 1885 eine Analyse des kindlichen Gedankenkreises vorgenommen hatte, setzte seine Arbeiten auf diesem Teilgebiete fort. Ebbinghaus untersuchte die kindliche Kapazität, Kemsies und Lobsien verbreiteten sich in vielbeachteten Veröffentlichungen über Ermüdung, Gedächtnis, Überbürdung. Wundt behandelte in seinem »Grundriß der Psychologie« die psychische Entwicklung des Kindes vom Standpunkt des Physiologen und gab damit lebhaften Anstoß für die Beobachtung und Erörterung psychophysischer Phänomene beim Kind. Gutzmann, Lindner, Ament,

Meumann und das Ehepaar Stern wählten besonders die Sprache des Kindes zum Gegensatnd ausgedehnter und gründlicher Untersuchungen. Lay und Schneider wandten ihre Aufmerksamkeit dem Rechnen zu; Pappenheim, Lewinstein und andere den Kinderzeichnungen. Jaspers und Spranger haben psychologische Typenlehren geschaffen. Oppenheim und Chamberlain untersuchten die psychologische Bedeutung des Milieus. Strümpell schrieb ein Werk über pathologische Kinder; unter Trüpers und Ufers Führung nahm sich ein Kreis von Psychologen und Pädagogen der Erforschung psychischer Kinderfehler an. In jüngster Zeit haben die Methoden der experimentellen Psychologie an Hand des Binet-Simonschen Testverfahrens für die Zwecke der praktischen Berufsberatung vielfache Verbreitung gefunden. Mit dem Vordringen der Amerikanisierung und dem Umsichgreifen der Taylorisierung auf den verschiedensten Gebieten des Wirtschaftslebens wird man immer mehr dazu übergehen, mittels der Einsicht in den Mechanismus der menschlichen Seele dem Produktionsprozesse die rationellste Methode zu sichern, um ihm die höchste Ergiebigkeit abzugewinnen.

So tritt auch diese Wissenschaft unmittelbar in den Dienst des Kapitals. Selbst der Seelenforscher wird in seinen bezahlten Lohnarbeiter verwandelt.

Sollte da nicht auch das Proletariat ein Interesse daran haben, sich der Errungenschaften der modernsten Psychologie für seine Zwecke und Ziele zu versichern? Gerade die Entwicklung der Psychologie während der letzten Jahrzehnte hat zu Resultaten geführt, die geeignet sind, die von der sozialökonomischen Forschung, insonderheit von der geschichtsmaterialistischen Dialektik und der marxistisch orientierten Soziologie aufgezeigten Richtungstendenzen und Zielfixierungen des allgemeinen gesellschaftlichen Entwicklungsablaufs aufs nachdrücklichste zu unterstreichen und zu unterstützen. Weniger gilt dies von den Vertretern der Suggestionslehre, Bernheim und Coue, im gewissen Sinne schon eher von der Psychoanalyse, deren Begründer und Haupt, Sigmund Freud, bisher freilich alles aufgeboten hat, sie mit der Wirkung eines konservierenden und domestizierenden Elements dem Interesse der herrschenden Gesellschaftsordnung nutzbar zu machen. Ganz sicher aber trifft dies auf die Individualpsychologie von Alfred Adler zu. Sie ist eine psychologische Theorie von durchaus revolutionärem Grundcharakter, deren Konsequenzen mit den Konsequenzen der revolutionären Soziologie von Marx zusammenfallen.

Es ist hier nicht der Raum, einen Überblick über Inhalt, Methode und Charakter der Adlerschen Individualpsychologie zu geben; in dem Buche meiner Frau über Freud und Adler ist dies in einer für die erste Orientierung ausreichenden Weise getan.

Wenn man einer Synthese von Marx und Adler zustrebt, liegt es nahe, sie nicht nur an Fragen zu versuchen und zu erproben, deren Materien beiderseitig, soziologisch wie psychologisch, klar erkannt und sicher fixiert sind, sondern auch an solchen, die dem Interesse der proletarisch-sozialistischen Bewegung mit elementarer Nützlichkeit entgegenkommen. Wir treiben nicht Wissenschaft um der Wissenschaft willen, noch weniger aus Liebhaberei oder Sportbedürfnis; vielmehr stellen wir jede wissenschaftliche Erkenntnis unmittelbar in den Dienst des Klassenkampfes.

Als vor mehr als einem Jahrzehnt zum ersten Male mein Buch »Das proletarische Kind« erschien, war ich mir nicht im unklaren darüber, daß in dieser Monographie nur eine Seite der charakteristischen Wesensart des proletarischen Nachwuchses, nämlich sein soziologisches Profil, ins Auge gefaßt war. Die Hoffnung, daß sie sowohl eine Erweiterung in demselben Sinne als auch vor allem eine Ergänzung nach der psychologischen Seite hin aus den Kreisen von Ärzten, Pädagogen, Psychologen und Soziologen erfahren würde, hat sich leider nicht erfüllt. All die »berufenen Sachverständigen« haben versagt; das Objekt der Bemühung erschien ihnen nicht lohnend genug. Betrübender ist, daß auch die sozialdemokratischen Regierungen, obwohl ihnen die Verpflichtung wiederholt nahegelegt wurde, keine Hand gerührt haben für die Förderung der Bemühungen, die der systematischen Beobachtung und wissenschaftlichen Erforschung der Wesensart des proletarischen Kindes gelten. Von Parteien, Gewerkschaften, Verbänden ist Unterstützung weder zu erwarten noch erwünscht, weil immer damit zu rechnen ist, daß die Ergebnisse in den Dienst einseitiger Interessen und Tendenzen gestellt werden. Ein Aufruf am Schlusse meines Buches ist ungehört verhallt. Das proletarische Kind, dieser arme Paria, ist das verlassenste Geschöpf, das es unter der Sonne gibt.

Ausgedehnte psychologische Studien, denen ich mich — in leidlicher Ruhe nach schweren Kampfjahren — widmen konnte, besonders die Beschäftigung mit Adlers Individualpsychologie haben mir den Mut gegeben, nun auch die Herausarbeitung des psychologischen Profils der proletarischen Jugend in Angriff zu nehmen, mit der Aufdeckung und Aufhellung ihrer psychischen Eigenart wenigstens den Anfang zu machen. Nicht mehr als einen Anfang. Aber ich hoffe, daß auch damit schon etwas erreicht sein wird.

Es ist zu empfehlen und wird sich als unumgänglich erweisen, daß bei der Lektüre dieses Buches mein obenerwähntes erstes Buch über das proletarische Kind herangezogen wird. Denn die dort niedergelegten Materialien und Erkenntnisse soziologischen Charakters, die hier nicht wiederholt werden konnten, werden sich als belangvoll und nützlich erweisen in Hinsicht auf die Ergänzung und Vertiefung einer Psychologie, die im tiefsten Grunde soziologisch orientiert ist. Gelegentlich machte sich überdies auch in diesem Buche ein Zurückgreifen auf soziologische Tatbestände nötig, weil anders ein Verständnis für bestimmte psychologische Erscheinungen kaum zu erzielen gewesen wäre. Wir werden das proletarische Kind ganz anders verstehen lernen, wenn wir, nachdem uns sein soziales Milieu erschlossen wurde, nun im Zusammenhang damit auch Einblick in sein Seelenleben gewinnen. Darin werden wir Bekanntes und Fremdes entdecken, viel Begreifliches und noch mehr Ungeahntes; und wir werden, hoffe ich, etwas Respekt vor ihm und seiner Eigenart bekommen. Das wird dem verachteten, erniedrigten und verlassenen Menschenkinde wohltun. Wir werden auch unser ganzes bisheriges Verhältnis zum proletarischen Kinde — wie zum Kinde überhaupt — einer gründlichen Revision unterziehen müssen. Ja, schließlich wird es uns, den Erwachsenen, Vätern und Erziehern, nicht erspart bleiben, vom Piedestal unserer Überlegenheit, Autorität und Würde herabzusteigen, um den Kindern, die nun nicht mehr Untergebene, Gehorchende, Objekte unserer Despotie sein sollen, sondern gleichgestellte, solidarisch verbundene Freunde und Genossen, in brüderlicher Kameradschaft die Hände zu reichen.

Wenn uns das nicht mehr schwerfallen wird, werden wir den Geist der alten Zeit endgültig in uns überwunden haben.

Und zum ersten Male mit Recht dürfen wir uns Revolutionäre nennen.


## I. Unsicherheit

Die Natur hat es so eingerichtet, daß der Mensch als kleines Kind zur Welt kommt.

Der Begriff klein stellt zunächst nur eine Konstatierung von Körpermaßen dar. Aber in der Denk- und Sprachgewohnheit der Menschen ist er seit alters zu einem Werturteil geworden. Wir nennen das Kind klein, um damit auch seine physische und psychische Schwäche, Unerfahrenheit, Minderwertigkeit auszudrücken. Klein ist in der allgemeinen Wertschätzung weniger als groß. Beide Begriffe drücken Gegensätze aus.

Groß sind die Erwachsenen, die das kleine Kind bei der Geburt in Empfang nehmen.

Erwachsen sein heißt nicht nur körperlich fertig und ausgereift sein, sondern auch erfahren, tüchtig, leistungsfähig, vollwertig sein. Wenn klein sein der Anfang ist, so ist erwachsen sein das Ziel, die erreichte Höhe. Der kleine Mensch gerät also in dem Augenblicke, in dem er ins Leben tritt, in einen Gegensatz zu seiner Umgebung.

Zwar ist ihm dieser Gegensatz noch nicht bewußt, aber wir wissen, daß es eine Sphäre des Unbewußten im Seelenleben des Menschen gibt und daß von ihm die allermeisten Antriebe und Impulse menschlichen Handelns und Verhaltens ausgehen. Das Kind kommt mit einem Erbgut mehr oder weniger differenzierter Triebe in die Welt, die alle den naturgegebenen Sinn haben, seine Existenz gegenüber den ihr drohenden mannigfaltigen Gefahren zu sichern. Eine dieser Gefahren besteht darin, von der Übermacht der Erwachsenen erdrückt zu werden. Auf sie reagiert der kindliche Instinkt.

Denn die Erwachsenen sind sich ihres Erwachsenseins, ihrer Überlegenheit wohl bewußt. In ihrem ganzen Verhalten zum Kinde, all ihrem Denken, Reden und Tun kommt dies zum Ausdruck.

Ihr gesamtes Verhältnis zum Kinde wird von diesem Punkt aus bestimmt.

Die Tatsache, daß kleine und große, unerwachsene und erwachsene, minderwertige und vollwertige Menschen einander gegenüberstehen, verwandelt das Verhältnis in ein Mißverhältnis, die Gemeinschaft in eine Gegnerschaft, das Nebeneinander in ein Übereinander. Die Situation, in die sich das Kind versetzt sieht, muß unvermeidlich zu einer Quelle von Konflikten werden.

Die Erwachsenen verdanken ihre Vor- und Übermachtstellung gegenüber dem Kinde nicht so sehr ihrer körperlichen und geistigen Überlegenheit, als vielmehr dem in der Sozialverfassung bedingt liegenden Umstande, daß sie Träger und Repräsentanten einer Gesellschaftskultur sind, die sich als Erwachsenenkultur darstellt. Ihre Superiorität ist also eine vorwiegend soziale Errungenschaft.

Wir können uns vorstellen, daß auch Kinder schon mittätigen und mitschöpferischen Anteil an der Kulturleistung der Gesellschaft haben und daß diese aktive, produktive Stellung zum Kulturwerk ihnen eine andere Position gegenüber den Erwachsenen verschaffen und sichern würde, als sie heute einnehmen, wo sie nur Empfänger und Konsumenten der Kultur sind und sein dürfen.

Freilich sind heute auch nicht alle Erwachsenen an der Produktion und Repräsentation der Kultur beteiligt.

Unter Kultur verstehen wir alle Maßnahmen und Einrichtungen, die von der menschlichen Gesellschaft geschaffen worden sind im Interesse der Existenzfürsorge und Sicherung gegenüber den Gefahren, die ihr, ihrem Nachwuchs und ihrer Rasse von der Natur her drohen. Verfolgen wir den inhaltlichen und formalen Auf- und Ausbau der Kultur durch alle Phasen der Entwicklung, dann müssen wir feststellen, daß die Kultur — ehedem das Werk der Gemeinschaft — seit dem Aufkommen des Privateigentums und der Privatwirtschaft, sowie der daraus resultierenden Zerspaltung der Gesellschaft in Klassen den Charakter einer Klassenkultur angenommen hat. Die besitzende Klasse hat den Kulturapparat der Gesamtgesellschaft usurpiert und in den ausschließlichen Dienst ihrer Klassensicherung gestellt. Der Kampf von Mensch gegen Natur schlug von hier aus um in einen Kampf von Mensch gegen Mensch, das Sicherungsstreben wurde zum Machtstreben, die kulturelle Verfügungsgewalt identifizierte sich mit der sozialen Herrschaftsgewalt, die ihrerseits die Konsequenz ökonomischer Besitztitel und materieller Produktivkräfte war. Und wie die erwachsene Generation der Besitzenden nunmehr Wirtschafts- und Staatsordnung zu repräsentieren begann, so wurde sie Trägerin, Bildnerin und Repräsentantin der gesellschaftlichen Kultur und Ideologie. Genauer gesagt: nur die Männerschicht der Erwachsenen-Generation der besitzenden Klasse. Wie die nichtbesitzende Klasse — beide Geschlechter und alle Altersstufen — von der Kulturaktivität ausgeschlossen blieb, so auch der weibliche Teil der Erwachsenen-Generation der Besitzerklasse. Denn die materielle Abhängigkeit der Frau vom Mann, die seit dem Ende der Mutterrechtsphase datiert, bedeutet ihre kulturelle Abhängigkeit. Es ist nicht auszudenken, um welche kulturellen Errungenschaften und Reichtümer sich die menschliche Gesellschaft in Jahrtausenden durch diese Lahmlegung und Aussperrung wertvollster Energien und Fähigkeiten gebracht hat.

In der heutigen Gesellschaft ist die besitzende Klasse die Bourgeoisie, die besitzlose das Proletariat. Beide stehen einander in ökonomischer, sozialer und kultureller Feindschaft gegenüber, denn jeder Sicherungsvorteil der herrschenden Klasse ist ein Sicherungsnachteil der beherrschten und umgekehrt. Jede fühlt sich durch den Erfolg des Gegners gefährdet und bedroht. Insonderheit die proletarische Klasse, die, weil sie keine eigene Kultur besitzt und an deren Schaffung durch die Gewalt der Bourgeoisie verhindert wird, auf den Kulturabfall und Kulturkitsch der Bourgeoisie angewiesen ist. Sie sieht, erst zur Einsicht in die tieferen Zusammenhänge der Erscheinungen gelangt, in der bürgerlichen Kultur eine ihren Lebensinteressen im Grunde feindliche Tendenz, und dies mit Recht. Darum steht sie ihr immer mit Mißtrauen, Gereiztheit, Groll und in innerer Abwehrstellung gegenüber.

Aber die Art dieser Beziehung zur bürgerlichen Kultur ist nicht bei allen Gliedern der proletarischen Klasse die gleiche. Härter als der Mann wird im Proletariat die Frau von den Benachteiligungen der plutokratischen Ordnung betroffen. Wie sie ökonomisch und sozial vom Manne abhängig und durch die Institution der Ehe ihm auch sexuell ausgeliefert ist, so leidet sie unter der plutokratischen Kultur doppelt, weil diese zugleich eine maskuline Kultur ist. Sieht sich der proletarische Mann auch vom Mitbestimmungsrecht an der Kulturleistung, von der kulturellen Mitproduktion ausgeschlossen, so genießt er doch als Mann gesellschaftlich-kulturelle Freiheiten und Rechte, die der Frau versagt sind, nur weil sie Frau ist.

Die Frau ist nicht untüchtiger, leistungsunfähiger als der Mann — selbst wenn sie, wie gelegentlich behauptet wird, im Vergleich zu ihm minderwertig wäre, so nicht infolge ihrer natürlichen Anlage und Beschaffenheit, sondern infolge der jahrtausendelangen kulturellen Zurücksetzung und Verkümmerung —, sie ist nur anders geartet als der Mann, tüchtig, leistungsfähig und vollwertig auf anderen Gebieten als er. Weil aber die Gebiete, die das Monopol der männlichen Betätigung bilden, von der Gesellschaft — nach Maßgabe ihrer plutokratischen und maskulinen Orientierung — höher gewertet werden, genießt der Mann mehr soziale Wertgeltung, mehr Freiheiten und Annehmlichkeiten als sie.

In noch höherem Maße als die proletarische Frau ist das proletarische Kind kulturell benachteiligt. Es steht einer plutokratischen und maskulinen Kultur gegenüber, die eine Kultur der Erwachsenen, der Senioren ist. Handelt es sich um ein proletarisches Mädchen, so drückt das Gewicht einer dreifachen Überlegenheit auf seine sozialpsychische Position. Es ist als Glied der proletarischen Klasse, als Kind und als Mädchen kulturell verkürzt, geschmälert und geprellt. Dabei ist es keineswegs minderwertig, gemessen am Knaben, auch nicht minderwertig, gemessen an den Erwachsenen — es ist nur anders. Aber dieses Anderssein erscheint im Gesichtswinkel dieser Gesellschaft als Minderwertigkeit. Kein Wunder, daß bei solcher Schiefheit des Verhältnisses, solcher Ungunst der Sicherungsbedingungen die Instinkte zu höchster Wachsamkeit aufgerufen sind, daß Vorsicht und Mißtrauen beständig auf der Lauer liegen, alle seelischen Organe und Energien in nervöser Erwartung drohender Gefahren bereitstehen.

Kein Wunder auch, daß das neugeborene Kind vom ersten Augenblick seines Lebens an in dem Chaos der ihm fremden, unverständlichen, feindlichen Beziehungen seine eigene kleine Existenz als Nichtigkeit empfindet und auf jede wirkliche oder vermeintliche Beeinträchtigung mit sicherem Instinkt, vielleicht gar mit nervöser Gereiztheit reagiert. Unter dem Einfluß seiner gegebenen Konstitution und seiner Lebensbedingungen geht es sofort daran, das Kräfteverhältnis zwischen sich und seiner Umgebung abzuschätzen, abzumessen, immer darauf bedacht, in der Verfolgung seiner nächstliegenden Ziele den Schwerpunkt seiner Orientierung, die seelische Gleichgewichtslage, nicht zu verlieren.

Am Anfang steht, wie schon bemerkt, das Gefühl der Unsicherheit und Minderwertigkeit, das eine leitende, sichernde, beruhigende Zwecksetzung verlangt, um das Leben erträglich zu machen.

Das Studium der kindlichen Seele beginnt mit der Beobachtung des entstehenden Minderwertigkeitsgefühls. Es ist das Verdienst Alfred Adlers, als erster darauf hingewiesen zu haben, daß Organdefekte und konstitutionelle Minderwertigkeiten die Wirkung haben, das allen Kindern gemeinsame Unsicherheits- und Minderwertigkeitsgefühl entweder auszulösen oder in hohem Maße zu verstärken. »Die Empfindung der Organminderwertigkeit wird für das Individuum zu einem dauernden Antrieb in der Entwicklung seiner Psyche« (Adler).

Solche Organdefekte und Konstitutionsmängel sind vorwiegend: Körperschwäche, Magen- und Darmanomalien, Skoliose, Buckelbildung, Klumpfuß, Stottern, Schwerhörigkeit, Augenfehler, Linkshändigkeit, Mißbildung oder Kleinheit der Geschlechtsorgane, Zwergwuchs, Kropf, Rothaarigkeit, Hasenscharte, Feuermal, Blatternarben usw.

Die Beeinflussung der kindlichen Psyche durch die Körperanomalien und Defekte vollzieht sich nun etwa in folgendem Prozeß: Zunächst wird die Aufmerksamkeit des Kindes infolge der Sonderstellung, die es wegen der Eigenart seiner Erscheinung unter den Menschen einnimmt, mit besonderem Nachdruck auf eben diese seine Eigenart gelenkt. Das Kind beginnt sich damit zu beschäftigen, dauernd darüber nachzudenken, sich mit anderen zu vergleichen, an der Norm zu messen, davon zu träumen, seine Eigenart immer mehr in den Zentralpunkt seines psychischen Lebens zu rücken. Kommt es nun, was infolge herabgesetzter Leistungsfähigkeit bei Anomalien und Defekten unvermeidlich ist, zu Fehlleistungen, Versagungen, Mißerfolgen, Blamagen, so wird die Empfindungsfähigkeit des Kindes in erhöhten Reizzustand versetzt. Das Kind wird ängstlich und unsicher, meidet bestimmte Menschen oder Situationen, von denen es eine Herabsetzung oder den Beweis seiner Untauglichkeit und Untüchtigkeit befürchtet, und scheut zurück vor neuen Versuchen, sich durch Unbefangenheit, sicheres Auftreten, Selbstbewußtsein und Wagemut über die gefährliche Klippe hinwegzubringen. Immer stärker werden die Reflexe, die der Besitz des minderwertigen Organs in die kindliche Seele wirft; immer niedriger fällt die Selbsteinschätzung des Kindes aus. Es hält sich schließlich für den häßlichsten, ungeschicktesten, unbrauchbarsten Menschen, der den Ansprüchen des Lebens nicht gewachsen ist, nie seinen richtigen Platz finden wird, von der Ungunst eines bösen Schicksals verfolgt nur ein verpfuschtes und verfehltes Dasein zu betrauern hat. Im übersteigerten Kontrast hierzu sieht und empfindet es alle anderen Menschen als schön, tüchtig, brauchbar, die Welt als mächtig, feindselig, gefahrdrohend, die dunklen Mächte des Schicksals als grausam, unabwendlich, tragisch. Alles ist übertrieben, überwertet, überspannt; die Beziehungen zu Welt und Menschen bilden ein Durcheinander von grotesken Verzerrungen, Schiefheiten, Übersteigerungen. Das endliche Resultat ist die Durchdringung der ganzen Seele mit Minderwertigkeitsgefühlen: der Minderwertigkeitskomplex. Es ist überflüssig zu sagen, daß das Kind unter den Depressionen, Stimmungsschwankungen, Aufregungszuständen seelisch schwer leidet. Um der Qual zu entkommen, setzt es früher oder später mit Versuchen zu einem Ausgleich, einer Kompensation der vorhandenen Mängel und Schwächen ein.

Der zweite Schritt im Studium der kindlichen Seele ist die Auffindung und Aufdeckung der Methoden, deren sich das Sicherungsstreben des Kindes bedient, um seine Position gegenüber der Umwelt zu wahren und abzugrenzen. Hierbei zeigt ihm die Natur den Weg. Aus der Biologie wissen wir, daß jedes von der Natur stiefmütterlich bedachte Organ die Tendenz entwickelt, durch intensivere Funktion, gesteigerte Übung und vermehrte Leistung das Manko auszugleichen. Reicht dazu die natürliche Disposition des Organs selbst nicht aus, so greift das Zentralnervensystem unterstützend ein, indem »es die psychischen Phänomene des Vorausahnens und Vorausdenkens und ihre wirkenden Faktoren, wie Gedächtnis, Intuition, Introspektion, Einfühlung, Aufmerksamkeit, Überempfindlichkeit, Interesse, kurz alle sichernden psychischen Kräfte in verstärktem Maße entfaltet« (Adler). Mit Hilfe dieser psychischen Stützungs- und Aufwertungsaktionen gelang es dem stotternden Demosthenes, der größte Redner Griechenlands, dem ohrenleidenden, später ertaubten Beethoven, der bedeutendste Musiker, der nur zweisinnigen Helen Keller, ein vielseitig und hochgebildeter Mensch zu werden. Das mit Minderwertigkeitsgefühlen behaftete Kind schreitet den von der Natur gewiesenen Weg: es forciert unbewußt die Entwicklungsintensität auf dem bestrittenen Gebiete, es setzt bewußt mit planvollem Training ein, es verlegt endlich seine Bemühungen auf ein anderes Gebiet, einen andern Kriegsschauplatz, wo ihm leistungsfähigere Organe und vollständigere Mechanismen zur Verfügung stehen. Das psychische Hilfsmittel ist immer die Herausarbeitung und Verstärkung aller derjenigen Verhaltungsweisen, die zur Überwindung der Schwierigkeiten, zur Kräftigung und Aufrichtung des Geltungsgefühls brauchbare Leitlinien bilden und so durch Anlage eines bestimmten, nun unablässig verfolgten Lebensplanes die Unsicherheit verringern oder beseitigen. So baut es sich ganz unmerklich, aber mit unablässiger Zähigkeit einen Weg, seinen Weg zur Behauptung im Wirrwarr und Kampfgetümmel der Welt. An der einmal gewonnenen und erprobten Leitlinie hält es fest; das ist sein Ariadnefaden, der zum Ziele führen soll. Indem je länger je mehr alle seelischen Funktionen in der Richtung dieser Leitlinie verlaufen, alle seelischen Prozesse von hier aus ihr typisches Bild empfangen, bildet sich eine Summe von Bereitschaften, Verhaltensweisen, Fähigkeiten heraus, die einen bestimmten Lebensplan decken und umschließen; wir nennen sie Charakter.

Wird der Lebensplan so angelegt, der Charakter so geformt, daß die Schwierigkeiten tatsächlich überwunden werden und das Geltungsgefühl nie unter ein gewisses erträgliches Maß herabgesetzt ist, so ist der Minderwertigkeitskomplex durch eine glückliche Kompensation behoben. Ist dies jedoch nicht der Fall, so erzeugen die unbefriedigten Minderwertigkeitsgefühle Anspruch auf übersteigerte Befriedigung aus der Logik des Lebens heraus und enden in der Neurose.

Die hier geschilderten Erscheinungen treffen im allgemeinen auf das seelische Verhalten aller Kinder mehr oder weniger zu. Die Begleitumstände aber, unter denen sie sich auswirken, sind für das proletarische Kind im besonderen Maße ungünstig.

Die körperliche Gesamtverfassung des proletarischen Kindes ist erheblich schlechter als die des Kindes bürgerlicher Kreise. Es entstammt einer fast durchgängig stark degenerierten, mit allen Merkmalen der Minderwertigkeit behafteten Klasse, ist erzeugt von Vätern, die durch Überarbeit, Berufsnervosität, Unfall oder Alkohol zerrüttet sind, geboren von Müttern, deren von Unterernährung, Wochenbetten, Haus- und Fabriksklaverei erschöpfter Körper ihm nur ein Minimum an Lebenskraft mitgeben kann. Es hungert schon im Mutterleibe, wird als Embryo in gesundheitsgefährlichen Betrieben, wo die Mutter fronden muß, vergiftet; kommt mit geschwächter, verkümmerter Konstitution degeneriert, mißgebildet oder verkrüppelt zur Welt. In Kellerlöchern und Dachstuben, lichtlosen und muffigen Hofwohnungen, in übervölkerten Mietskasernen und Wohnbaracken wächst es dann heran, befallen von Skrofulose, verkrümmt und verelendet durch Rachitis, gepeinigt von dem ganzen Heer der Kinderkrankheiten, die im stickigen Brodem der Elendsquartiere wuchern und wüten. Das schlenkernde Krummbein, die ausgerenkte Hüfte, der gebuckelte Rücken, der Wasserkopf — sie sind die Blessuren und Male aus dem erbitterten Kampfe, der jahrelang mit dem Tode geführt wird. Und die Zwergwüchsigen, Engbrüstigen, Schwindsüchtigen, die zu Skeletten Abgemagerten, an chronischen Darmkoliken Leidenden, mit juckenden Hautausschlägen Behafteten, die Bettnässer und Epileptiker, der Schwachsinnigen und Idioten — sie alle demonstrieren die Grausamkeit und Härte eines Schicksals, das ihrer Jugend alles nimmt oder vorenthält, was ihnen den Besitz körperlicher Tüchtigkeit und Vollwertigkeit sichern könnte.

Diese kleinen Lazarusse — ihre Zahl ist Legion — werden vom Husten geplagt und von Krämpfen geschüttelt, haben Ohrenschmerzen und triefende Augen, hocken als plumpe Bündel auf Türschwellen oder in Winkeln, während andere Kinder hüpfen und spielen, müssen dem Treiben im Hof und auf der Straße zusehen, ohne mittun zu können, weil die rachitischen Beine den Körper nicht tragen, oder werden zum Gespött der Kameraden, sobald sie sich in grotesken Verzerrungen bewegen. Sie sind immer benachteiligt und geschmälert, kommen immer zu kurz, sehen sich überall ausgeschlossen. Welche Einschränkungen müssen sie ertragen, welche Kuren durchmachen, welche Schmerzen ausstehen, welche Tadel, Lieblosigkeiten, Zornesausbrüche oder Roheiten einer verständnislosen oder brutalen Umgebung über sich ergehen lassen! Die Menge der Befriedigungsmöglichkeiten für ihr Geltungsbedürfnis ist stark eingeschränkt, die Gelegenheit zu aktiver Beteiligung im Kreise von Mitspielern sehr vermindert; da wird das erwachende Persönlichkeitsgefühl rasch wieder herabgedrückt, die Selbsteinschätzung fällt immer geringer aus, das Vertrauen zur eigenen Kraft, zum eigenen Können schwindet zuletzt ganz. Die so vorbereitete Seele ist ein wahrer Nährboden für Minderwertigkeitsgefühle. Hemmungen, Verkrampfungen und Depressionen aller Art wuchern aus ihm wie Pilze empor.

Als eine Organminderwertigkeit im übertragenen Sinne kann man beim proletarischen Mädchen seine Geschlechtszugehörigkeit ansprechen. Die maskulin gefärbte Auffassung aller menschlichen und kulturellen Beziehungen stempelt das Weibsein zu einem Makel, der oft fast so bewertet wird wie ein angeborener körperlicher oder seelischer Schaden. Die offen gezeigte Enttäuschung der Eltern, wenn das Neugeborene ein Mädchen ist, die takt- und herzlosen Hinweise von Eltern und Erziehern auf die als minderwertig beurteilte Geschlechtszugehörigkeit sind geeignet, sehr bald im kleinen Kinde die Vorstellung zu erzeugen, daß seine natürliche und unabänderliche Geschlechtsrolle ein Verhängnis sei. Das Mädchen fühlt sich von Natur benachteiligt, nur weil es Mädchen ist. Der Vergleich seiner Geschlechtsorgane mit denen der Brüder läßt in ihm die Vorstellung aufkommen, daß es um etwas verkürzt sei, daß man ihm etwas vorenthalten oder gar — wie es aus scherzhaften Anspielungen zu verstehen glaubt — »abgeschnitten« habe. Selbst wenn diese taktischen Fehler, die die eindrucksfähige Kinderseele so tief beeinflussen, von den Eltern und der nächsten Umgebung nicht begangen werden, selbst wenn — und wie selten ist dies der Fall! — in der Erziehung und Behandlung das Mädchen dem Knaben gleichgestellt wird, auch dann sorgt der völlig männliche Aufbau aller sozialen und kulturellen Erscheinungen unvermeidlich dafür, das Mädchen in das Gefühl des Zurückgesetztseins, Geringerseins hineinzudrängen. Behaftet mit allen körperlichen Schwächen und allen Mängeln seines Klassenmilieus, gleich dem Knaben zu allen Minderwertigkeitsgefühlen prädisponiert, vertieft sich beim proletarischen Mädchen dieses Gefühl noch durch die Einflüsse eines allgemein männlichen Kulturmilieus, in dem auch der Aufgeklärte, sogar der revolutionäre Proletarier in der Familie Autorität ist, eine Autorität, die einzig und allein seinem Mannsein verdankt.

Die Benachteiligung, die dem proletarischen Mädchen aus seiner Geschlechtszugehörigkeit erwächst, hat es zwar gemein mit seinen Geschlechtsgenossinnen aus bürgerlichen Kreisen. Aber wenn hier alle Vorteile der Gesundheitspflege, der Erziehung und sozialen Versorgtheit imstande sind, jenen Nachteil zu vermindern, tritt er im proletarischen Milieu als erschwerendes Moment zu allen übrigen Nachteilen auf; er macht aus dem proletarischen Mädchen das hilfloseste und schwächste Geschöpf unter allen hilflosen und schwachen Geschöpfen.

Zur physischen Konstitution des proletarischen Kindes, mit der sich zu behaupten fürwahr keine Kleinigkeit ist, kommt die soziale Konstitution, die eine doppelte Belastung bedeutet.

Es wurde bereits angedeutet, in wie hohem Maße das proletarische Kind in seiner ganzen Lebensgestaltung an das Schicksal der sozialen Klasse gebunden ist, der es entstammt. Die ökonomische Basis dieser Klasse ist seine Basis, ihr gesellschaftlicher Rahmen gibt seiner sozialen Existenz das Format, ihre Ideologie bildet die Atmosphäre, in die sein geistiges und seelisches Sein eingetaucht ist.

Bewußtgewordenes Sein nennen wir Bewußtsein. Der Angelpunkt des Bewußtseins der proletarischen Klasse ist das Klassenbewußtsein, im Grunde nichts anderes als die Erkenntnis dessen, was hinsichtlich der Lebensbeziehungen und Lebensbedingungen die Angehörigen einer Klasse gegen die einer anderen Klasse abgrenzt. Dieses Klassenbewußtsein ist ein Produkt der durch planvolle Aufklärung und Schulung unterstützten gesellschaftlichen Entwicklung.

Es kann vorkommen, daß die soziale Eigenart der proletarischen Klasse bereits stark ausgeprägt ist, ohne daß das Klassenbewußtsein entsprechend kräftig entwickelt wäre. Vor dem Aufkommen der sozialdemokratischen Bewegung in Deutschland war dies der Fall. Je deutlicher sich aber den Proletariern die Gemeinsamkeit ihrer Interessen aus dem Bereich der Beobachtungen und Erfahrungen aufdrängte, je deutlicher ihnen der Gegensatz zu den Interessen der anderen Klasse durch Hunger, Not, Elend, Existenzunsicherheit, Arbeitsqual demonstriert wurde und je deutlicher ihnen eine unermüdliche Aufklärungsarbeit die innere Logik dieser Erscheinungen ins Bewußtsein rückte, desto mächtiger entfaltete sich das Klassenbewußtsein. Wenigstens in den Großstädten und Industriezentren, wo der Proletarier am schnellsten alle Reste und Belastungen seiner bäuerlichen oder kleinbürgerlichen Herkunft abgestreift hat.

Die ersten Regungen des Klassenbewußtseins lassen sich vielleicht charakterisieren als ein noch dumpfes, instinktives Zusammengehörigkeitsgefühl gemeinsam Unterdrückter und Ausgebeuteter. Allmählich verdichtet sich dies, immer noch ganz gefühlsmäßig, zu einer Art Korpsgeist. Der Proletarier fühlt sich durch eine immer tiefer werdende Kluft von den Angehörigen der anderen Klasse getrennt und um so fester zu seinesgleichen hingezogen, mit ihnen verbunden. Das Klassengefühl entsteht und wird durch Agitation, Schulung, zweckbewußte Bearbeitung in Klassenbewußtsein umgesetzt. Das Klassenbewußtsein verleiht das Gewicht der Sicherheit. Die Unterdrückten lernen sich als Macht erkennen. Sie gehen zum Angriff gegen ihre Feinde über oder setzen sich geschlossen zur Wehr, wenn sie angegriffen werden. Beiderseitig aktivierte Interessen platzen aufeinander. Der Klassenkampf entsteht. Das geistige und seelische Leben des modernen Proletariers ist Klassenkampf. Er hat sich eine eigene Klassenkampf-Ideologie geschaffen. Und Marx gab ihm als wissenschaftliches Rüstzeug die Klassenkampf-Theorie.

Je mehr der Klassenkampf vom Proletariat erkannt wird als das taugliche Mittel der Behauptung und Sicherung der Klassenexistenz, desto mehr wird — mit wachsenden Erfolgen — das Klassenbewußtsein zum Klassenselbstbewußtsein, zum Klassenstolz. Das Proletariat kennt schließlich die gewaltige Fülle seiner Kraft, hat sie zweckbewußt anzuwenden gelernt, weiß sich der Unterstützung durch die Macht der allgemeinen Entwicklung sicher und ist überzeugt von der Unwiderstehlichkeit seiner Waffen wie der Notwendigkeit seines Sieges. So steht der moderne Proletarier vor dem Angesicht seiner Zeit und der Geschichte.

Das proletarische Kind kommt zum Klassengefühl und damit zur Klassenpsyche aus ähnlichen Anlässen und auf ähnlichem Wege wie der erwachsene Proletarier. Zu irgendeinem Zeitpunkt wird es sich an Hand eines entsprechenden Erlebnisses der tiefen Kluft bewußt, die zwischen ihm und dem Kind der bürgerlichen Klasse aufgähnt.

Hier ein typischer Fall: Kinder spielen im Hofe. Ein armer Knabe, Sohn eines Straßenkehrers, schaut ihnen traurig zu. Die Kinder brauchen gerade einen Prügeljungen zum Spiel. Nun rufen sie den Knaben herbei. Glücklich folgt er ihrem Rufe. Geduldig läßt sich das Kind des Straßenkehrers einfangen und an den Hackstock anbinden; es läßt sich stoßen und drängen und lächelt nur leise dazu. Das Spiel hat schon bald eine halbe Stunde gedauert. Jeder der Knaben ist mindestens dreimal Fleischhacker gewesen. Nun wird es ihnen langweilig. Ferdl weiß etwas Neues: »Kommt zu mir, ich habe von meinem Vater a große Schachtel mit Bleisoldaten gekriegt. Damit wollen wir spielen.« Die Spielkameraden sind einverstanden. Im Laufschritt geht es die Treppe empor. Als letzter folgt schüchtern Franzl. An der Tür der Wohnung aber dreht sich Ferdl um und sagt brutal: »Ja, was fällt dir denn ein? Schaust, daß de weiter kummst, sonst sag ich's meinem Vater. Mit dir darf ich überhaupt net spielen.« Dabei stößt er Franzl mit der Faust vor die Brust, daß der kleine Körper an die Wand taumelt. Die Knabenschar verschwindet hinter der Tür. Das Kind des armen Arbeiters bleibt allein — ausgestoßen. (Broda-Deutsch)

Das Erlebnis ist typisch, weil es jedem Proletarierkind irgendwann einmal so oder ähnlich vorkommt und ihm die Gegensätzlichkeit der Gefühls- und Interessensphäre innerhalb der Klassengesellschaft demonstriert. Schon Hebbel, der ein armer Maurerssohn war, erzählt in seiner Lebensgeschichte, daß ihm, sooft er als Kind in die Nähe einer benachbarten Gartenhecke kam, jedesmal die Besitzerin zuschrie: »Wollt ihr fort, sonst laß ich euch mit der Hundepeitsche jagen!« Damals erwachte in ihm, wie er später gestand, die »erste Proletarier-Empfindung«, psychologisch gesprochen: das Gefühl des Ausgestoßenseins, der Minderwertigkeit infolge einer anderen sozialen Zugehörigkeit. Würde man einmal proletarischen Kindern in größerer Zahl die Frage vorlegen, bei welcher Gelegenheit und in welchen Formen ihnen zum erstenmal die Klassengegensätze bewußt entgegentraten, so würde man einen wertvollen Schlüssel bekommen für die Erschließung der proletarischen Klassenpsyche.

Lehrer Fehr in der Bergarbeiter-Kolonie Wehofen (Niederrhein) hat dazu einen Weg gewiesen. Er verteilte an hundertzwanzig Bergleute einen Fragebogen, der unter anderem die Frage enthielt: Haben Sie schon bei Ihren Kindern beobachtet, ob sie empfinden, daß sie Arbeiterkinder sind, wie und wann zeigte sich das? Von den Antworten seien folgende als charakteristisch wiedergegeben: »Schon in der Kinderbewahranstalt werden die Steigerkinder übermäßig gehätschelt und auf den Schoß genommen« — »Wenn die Kinder des Betriebsführers in Kutschwagen von und zur Schule gebracht wurden, wenn andere weißgebackene Stullen aßen, während meine öfter nur trokkenen Karro hatten« — »Die Kinder beschweren sich immer, daß die Beamtenkinder und die Kinder mit den schönen Kleidern in der Schule vorgezogen werden« — »Daß die Kinder durch die Schule voneinander getrennt sind, das schürt auch den Haß der Kinder gegen die Stutzer« — »Meine Älteste meinte: Ich könnte doch auch in die höhere Schule gehen, ich kann doch gerade so gut rechnen und lesen wie die Beamtenkinder« — »Der Neid ist nicht nur bei den Größeren, sondern auch bei den Kindern. Sie merken gleich, wenn sie selbst barfuß laufen müssen und die anderen schöne Schuhe tragen« — »Die Arbeiterkinder werden in der Schule gleich an die Seite gestellt. Mit sechs Jahren denken die Kinder schon: »Warum haben andere Kinder Schinken auf dem Butterbrot?« — »Die Kinder hatten schlechte Kleider und gar keine Schuhe, weil ich krank war. Als sie sonntags in die Kirche gingen, ließen die besseren Kinder sie nicht in die Bänke hinein« — »Die Kleine erzählt: Die Kinder vom Pastor und von den Lehrern werden mit Vornamen genannt, warum wir denn nicht?« — »Meine Kinder merken so gut, daß die Geschäftskinder den Arbeiterkindern vorgezogen werden« — »Wenn man mit den Kindern ausgeht, und es kommt ein Automobil oder eine Droschke angefahren, so fragt das Kind, warum wir das nicht auch haben, so ist die Antwort: Ihr seid arme Bergmannskinder! Die Kinder fragen nach Zwieback und Weißbrot, und wir können ihnen nicht einmal das bitter und sauer schmeckende Kriegsbrot zur Genüge geben.«

Auch die frühe Kindheitserinnerung eines Proletariers (Aktion) gehört hierher: »Noch unbewußt, mehr instinktmäßig war, was ich fühlte, als man uns oft mit harten Worten die Tür wies und dann und wann noch den Hund auf uns losließ, als man uns dem Bettelvogt verriet, der sich ein Vergnügen daraus machte, uns nachzulaufen und uns den Hintern zu verbleuen. Wie lieblos hallte es uns ins Ohr, wenn noch die Jugend im Chorus uns beschimpfte und einzelne mit Steinen nach uns warfen. Und warum? Weil wir arm waren, weil wir vaterlos aufwuchsen, weil die Mutter nicht so viel verdiente, um jeden Tag fünf hungrige Mäuler zu stopfen.« Wie beim erwachenden Proletarier, dem die soziale Ächtung zum ersten Male erschütternd zum Bewußtsein kommt, so ist auch beim proletarischen Kinde das erste Bewußtwerden des Klassengegensatzes stark affektbetont. Ein Proletarier, der als Kind Straßenhändler war, schildert (Aktion) diese Situation sehr anschaulich: »Verschiedene Male sah ich feingekleidete Kinder vorbeigehen, die mit mir in der Schulklasse waren. Wenn sie mich erblickten, stießen sie sich an, flüsterten und taten, als ob sie mich nicht kannten. Das bedrückte mich, und auch die Bitterkeit erwachte dabei in mir, daß diese Kinder, die nicht so klug waren wie ich, auf den ersten Bänken saßen und ich zwischen den anderen armen, barfüßigen, dürftig gekleideten Arbeiterkindern auf den letzten Bänken, zwischen diesen halbverhungerten Kameraden, die jetzt irgendwo Geld verdienen mußten wie ich und nicht spazierengehen konnten. Und meine Tränen, verursacht vom Rauch des Kohlenbeckens, vermischten sich oft mit den Tränen des tiefgekränkten menschlichen Gefühls und der sich nach Freiheit sehnenden Kindesseele.«

Oft sind die Affekte noch stärker. Das Kind beantwortet die ihm zugefügte Zurücksetzung und Beleidigung mit einem leidenschaftlichen seelischen Aufschrei: »O wie habe ich damals die Kinder der besseren Stände beneidet, die immer so dick geschmierte Buttersemmeln verzehrten und so nett gekleidet waren ... Das Proletarierlos bedrückte oft schwer mein Kindergemüt.« (Aktion) Aus Neid entsteht Haß und Wut, von denen das Innere des Kindes aufflammt. »Die Empörung, die sich meiner bemächtigte, wurde zum Hasse, und der schmachvolle Proletenstand, dem ich unterworfen, wurde mir zur schimpflichen Qual.« So schreibt der Bergarbeiter Lotz (Levenstein) von den Gefühlen, die ihn erfüllten, als er zum erstenmal sein Klassenschicksal erkannte. Ähnliche Erschütterungen mögen sich in der Seele jedes Proletarierkindes abspielen, wenn ihm der Schleier von der Illusion seines Kindheitsparadieses fortgerissen wird. Es erlebt an sich die brutale, demütigende Geste der Vertreibung aus dem Paradiese, ohne eine andere Schuld als die, Sprößling der sozial geächteten Klasse zu sein.

Für diesen Makel muß es mit doppelter Brandmarkung büßen, wenn das Verhängnis proletarischer Abstammung gepaart ist mit dem Verhängnis unehelicher Geburt.

Die privatwirtschaftliche Gesellschaft hat, um die Versorgung von Mutter und Kind sicherzustellen, eine Sexualmoral geschaffen, durch die alle Betätigung des Sexualtriebes in die honorige Ordnung des vorschriftsmäßigen Ehebettes kanalisiert wird. Sexualverkehr außerhalb der Ehe, also ohne die durch

Heirat amtlich niedergelegte Garantie der wirtschaftlichen Versorgung, wird als Nichtbeachtung, Sabotage und Verletzung der gesellschaftlichen Schutzmaßnahme empfunden und mit Ächtung der unehelichen Mutter und des — völlig schuldlosen — unehelichen Kindes bestraft. Die Mutter wird als »Hure« bespien, und die »Hurenkinder« sind, auch heute noch, der gesellschaftlichen Zurücksetzung und Verachtung ausgeliefert. Als Stine Menschenkind, die uneheliche Tochter Sörines, zur Welt kam (M. Andersen Nexö), »wurde sie danach behandelt, ohne weichliche Rücksicht auf ihre zarte Hilflosigkeit. Unehelich stand auf dem Schein, den die Hebamme dem Lehrer ablieferte, unehelich kam auf den Taufschein zu stehen. Es war, als ob sie alle ihre Gewalt an etwas ausübten, die Madame, der Lehrer und der Pfarrer; sie waren die ersten gerechten Rächer der Bürgerschaft und schlugen aus guter Gesinnung auf das Neugeborene los. Was half es, daß das kleine Wesen von einem Hüfnerssohn gezeugt war, wenn er sich nicht zu der Handlung bekannte, sondern sich loskaufte von Hochzeit und Allem! Ein Unding war es, ein Flecken auf der strebsam geordneten Gesellschaft.«

Die Unehelichkeit ist von der Bevölkerungswissenschaft längst als eine soziale Entartungserscheinung erkannt, die auf eine wirtschaftlich bedingte Funktionsstörung im Gesellschaftskörper zurückgeht. Im Zusammenhange damit steht die Erscheinung, daß die meisten unehelichen Kinder der proletarischen Klasse angehören. Es sind Abkömmlinge von Mägden, Dienstmädchen, erwerbs- und berufstätigen Frauen, Angestellten; ihre soziale Konstitution wird, da sie mit dem unehelichen Vater nach dem Gesetz »nicht verwandt« sind, bestimmt durch die soziale Zugehörigkeit der Mutter. Damit ist ihr Schicksal besiegelt.

In der Phraseologie der bürgerlichen Gesellschaft spielt die pathetische Wendung von der Versöhnung der Klassengegensätze eine Rolle. Die Lebensgewohnheiten dieser Gesellschaft aber entlarven diese Pathetik als hohle Verlogenheit. Beim unehelichen Proletarierkind, dem schuldlosen Opfer einer grausamen Gesellschaftsmoral, hätte sie Anlaß und sittliche Nötigung genug, mit der Verwirklichung ihrer Maxime zu beginnen. Jedoch auch sie ist die Gefangene ihres Klassenbewußtseins und darf sich ungestraft nicht versündigen gegen die Gebote ihres Klasseninteresses. Dieses Klasseninteresse aber fordert Aufrechterhaltung des Prestiges, der Überlegenheit über die proletarische Klasse unter allen Umständen und um jeden Preis.

Das proletarische Kind reagiert darauf mit den psychischen Bereitschaften und Verhaltungsweisen, die wir bereits kennengelernt haben. Es grübelt, vergleicht, mißt und wägt, überwertet und unterwertet mit dem Resultat, daß das Gefühl seiner Unsicherheit wächst und die Umwelt als feindliche Macht empfunden wird, gegen die man sich irgendwie sichern muß.

Nächst dem Hunger, der Lohnsklaverei und der sozialen Degradation bildet die Heimat- und Wurzellosigkeit ein charakteristisches Merkmal der proletarischen Existenz.

Während es für die Angehörigen der bürgerlichen Klasse eine elementare Selbstverständlichkeit ist und als notwendige Basis zum Aufbau und Wesen ihrer sozialen Existenz gehört, daß man eine Familientradition, eine Heimat, ein Vaterhaus hat, an die man durch Besitzwerte, Jugenderlebnisse und seelische Beziehungen mehr oder weniger fest gebunden ist, hängt die soziale und generative Existenz wenigstens der Vollblutproletarier sozusagen in der Luft. Nichts von Eingeborensein, Bodenständigkeit, Seßhaftigkeit. Der Proletarier ist fast immer ein Fremdling, ein Zugezogener in Ort und Gegend, wo er lebt und schafft. Eines Tages war er da, hergespült von einer Welle, die ihn hier absetzte; eines Tages wird er wieder fort sein. »Seine Heimat«, sagt Sombart, »ist die Welt. Er ist ein Allerweltsmensch. Er hat den Erdgeruch verloren, die Konkretheit eingebüßt. Kaum, daß er noch die besondere Sprache bewahrt, und auch die verliert er.« Seine Habe geht auf einen Handkarren, vielleicht in ein Bündel am Stock. Wand an Wand mit hundert Familien haust er, in Mietskasernen, die hoch zum Himmel emporragen, in kahlen, öden Straßen, deren Name ihm gleichgültig ist. Morgen schon kann ihn irgendein Anlaß treffen, weiterzuwandern, die Straße, den Ort, das Land zu verlassen. Die heute durch Wohnungsnot erzwungene Seßhaftigkeit ist nur ein Interregnum. Bald wird er wieder wie Ahasver durch die Welt ziehen — ohne Wurzelboden, ohne Heimatgefühl, ohne die Sicherheit der Familiengemeinschaft und Sippenzugehörigkeit.

Das proletarische Kind wird in die permanente Domizil-Unsicherheit hineingeboren. Wenn man weiß, daß vor dem Weltkriege in Deutschland während eines Jahres mehr als vier Millionen Menschen ihren Wohnsitz (von Ort zu Ort) wechselten, daß zum Beispiel in einem einzigen Industrieorte (Hamborn) von 106 990 Bewohnern 1911—12 nicht weniger als 37 601 zu- und 32 240 abzogen, so kann man sich einen Begriff davon machen, wie sehr das Zugvogeltum zum Milieu des proletarischen Nachwuchses gehört. Aber niemand außerhalb der proletarischen Klasse hat eine rechte Vorstellung davon, was diese Wurzel- und Heimatlosigkeit seelisch bedeutet. Da sind keine stabilen und gesicherten Ausgangspunkte und Bestände für Assoziationsreihen, keine festumgrenzten Bezirke in der Erlebniswelt für die Hegung und Klärung bestimmter Gefühle, keine geordneten und erprobten Prozesse zum ruhigen Ausgleich der psychischen Energieaufwendungen vorhanden; vielmehr läuft das Filmband chaotischen Erlebens mit einer Hast und Flüchtigkeit ab, daß zu Sammlung, Ordnung, Konsolidierung weder Zeit noch inneres Vermögen bleibt. Heimat — eine hohle Wortattrappe; Vaterhaus — ein Schemen, der von Provinz zu Provinz, von Stadt zu Stadt, von Mietskaserne zu Mietskaserne immer mehr verwischt und verfliegt; Vaterland — eine internationale Vokabel für ubi bene . . .

Und der seelische Niederschlag dieses Lebens auf der Achse, dieses ewigen Hin- und Hergeworfenwerdens beim proletarischen Kinde? Das Gefühl tiefen Fremd- und Verlassenseins, dauernder Nicht-Zugehörigkeit, gesteigerter Lebensunsicherheit. »Armer Leute Kind ist wie ein Blatt im Wind.«

Wenn nicht aus dem Verbundensein mit Menschen, so können Kräfte der Aufrichtung, Stärkung und Sicherung dem Menschen wachsen aus dem Umgang und Vertrautsein mit der Natur.

Der Bauer von ehedem besaß das unvergleichliche Gefühl des Verwachsenseins mit der Erde, des Einsseins mit der Natur. Er pflügte die Scholle, deren dampfender Brodem ihm Atem und Leben war; er säete das Korn in die Erde und stand andachtsvoll vor dem Wunder des Wachstums; er pflegte und züchtete die Tiere und verstand ihre Sprache und Gebärden. Auch der Handwerker, obwohl der Natur schon einen Schritt ferner gerückt und mit seinen Verrichtungen in Stube und Werkstatt verbannt, hatte noch genug Tradition und lebendige Beziehungsnotwendigkeit zu Acker, Wiese und Wald, um des Gefühls der Allzusammengehörigkeit und Verbundenseins nicht verlustig zu gehen, aus dem sich ihm Sicherheit, Wurzelhaftigkeit, Bodenständigkeit ergaben. Mit Mauern und Wällen der Städte aber begann die Abschnürung der Menschen von der Natur. Die Fabriken saugten die Arbeitskräfte des Dorfes und platten Landes auf, vergruben sie hinter Mauern, Fensterscheiben und Eisengittern und gestatteten den lebendigen Menschen, die an den rastlos schaffenden Händen hingen, nur kurze Stunden zum Luftschnappen, Essen und Schlafen. Von Generation zu Generation wurden die Beziehungen zur Natur ärmer, leerer, indifferenter. Heute erschöpfen sie sich in den Großstädten meist in ein paar Tomatenpflanzen und Geranienstöcken auf dem Küchenbalkon.

Nichts könnte drastischer und schmerzlicher die unsagbare Verkümmerung und Verdorrung der naturgegebenen inneren Welt des Menschen illustrieren als dieser Verlust des Naturgefühls und der Naturbeziehungen bei den proletarischen Massen.

Gewiß, es besteht eine mächtige Sehnsucht nach der Natur, ihren Reizen und Genüssen bei all diesen Enterbten. Sie brennen vor Begierde und Freude auf den Sonntag, der sie hinausführen soll aus dem steinernen Meer der Stadt in die Wälder, zwischen die Ährenfelder, auf die Blumenwiesen, an die Bachesufer. Aber das Ungetüm dieser Sehnsucht beweist doch nur, was ihnen fehlt, wie sehr sie verarmt sind, wie ungeheuer sie die Nähe der Natur und den Umgang mit ihr vermissen.

Am Sonntag fahren, radeln, wandern, ziehen sie hinaus, in hellen Scharen, mit Kind und Kegel. Aber da draußen, im Angesicht der Natur, zeigt sich erst erschütternd deutlich, wie fremd diese Menschen der Landschaft, der Flora, der Tierwelt geworden sind, wie niederträchtig ihre Zeit sie um ein großes Glück betrogen hat.

Der Proletarier, dieser mißratene Kleinbürger, mit steifem Hut, Gummistehkragen, gestärkten Manschetten, schlechtsitzendem Cutaway, die Proletariermutter mit Kinderwagen, Stullenpaket, Thermosflasche, in der verkitschten Mode der vorjährigen Saison, die Proletarierkinder in frisch gewaschenen und geplätteten Kleidern, die keinen Grasfleck, keine Beerenfarbe, keine Schmutzspritzer bekommen dürfen, mit denen man nicht, weil sie geschont werden müssen und ihre Reinigung Zeit und Geld kostet, auf Wiesen liegen, auf Bäume klettern, durchs Wasser waten oder durchs Dickicht kriechen darf — sie alle stehen in erbarmungswürdiger Hilflosigkeit an sonnigen Nachmittagen der ihnen fremd gewordenen Natur gegenüber.

Sie versuchen zu singen, fuchteln mit dem Spazierstock in der Luft herum, sitzen gelangweilt an Straßenrändern oder in Biergärten, wo der Vater bald seinen Skat drischt, essen und trinken durcheinander und ziehen am Abend in überfüllten Vierteklassewagen, in Lärm und Dunst, wieder der Großstadt zu — bettelarm, mit trostloser Leere in Hirn und Herzen, geprellt um alle Lust, alle Erholung und Erbauung, die Natur den Menschen zu geben vermag.

Der moderne Proletarier hat keine Beziehungen zur Natur mehr. Die Jugend wandert, läuft sich aus, treibt Natursport, versucht tausend Künste, um an die Natur und ihre Geheimnisse heranzukommen. Aber je beflissener und lauter sie sich bemüht, desto weiter rückt die Natur von ihr ab. Das proletarische Kind bringt eben die seelische Disposition nicht mit, kann sie nicht mitbringen aus seiner Welt, seinem Leben; so fehlt ihm der Zauberschlüssel, dem allein sich die verwunschene Herrlichkeit des Sesam öffnet.

Der Verkehr mit der Natur war den Menschen früherer Zeit eine Art Gottesdienst. Sie, deren Gedeih und Verderb von der Fruchtbarkeit des Bodens, der Gunst des Wetters, dem Erfolg der Viehhaltung, dem Schutze vor Naturgewalten abhängig war, sahen in dem Ertrage ihrer Arbeit und der Natur den Segen der Gottheit. Indem sie dem Himmel die Verantwortung überließen und ihre Seele der Gnade einer übermächtigen Kraft anheimgaben, genossen sie eine wunderbare Geborgenheit und Sicherheit, einen tiefen, wohligen Frieden.

Es war das Werk der bürgerlichen Aufklärung, die Natur mit der ganzen Pietätlosigkeit der von Erwerbsgier gestachelten Forschung zu entgöttern und ihre Erscheinungen auf die nüchterne Gesetzmäßigkeit exakt erforschbarer Gewalten zurückzuführen. Mit Büchse und Fangeisen, Fernglas und Mikroskop, Seziermesser und Retorte drangen Physik, Chemie, Zoologie, Botanik, Biologie, Physiologie, Geologie und der ganze Schwarm ihrer Hilfswissenschaften in die intimsten Wunder der Natur ein. Alle Geheimnisse wurden, wie Marx sagt, im Eiswasser ihrer Erkenntnis ertränkt.

Doch nachdem die Naturschätze gehoben, die Naturkräfte in den Dienst der Profitgewinnung gestellt waren, wurde die Bourgeoisie, diese Frevlerin am Heiligtume der Götter, wieder fromm. Indem sie ihre Autorität aufrichtete gegen die Massen, die sie als Profiterzeuger von Haus und Hof gerissen und unter ihre Fuchtel gesammelt hatte, versicherte sie sich des Rückhaltes bei der größeren Autorität des Himmels und schloß wieder ihren Frieden mit der Kirche.

Aber der Rationalismus war, gegen ihren Willen, schon weiter durch die Adern des Volkes geflossen und hatte es in seiner Ahnung von dem Zusammenhange zwischen irdischer und himmlischer Autorität bestärkt. Dazu kam, daß der moderne Industriearbeiter nicht wie Hirt, Jäger, Fischer und Ackerbauer mit den Mächten der Natur als einem unmittelbaren Faktor seines materiellen Wohlergehens zu rechnen hat. »Er arbeitet in einer Fabrik, und sein Verhältnis zu den Produktivkräften ebenso wie das zur Gesellschaft ist, wenn auch nicht immer leicht, so schließlich doch verstandesmäßig zu erfassen. Alle Mysterien sind aus der Fabrik und der modernen Arbeitsstätte geschwunden. Die Schicksalsmächte liegen für den modernen Proletarier nicht mehr außerhalb der begrifflichen Erfassung, im geheimnisvollen Dunkel, sie sind ihm klar erfaßlich, menschlich, banal. Der Unternehmer ist Herr der Produktionsmittel, deshalb ist er in den Stand gesetzt, die Arbeiter auszubeuten. Kein mystisches Kräftespiel verschleiert diese Tatsache. Und weil so der Arbeiter keine in seinen Produktionsverhältnissen begründete Ursache hat, an eine Übernatürlichkeit zu glauben, glaubt er auch nicht an sie.« (Broda-Deutsch) Denn Religion entspringt weder der äußeren Natur der Dinge um den Menschen noch der inneren Natur des Menschen selbst; sie ist keine geoffenbarte, auch keine natürlich-menschliche, sondern eine ökonomisch-soziale Angelegenheit.

Die seelische Disposition des Menschen zur Schaffung religiöser Vorstellungen entstand zugleich mit dem Minderwertigkeitsgefühl, das sich einstellte, sobald die Leistungen des Menschen innerhalb der Gesellschaft als minderwertig empfunden wurden. Um diese Minderwertigkeit auszugleichen, suchten die Menschen Schutz und Hilfe bei den Seelen und Geistern der Abgeschiedenen. Im gemeinsamen Vertrauen zur Hilfe der Geister, das sich später zur Verehrung eines Stammvaters erweiterte, fand sich die erste religiöse Gemeinde. Durch kultische Handlungen, Gebete und Opfer suchte man sich die Autorität, der man die Verantwortung für das oft unerträgliche Erdendasein aufbürdete, gnädig zu stimmen. Die Menschen, die in ihren stärkeren oder arbeitsfähigeren Mitmenschen nicht mehr hilfsbereite Brüder, sondern nur noch beutegierige Konkurrenten sahen, entschädigten sich durch eine Bundesgenossenschaft mit den Wesen höherer Art, die ihr schutzbedürftiger Geist aus dem Nichts heraus geschaffen hatte. Das erste Moment, das die Entstehung der Religion bedingt, ist also: stärkere Bindung an vermeintlich übermenschliche Kräfte zur Abwehr gegen Angriffe sozial bevorrechtigter Menschengruppen; durch soziale Schwäche hervorgerufener Schwund des Selbstvertrauens; Abbürdung der Selbstverantwortlichkeit auf eben jene übermenschlichen Kräfte. Bis heute ist so die Religion die ideologische Zuflucht all der Armen und Bedrängten geblieben, die in den vielerlei Nöten des Lebens keinen anderen Rat und keine bessere Hilfe zu finden wissen.

Das Proletariat glaubt auf dem Wege zu anderem Rat und besserer Hilfe zu sein. Es hat sein Klassenverhältnis gegenüber der Bourgeoisie anerkannt, den Klassenkampf aufgenommen, seine eigene Klassenideologie entwickelt. In ihr hat die Religion, als Ausdruck der Schwäche, der Angst, des Minderwertigkeitsgefühls, der Lebensunsicherheit keinen Platz mehr. Das Proletariat erstrebt eine Gemeinschaft, die eine Manifestation des Mutes, der Stärke, des Kraftbewußtseins, des Vollwertigkeitsgefühls, der Lebenssicherheit darstellt. Diese Gemeinschaft hofft es in der sozialistischen Gesellschaft zu finden.

Das kirchliche und religiöse Bewußtsein der Gegenwart wird denn auch im wesentlichen repräsentiert vom Bürgertum. Fromm zu sein ist eine kleinbürgerliche Angelegenheit, eine altmodische Tracht der Seele. In der Großstadt wie in den Industriegebieten, wo der Vollblutproletarier dominiert, erweist es sich ganz deutlich, daß das Gros der Gläubigen, der Kirchenbesucher, des Kirchenvolks in überwiegendem Maße aus kleinbürgerlichen Schichten besteht. Proletarier sind nur insoweit daran beteiligt, als sie ihre kleinbürgerliche Herkunft, Wesensart und Denkweise noch nicht abgestreift und innerlich überwunden haben. »Christlich- oder gar kirchlich-frommes Bewußtsein in Verbindung mit spezifisch proletarisch-sozialistischem Denken gibt es nicht«, konstatiert Günther Dehn und fügt hinzu: »Je bürgerlicher ein Beruf ist, desto wohlwollender verhalten seine Angehörigen sich der Religion gegenüber; je proletarischer er ist oder sich fühlt, um so mehr rückt man von allem Religiösen ab. Alle Gewerbe, bei denen auch nur eine bescheidene Möglichkeit späterer Selbständigkeit besteht, haben einen religionsfreundlichen Zug, am stärksten die Bäcker und Konditoren, am wenigsten die von alters her zum Radikalismus neigenden Schuhmacher. Die als politisch radikal bekannten Maurer sind selbstverständlich auch religiös ablehnend.« Schon vor 30 Jahren, als Göhre drei Monate Fabrikarbeiter war, sagten ihm die Arbeiter: »Religion ist nur noch zur Einschüchterung, zur Niederhaltung des großen Lümmels Volk da« oder: »Die Kirche ist eine bloße Verdummungsanstalt und wohlberechnetes Staatsinstitut«, endlich auf die Frage, warum ein Wiedersehen nach dem Tode gelehrt werde: »Damit die Menschen hübsch arm und dumm und hübsch zufrieden bleiben.« In den dreißig Jahren, die seitdem vergangen, ist es natürlich in den Köpfen der Proletarier noch etwas heller geworden; für viele ist heute die Religion nicht einmal mehr Gegenstand des Hasses und der Bekämpfung, sie ist — wie Engels voraussagte — gleich mürbem Zunder von ihnen abgefallen und einfach nicht mehr vorhanden.

In die Seele des proletarischen Kindes fallen die Reflexe seines sozialen Milieus. Dieses Milieu heißt in zahllosen Fällen Religionslosigkeit. So steht das proletarische Kind ohne lebendige Beziehung, ohne fromme Tradition und ohne inneres Beteiligtsein dem religiösen Leben der Gegenwart gegenüber. Es steht außerhalb der Gemeinschaft, die für die Jugend, für die Geschlechter der Vergangenheit eine Quelle vertiefter Lebensauffassung und gesteigerter Lebenssicherheit war.

Pastor Günther Dehn hat die religiöse Verfassung der großstädtischen Proletarierjugend durch Befragung von 3600 Berliner Knaben und Mädchen aus allen bekannten Berufsklassen zu ermitteln versucht und ist dabei zu folgenden Ergebnissen gekommen: Der religiöse Einfluß des Elternhauses ist im ganzen gering und in seiner Wirkung gebrochen. Der Religionsunterricht in der Schule wird äußerst skeptisch beurteilt (»Es ist ja alles Mumpitz und Schwindel!«). Besonders verhaßt ist das Auswendiglernen und Aufsagenmüssen (»Religion? — Um Gottes willen! Jeden Abschnitt auswendig lernen und noch Dresche obendrein!«). Der kirchliche Vorbereitungsunterricht hinterläßt so gut wie keinerlei Eindruck und Wirkung. Die Einsegnung, obwohl ein wichtiger Tag, wirkt als religiöses Erlebnis nur in geringem Maße, besonders bei Knaben. Die Mädchen sind noch stark gefühlsselig, aber ihre Stimmungsschilderungen und Gefühlsäußerungen tragen so sehr den Stempel kitschig-verlogener Sentimentalität, als daß sie ernst genommen werden könnten. Bezüglich des Kirchenbesuches ist die proletarische Jugend einmütig in der Auffassung, daß er keinen Zweck hat. Sie findet die Kirche in der Großstadt überhaupt deplaciert (»Es kommt einem so komisch vor, mitten in Berlin eine Kirche zu sehen!«). Auf den Pfarrer sind alle schlecht zu sprechen (»Der Pfarrer redet nur, weil es sein Beruf so verlangt. Er selbst glaubt gar nicht an das, was er sagt«). Das alte Verhältnis zwischen Kirche und Volk besteht nicht mehr. Es ist klar, daß diese kirchenfremde Jugend auch religionsfremd ist. Jedenfalls ist irgendwie eine religiöse Entwicklungslinie nach aufwärts bei der Jugend nicht festzustellen gewesen. Ein persönliches Verhältnis zur Person Christi ist bei niemand, weder bei einem Jungen noch bei einem Mädchen, sichtbar vorhanden. Die eigentlich christlichen Fragen beschäftigen die Jugend innerlich in keiner Weise. Die Mädchen beten zum Teil noch, für die Knaben hat sich dies zumeist erledigt. Der Glaube an Gott ist für sie ein Eingeständnis der menschlichen Unvollkommenheit und Schwäche. Das Gesamtergebnis der Umfrage lautet: »Das religiöse Bild der proletarischen Großstadtjugend ist das der Auflösung. Das zeigt der Mangel einer religiösen Entwicklung von Altersstufe zu Altersstufe, das zeigen die überall eindringenden Elemente der Zersetzung, das zeigt endlich der unendlich dürftige religiöse Besitz. Es ist für die Jugend absolut selbstverständlich, daß die Religion aufgehört hat, eine das Leben in seiner Gesamtheit bestimmende Macht zu sein. Dabei ist dies eine im ganzen keineswegs untüchtige Jugend; frühzeitig in die Härte des Erwerbslebens hineingestoßen, arbeitet und lernt sie, sucht auch auf ihre Art rechtschaffen mit dem Leben fertig zu werden. Sie ist auch nicht ohne geistige Interessen, sondern im Gegenteil ernstlich bemüht, sogar allerlei Weltanschauungsfragen zu lösen. Sie ist die moderne Jugend des Proletariats.«

Der Verlust der Religion ist — im ganzen gesehen — nur ein Symptom der Zerrüttung des bisherigen menschlichen Gemeinschaftslebens überhaupt. Er fällt zusammen mit den Zersetzungs- und Zusammenbruchserscheinungen auf allen anderen Gebieten dieser bürgerlichen Kultur und entspringt ein und derselben Wurzel. Zunächst stellt er ein Negatives dar; dem Menschen geht etwas verloren, er büßt einen inneren und vielleicht auch äußeren Halt ein, er sieht sich geschwächt. So ist die Beziehungslosigkeit gegenüber der Religion, die Ablösung von der Kirche und das Ausscheiden aus einer Gemeinschaft in zahlreichen Fällen geeignet, im Menschen fürs erste das Gefühl des Alleinseins, der Verlassenheit zu wecken, ihn unsicher zu machen, seine Schwäche und sein Minderwertigkeitsgefühl zu steigern. Tauscht der Mensch für den Verlust etwas Besseres, Wertvolleres ein, dann kann die Abwendung von der Religion für ihn zu einem großen Gewinn und Fortschritt werden. Aber es kommt darauf an, ob das proletarische Kind dies vermag, ob es aus seiner Einbuße etwas zu machen und das Manko glücklich zu kompensieren versteht. Treffliche Hilfe kann ihm dabei die Erziehung leisten.

Die erste Erziehung des proletarischen Kindes erfolgt in der Familie. Obwohl die Familie für den entwickeltsten Teil des Proletariats eine innerlich wie äußerlich längst überständig gewordene Institution darstellt, existiert sie doch noch; sie funktioniert sogar noch, doch mit welchem Erfolge!

Ein Blick auf die Geschichte der generativen Lebensformen lehrt, daß die Familie zu den ältesten Gebilden organisierten Gemeinschaftslebens gehört; sie ging aus blutsverwandtschaftlichen Verbänden (Sippen) hervor, als die zunehmende Arbeitsproduktivität das Privateigentum und im Zusammenhange damit eine völlige Umbildung der Lebensverhältnisse herbeigeführt hatte. Die Familie hat alle Phasen der Entwicklung mitgemacht und immer die Form entwickelt, die den Geboten der Zeit entsprach. Während der Feudalzeit war sie patriarchalische Großfamilie, mit dem Aufkommen des Kapitalismus bildete sie sich zur Kleinfamilie um. Der kurzsichtige Sinn entwicklungs- und völkergeschichtlich Ungeschulter glaubt, daß diese Kleinfamilie der ewigen Natur des Menschen entspräche, von Ewigkeit her die Lebensgemeinschaft der Menschen dargestellt habe und nun für alle Ewigkeit so bestehenbleiben müsse. In Wirklichkeit ist die heutige Kleinfamilie nur die vorläufig letzte Form in der Reihe der geschichtlichen Familiengebilde, die Familienform des Kleinbetriebs, die zur bäuerlichen und handwerklichen Produktionsweise gehört.

Als solche hatte sie in ihrer Blütezeit den Sinn einer Arbeits-Wirtschafts-, Lebens- und Erziehungsgemeinschaft und galt als die Wiege aller gesellschaftlichen Kultur. Ihr Bestand, eine Konsequenz des Privateigentums, hängt aufs innigste mit einer anderen Konsequenz des Privateigentums zusammen, der Ehe, die – wie wir sahen – eine sozial notwendige Schutzmaßnahme im Interesse von Mutter und Kind im Rahmen des privatwirtschaftlichen Zeitalters verkörpert.

Die Familie verlieh dem Kinde, das in ihrer Obhut und unter ihrem Schutz stand, das Gefühl des Geborgenseins, der Sicherheit. »In dem engen Kreise besonderer Sitten und Gebräuche, in denen Generationen auf Generationen erzogen wurden, wandelte der Einzelne stets in sicherem Schutze wie zwischen

Mauern und Gräben, die alle Angriffe von außen abhielten. Von der Geburt bis zum Grabe begleitete ihn die Gemeinschaft mit ihrer Teilnahme, wies sie ihm den Weg, den er zu gehen hatte. Die Lieder, die er sang, die Feste, die er feierte, die Trachten, die er trug, die Götter, zu denen er betete, die Feinde, die er bekämpfte: alles schrieb ihm die Gemeinschaft vor, in der er lebte. Sie dachte für ihn, sie wachte über ihm, daß er nicht strauchelte und abwich vom rechten Wege. Sie begleitete ihn auf seinen Wanderungen in die Fremde, wenigstens im Geiste, denn wo er stand und ging, verfolgten ihn die Anschauungen, die Gewohnheiten und Gepflogenheiten, die ihm von Kindheit an wie schon seinem Vater und Großvater als etwas Selbstverständliches eingepflanzt worden waren. Die Erinnerungen seiner Kindheit folgten ihm, die tausend nachbarlichen und verwandtschaftlichen Bande umschlangen ihn, wo er auch immer weilen mochte.« (Sombart)

Mit dem Kapitalismus hat eine neue Ära der Wirtschaft begonnen. Die Eigenproduktion des Familienhaushalts hat aufgehört. Das Kleingewerbe ist durch die große Industrie verdrängt und überwunden. Der Bauer ist Warenproduzent geworden, und der Handwerker geht als Arbeiter in die Fabrik. Auch die Frau ist der Lohnarbeit versklavt.

Die Familie besteht noch, gewiß; aber in welcher Verwandlung! Als letzter trauriger Rest eines Zersetzungs- und Auflösungsprozesses, sie, die einmal Gefäß fruchtbaren Gemeinschaftslebens, kultureller Nährboden und ideologische Pflanzstätte war, ist nur noch Schale, Hülse, überlebte Zwangsform. Wie sie ihre wirtschaftlichen und sozialen Funktionen eingebüßt hat, kann sie auch ihre erzieherischen Aufgaben nicht mehr erfüllen. Der Produktionsprozeß ist von ihr abgetrennt, die Lebensgemeinschaft ist zerstört, die Hauswirtschaft verschlingt infolge ihrer Rückständigkeit und Kostspieligkeit zuviel Energie, Zeit und Geld; das Kind ist vom produktiven Schaffen wie von den Wirtschaftsvorgängen überhaupt ferngehalten, das Leben in der kleinbürgerlichen Enge und Dumpfheit der Familie macht kleinlich, engherzig, egoistisch, schwunglos. So ist die Familie in ihrer heutigen Verfassung zu einem Schlupfwinkel für philiströse Beschränktheit und Feigheit, zu einer Brutstätte für kurzsichtige Selbstsucht, zu einer letzten Zuflucht für reaktionäre Vorstellungen und Denkweisen geworden. Nicht nur, daß sie allem Neuen gegenüber versagt, sie ist das stärkste Hindernis jedes sozialen Fortschritts, der schwerste Hemmschuh der revolutionären Entwicklung.

Da das Band der Arbeit und des gemeinsamen Lebens zwischen Eltern und Kindern fehlt, sind sie einander mehr oder weniger fremd geworden. Von 1514 Kindern aus 32 Berliner Gemeindeschulen aßen nur 614 mittags mit dem Vater, 658 nahmen am Abend mit ihm gemeinsam die Mahlzeit ein. Am Abend nach vollbrachtem Tagewerk — zehn, zwölf oder mehr Stunden vor heißen Kesseln und stampfenden Maschinen, in Lärm, Dunst, schlechter Witterung und unfreundlicher Umgebung — wenn er müde, abgetrieben, nervös oder übellaunig nach Hause gekommen ist. Er will nicht viel reden, denken oder gar zu Lustigkeit veranlaßt sein, er braucht Ruhe, Stille innen und außen. Den ganzen Tag ohne Fühlung mit den Angehörigen, ohne eine Minute Zeit und Gelegenheit, um mit den Kindern zu fühlen, zu denken, zu spielen, sie zu beobachten und zu studieren, verfügt er am Abend gar nicht über Disposition und Spannkraft, als daß er erzieherisch zu wirken vermöchte. Er findet weder einen Weg zum Herzen der Kinder, noch hat er Lust, über Erziehungsfragen ernstlich nachzudenken. Am nächsten Morgen verlangt ihn wieder die Fabrik.

Und die Mutter. Auch sie verläßt wohl Haus und Familie, um irgendwo in einer Fabrik zu fronden, in einem fremden Haushalt zu helfen, auf diese oder jene Art Mitverdienerin zu sein. Belastet mit drei- oder vierfacher Arbeitsbürde, von Mann und Kindern in Anspruch genommen, dem Haushalt versklavt und der industriellen Ausbeutung widerstandsloser überliefert als ihre männlichen Kollegen, zählt sie zu den geplagtesten und bejammernswürdigsten unter allen menschlichen Wesen. Vier Millionen Frauen sind durchschnittlich in Deutschland erwerbstätig, das heißt, daß zehn bis zwölf Millionen Kinder keine Mutter haben, daß ihnen die besorgte Pflegerin, die treue Wärterin, die frohe Gespielin, die Erzieherin ihres Geistes geraubt ist; daß sie keine wohlige Heimstätte haben mit Spiel und Umgang, mit einem warmen Ofen, mit sauberen Kleidern, regelmäßigen gemeinsamen Mahlzeiten und Beistand in vielen Sorgen und Nöten, die ein Kinderherz bewegen und bedrücken. Die alte Familie, dieser warme und sichere Schoß der Bewahrung und Erziehung, ist ihnen verlorengegangen; ein neues Gemeinschaftsleben, das ihnen den Verlust äußerlich und innerlich ersetzen könnte, ist noch nicht da. So stehen sie zwischen zwei Welten, zwischen Trümmern und Keimen, ohne Halt, ohne Stütze, ohne Rückendeckung, bar der elementarsten Lebenssicherheit. Wie nestlose Vögel, die ihre Alten verloren haben und der ersten Gefahr, der sie begegnen, schutzlos zum Opfer fallen.

Zugegeben, daß nicht allenthalben im Proletariat die Verhältnisse so traurig liegen, wie diese summierende und generalisierende Darstellung sie zeichnet, zugegeben selbst, daß ein verhältnismäßig großer Kreis unter den aufgeweckteren und geschulteren Proletariereltern aufs redlichste und eifrigste bemüht ist, ihren Kindern eine Erziehung zu geben, so gut, so fortschrittlich, so sozialistisch, als dies die Zeit- und Milieu-Umstände irgend gestatten. Der Gewinn für das Kind bleibt immerhin fragwürdig genug. Nicht so sehr, weil auch bei bestem Willen die objektiven Umstände der ersprießlichen Wirksamkeit enge Grenzen ziehen und den Erfolg reduzieren, als vielmehr deshalb, weil selbst die entwickeltsten Proletarierschichten heute noch durchaus in kleinbürgerlichen Denkgewohnheiten und Vorstellungen befangen sind. Im Mittelpunkte dieser Vorstellungen und Denkgewohnheiten steht die Autorität. Autorität ist der ideologische Niederschlag der sozialen Wirklichkeit, die wir Besitz nennen. Solange dieser Besitz an eine Person gebunden ist und bleibt, die sich durch rechtliche Besitztitel über Verfügungsgewalt, Genußrecht und Repräsentationsbefugnis mit Bezug auf den Besitz auszuweisen vermag und der die Gesellschaft daraufhin den Respekt der Anerkennung, Geltung und des Schutzes erweist, so lange ist Autorität der ideologische Ausdruck des Verhältnisses zwischen Besitz und Nichtbesitz, Mehrbesitz und Wenigerbesitz. Und damit auch, da die Gesellschaft alle Beziehungen der Menschen untereinander nach Maßgabe des Besitzes regelt, der ideologische Ausdruck des Verhältnisses zwischen den Menschen von heute überhaupt.

Analog zum Besitz, das ist der wirtschaftlichen Verfügungsgewalt über die Sachen, erscheint die Herrschaft als soziale Verfügungsgewalt über die Einrichtungen und die Autorität als geistig-seelische Verfügungsgewalt über die Menschen. Aber Besitz, Herrschaft und Autorität sind nur Glieder eines Verhältnisses. Auf wirtschaftlichem Gebiet entspricht dem Besitz die Besitzlosigkeit, auf sozialem der Herrschaft das Unterdrücktsein, auf seelischem Gebiet der Autorität das Gefühl des Unterdrücktseins. Das wirtschaftliche und soziale Minus, das sich in Besitzlosigkeit und Unterdrücktsein manifestiert, ist zunächst bloß eine Tatsache; erst wenn diese Tatsache vom Bewußtsein erfaßt wird, löst sie Gefühle aus: man ist nicht nur, man fühlt, man weiß sich wirtschaftlich und sozial unterdrückt. Und erst, wenn die Niederschläge des Klassengegensatzes bis in dieses Reich gefallen sind, entstehen die Antriebe, die nun bewußt den Weg zurückführen bis zum Verhältnis der Sachen, von denen man unbewußt ausgegangen ist.

Das Proletariat, weil besitzlos, steht ohne Autorität gegenüber der Bourgeoisie da. Aber seine Familie ist eine wichtige Zelle der bürgerlichen Gesellschaft. In ihr pulsiert das Leben des Ganzen und wirken die Gesetze der Allgemeinheit. Stellt sie auch nur eine zerrüttete Kleinbürgerfamilie dar, im fortgeschrittenen Stadium des Verfalls, so genügt die leidlich erhaltene Schale, sie in den Augen der Bourgeoisie als Familie gelten zu lassen. Durch ihren Mikrokosmos wirkt die gesellschaftliche Kultur auf das Individuum, insonderheit auf das Kind. Und da diese Kultur eine Erwachsenenkultur und maskuline Kultur ist, stellt sie im Familienvater ihren Repräsentanten und Anwalt. Er ist im kleinen Bereich der Familie dieselbe Autorität, die in der Gesellschaft der Bourgeois verkörpert. Als vorwiegender Verdiener, Ernährer und Versorger weiß er die Familie in materieller Abhängigkeit von sich; das gibt ihm ein starkes Übergewicht. Obendrein ist er den Behörden gegenüber für die Familie verantwortlich. So ist sein Geltungsgefühl zum Machtgefühl gesteigert und als solches legalisiert. Tradition und Gewohnheit kommen ihm dabei zu Hilfe. Als Respektsperson, oberste Instanz, Richter und Rechtsvollstrecker, Diktator oder Tyrann steht er im Familienbereich. Wie weit er seine Macht mit der Mutter teilt, ist eine Frage ihrer persönlichen Beziehungen, nicht sozialer, rechtlicher, sondern rein privater Natur. Das Gewicht der Autorität liegt offiziell bei ihm.

Vater und Mutter sind in einer Weltanschauung erwachsen, die ihren Angelpunkt in der Autorität hatte. Sie haben gehorchen müssen, sind geprügelt worden, haben Druck und Gewalt ertragen, um schließlich ein »brauchbarer Mensch« zu werden. Die einen sind dabei mürbe geworden; ihre oberste Lebensweisheit besteht darin, daß man nicht mit dem Kopf durch die Wand kann, daß man Autoritäten haben muß, daß die Wirtschaft Unternehmer, der Staat eine Obrigkeit, die Organisationen Führer brauchen. Die anderen haben sich aufgelehnt und sind auf dem Wege über Klassenbewußtsein und Klassenstolz in die Protestbewegung des Klassenkampfes eingemündet. Aber auch diese machen von ihrer revolutionären Gesinnung keinen Gebrauch in der Familie; denn Familienoberhaupt mit Befehls- und Strafgewalt zu sein, ist die einzige Überlegenheitsposition, die ihnen noch geblieben ist. So ist das Verhältnis der Eltern zum Kind ein genaues Abbild des Verhältnisses von Oben-Unten, das wir in der ganzen heutigen Kulturwelt finden.

In der Erziehung gibt es kein Wollen und Vollbringen ohne den Erzieher, der kraft seiner Autorität über dem Kinde steht. Er ist Subjekt, das Kind Objekt des Erziehungswerkes. Er befiehlt, das Kind gehorcht. Er hat Gehorsam und Dank zu fordern, das Kind ist zu Gehorsam und Dank verpflichtet. Er gleicht dem Gläubiger, das Kind dem Schuldner. Jede Verweigerung der Gläubigerforderung wird beantwortet wie die Zahlungsweigerung eines böswilligen Schuldners, jede Vermehrung der Rechte des Kindes empfunden als Verkürzung, Beeinträchtigung oder Beleidigung der Rechte des Erziehers. Darum hat sich der Erzieher gesichert: er hat seine Autorität umgeben mit einem wahren Zaun von Aufsichten, Vorschriften,

Befehlen, Verhaltungsmaßregeln, Geboten und Verboten, Kontrollen, Bevormundungen, Unterdrückungen, Vergewaltigungen, Strafen. Und wehe dem Kinde, das an diesem Zaun zu rütteln wagt!

Der Glaube an die Macht der Autorität, das ewige seelische Strammstehen vor dem Vorgesetzten, ist dem Bürger und Arbeiter so in Fleisch und Blut übergegangen, daß er sich eine andere, nicht am autoritären Prinzip orientierte Ordnung der Menschen untereinander überhaupt nicht oder nur sehr schwer vorstellen kann. Unbewußt oder bewußt schleppt er die Ketten seiner Knechtschaft mit sich fort. »Die Masse der Arbeiterschaft«, so heißt es zutreffend in einem Mitteilungsblatt für kommunistische Kindergruppen, »ist noch stark korrumpiert von bürgerlichem Denken und Fühlen. Der revolutionäre Wind des Klassenkampfes hat zwar schon manchen Staub und Moder aus den proletarischen Gehirnen entfernt, in den Kreis der Familienbeziehungen ist er bisher fast nirgends gedrungen. Dort herrscht noch ziemlich unumschränkt die väterliche Gewalt. Mitunter freilich kommt es zu heftigen Zusammenstößen zwischen dem alten und dem jungen Geschlecht. Bei solchen Gelegenheiten werfen die Eltern dann ihre physische und ökonomische Überlegenheit in die Waagschale. So eine Rotznase, sagt dann wohl der Vater, will mich belehren! Soll erst einmal etwas werden, soll erst einmal sein Geld selber verdienen! Und oft lautet der Schluß der Debatte: wenn du einmal selber verdienst, kannst du tun und lassen, was du willst! Solange du aber die Füße unter Vaters Tisch steckst, hast du zu tun und zu lassen, was ich will! Und damit basta! Sonst kannst du etwas erleben! Proletarische Eltern, die so und ähnlich mit ihren Kindern verfahren — es braucht nicht immer so brutal zu sein —, handeln um kein Haar besser als der kapitalistische Ausbeuter, der ja auch die ökonomische Abhängigkeit des Arbeiters dazu benutzt, um jede ihm unbequeme Auflehnung und Äußerung zu unterdrücken. Die Folge ist, daß auch das proletarische Kind diese bürgerlich-ausbeuterischen Gedankengänge sich aneignet, um dann seinerseits, wenn es erwerbstätig geworden, den Eltern gegenüber mit seiner körperlichen Stärke und ökonomischen Unabhängigkeit aufzutrumpfen. Die Eltern wundern sich dann über die Verderbtheit und Undankbarkeit des Kindes, ohne zu bedenken, daß doch sie selbst es gewesen sind, die den Keim dieser gewalttätigen Lebensauffassung in das Kind hineinlegten, indem sie es kraft ihrer körperlichen und ökonomischen Überlegenheit unterdrückten.«

Es ist Erfahrungstatsache, daß der Mensch, je mehr er unterdrückt wird, um so stärker nach einem Ausgleich dieser Unterdrückung strebt. Der moderne Proletarier ist überall aufs härteste geknechtet, auf der Arbeitsstätte, innerhalb der sozialen und staatlichen Ordnung, durch Gesetze, Behörden, als Soldat, Steuerzahler, Parteischaf. Überall gibt man ihm mehr oder weniger deutlich zu verstehen, daß er nichts ist, nichts weiß, nichts kann, nichts gilt, nichts zu sagen hat. Überall ist er geduckt, gedrückt, geduldet; nur Mitläufer, Zaungast, Almosenempfänger, Packesel, Prügelknabe. Alle Verhältnisse wirken deprimierend auf ihn ein, setzen ihn herab, machen ihn klein und bedeutungslos. Sein Geltungsgefühl schreit geradezu nach einer Erhebung, Höherwertung, Anerkennung. Da bleibt ihm von allen Gebieten nur die Familie. Hier richtet er sich auf, hier wächst sein Herrengefühl, sein Prestige; hier wird er, der den ganzen Tag über Sklave, Maschine, Nummer war, wieder Mensch — das heißt Wert, Qualität, Autorität. »Überall ist man nichts, zählt man nichts«, ruft er verzweifelt aus, »wenn man schließlich sogar in der Familie nichts mehr gelten soll gegenüber den Grünschnäbeln und Lausejungen, hat es keinen Sinn mehr, zu leben!« So behauptet sich der Proletarier in seiner letzten Domäne, der Familie — nachdem er alles, Grund und Boden, Beruf, Handwerk, Werkstelle, alles, alles verloren hat — und spielt den kleinen Herrgott, oder wenigstens den starken Mann, die Autorität.

Diese Autorität des Vaters — und wohl auch der Mutter, an Stelle des Vaters — bildet nun den Ankergrund der häuslichen Erziehung. Die Autorität wirkt durch ein ganzes System von Mitteln, an deren Spitze der Befehl steht. Die unmittelbare Verbindlichkeit des Befehls empfängt im Bedarfsfalle Nachdruck und Nachhilfe durch Zwang, Gewalt, Lohn oder Strafe. Als Ziel schwebt immer die bedingungslose Unterwerfung vor, der absolute Verzicht auf Geltendmachung des Eigenwillens. Damit ersteht vor uns das Bild der herkömmlichen Erziehung, die im Grunde bürgerlichen Wesens, heute fast durchweg die Erziehung des proletarischen Kindes ist.

Auf das Elternhaus folgt die Schule, auf den Vater der Lehrer. Nun tritt die Autorität mit der kalten, paragraphierten, herrischen Geste der Staatsgewalt auf. Sie ist Bestandteil und Organ jener dunklen, unbehaglichen Macht, die sich, immer als fremd und feindlich empfunden, in unser Leben eindrängt und einmischt, sich Geltung verschafft, ordnend, drohend, strafend uns beherrscht, uns nie aus ihren Fängen läßt, jeden unserer Wege kontrollierend, jede unserer Handlungen amtlich wägend und buchend. Die Verkörperung dieser Autorität ist in der Schule der Lehrer.

War der Vater noch Mitmensch, wenn auch — in den Augen des Kindes — respektabler, gewalttätiger, überlebensgroßer Mitmensch, war er dem Herzen vertraut und verbunden trotz aller Distanz, innerlich irgendwie nahe, so ist der Lehrer ein

Fremder, zufälliger Beamter, Partner eines nicht organisch, sondern mechanisch, konstruktiv zustande gekommenen Verhältnisses. Wo der Beamte anfängt, sagt Oskar Wilde, hört der Mensch auf. Seiner sozialen Rekrutierung nach dem Kleinbürger- und Kleinbeamtentum entstammend, das mit geschwächter Existenzkraft, halb parasitär, halb proletarisch, in dumpfer Weltanschauungslosigkeit vegetiert; in seiner geistigen Ausrüstung künstlich unter dem Intelligenzniveau der wissenschaftlich geschulten Bourgeoisie gehalten; materiell so dürftig versorgt, daß der Hauptteil seines Interesses und seiner Energie von Gehaltsfragen, Beförderungsaussichten, Nebenverdienstmöglichkeiten absorbiert und der Arbeit am Format der Persönlichkeit entzogen wird — stellt der Lehrer heute neben Bürokratie und Polizei die wichtigste Staatsstütze dar. Mit Bürokratie und Polizei teilt er freilich trotz dieser Wichtigkeit auch die subalterne Rangordnung. Man weiß, daß subalterne Autoritäten am stärksten das Bedürfnis haben, sich zur Geltung zu bringen, besonders wenn sie dabei auf keinen wesentlichen Widerstand stoßen. In dieser Hinsicht ist die Schule das ideale Terrain.

Der Volksschule ist die dreifach unterstrichene Aufgabe gestellt, den Nachwuchs der beherrschten Klasse zum Respekt vor der herrschenden Klasse, ihrer Wirtschafts- und Staatsordnung zu erziehen. Diese Aufgabe teilt sie mit Fabrik, Polizeistube und Kaserne. Kein Zufall, daß sie — schon als Gebäude — eine verdächtige Übereinstimmung mit Fabrik, Gefängnis und Kaserne aufweist. Aber auch in ihrer Einrichtung, ihrem Betrieb, ihrem Geiste besteht diese Verwandtschaft. »Unsre Schulen« sagt Tews, »sind zu bürokratisch, zu polizeimäßig. Sie fragen nicht nach dem, was das Herz des Kindes bewegt, noch viel weniger nach dem, was die Eltern fühlen und meinen. Darum ist die Schule so oft ein totes Glied in unserem Kulturleben. Ungezählte Tausende kehren ihr den Rücken, wenn sie ihrer Schulpflicht genügt haben, ohne ein Gefühl des Dankes im Herzen, oft genug mit bitterem Groll erfüllt ... Wenn die Schulrekruten, um dieses häßliche militärische Wort zu gebrauchen, an der Hand der Mutter die Schulräume betreten, so haben sie vielleicht stundenlang auf dem Korridor zu warten, bis sie zur Einschreibung kommen, und ist der Name in die Liste eingetragen, so wird das Kind an die Schulbank geführt, die Mutter sagt ihm Lebewohl und der Unterricht beginnt. Wie ungastlich, wie unpoetisch tritt dem Kinde die Schule entgegen. Ebenso formlos vollzieht sich der Abgang von der Schule ... Die Schule muß aufhören, ein Ressort der Polizei zu sein.« Ein anderer Schulmann, der Bremer Pädagoge Bräutigam, schrieb: »Ich möchte Sie einmal in eine Art Zuchthaus der Gegenwart führen; Sie werden erstaunt sein über den

Titel, den es führt — es heißt die moderne Schule ... Ja, die moderne Schule hat in Wahrheit heutzutage in einzelnen ihrer Lebensregungen eine große Ähnlichkeit mit einem Zuchthause ... Wenn nur die Zuchthäusler reden dürften! Und wenn nur die, welche die Sklavenketten tragen, nicht so abgestumpft wären, daß sie ihre Unfreiheit gar nicht mehr als schimpflich empfinden.« Und an anderer Stelle: »Es gibt Schulanstalten, die nach dem Urteil der Behörden trefflich regiert und wohl als Musterschulen betrachtet werden, bei denen sozusagen jeder i-Punkt richtig steht und die doch im Innern faul sind. Nicht freies Menschentum, Begeisterung für alles Große und Schöne wird darin gepflegt, sondern Dressur, blinde Unterwürfigkeit, starrer Autoritätsglaube, polizeiliche Überwachung herrschen.«

Dressur und Drill ersticken alles selbständige Leben des Geistes und der Seele. Jede freie und eigene Regung ist verpönt. »Die Walze der Schulmaschine«, sagt Anita Augspurg, »liegt wie ein Alp auf dem jungen Menschen, zerstört dessen Ursprünglichkeit und Eigenart, zerbricht seinen Charakter, zermürbt seine Willenskraft, paßt ihn dem Durchschnitt an, preßt sein Geistesleben in die vorgeschriebene einseitige Richtung, erzeugt nur Durchschnittsware für den Massenbetrieb der großen Hammelherde, die sich Volk nennt, der nur ein Zweck, ein Ziel als wünschenswert vorgehalten wird und der die bestmögliche Anpassung an diesen Staatszweck mit Auszeichnungen und materiellen Vorteilen gelohnt wird. Jedes Abweichen von der Norm wird den jungen Kindern so abschreckend wie möglich gemacht. Als kleine Eigenbrötler treten sie in die Schule ein, voll tiefer Spekulation, philosophischer Weltbetrachtung, individueller Gedanken; schon im Kindergarten gleicht man sie einander an, nach Verlauf der Schulzeit sind sie wie Uniformknöpfe.«

Der dieses Werk vollbringt, ist der Lehrer — selbst Produkt einer solchen militaristischen Abrichtung. Sein Beruf verläuft zwischen den Kommandos eines hirnlosen Reglements. »Vorgeschrieben ist ihm die Stundenzahl, die er zu geben hat, die Unterrichtsstufe, auf der er unterrichtet, vorgeschrieben sind ihm die Freizeiten, die innezuhalten sind, der Lesestoff, den er durchzumachen hat, womöglich eingeteilt und genau abgegrenzt nach Paragraphen, das Lehrbuch, das zu benutzen ist, der Arbeitsplan, die Abkürzungszeichen, die Strafmittel und ungezählte Maßregeln für Ordnung und Schuldisziplin, Anordnungen, die bis ins kleinste gehen und so zahlreich sind, daß selbst ältere und erfahrene Lehrer sich nicht mehr darin zurechtfinden« (Bräutigam). Hinten und vorn eingeschirrt, gezäumt und gezügelt, mit Scheuklappen und Stachelhalsband, unter Hunger und Peitsche wird der Lehrer in die Schule gestellt. Und hier darf er, der allseits von Autorität bedrohte, bedrängte, bedrückte Mensch plötzlich nach einer einzigen Seite hin, in seiner Stellung zu den Kindern, sein ungeheures Minderwertigkeitsgefühl kompensieren. Das Resultat ist die hypertrophische Aufblähung und Übersteigerung der Lehrerautorität. Diese Autorität reckt sich auf, fühlt sich, genießt alle Wonnen der Herrschaft und stürzt sich auf ihr Opfer, das Kind.

Im Schulbetrieb feiert sie nun wahre Orgien. Da wird nur geschrieben und gelesen, gerechnet und gelernt, was und wann der Lehrer befiehlt; und nur geredet, wenn der Lehrer es erlaubt; nur für richtig befunden, was er für richtig erklärt; nur gelten gelassen, was seine Billigung findet. Der Lehrer ist Maß und Norm, Urteil und Gesetz. Sein Wissen geht über aller Wissen, sein Tun ist Vorbild und Muster, sein Wille duldet keinen Widerspruch.

Er herrscht wie ein König in seinem Reiche. Er ist unfehlbar wie der Papst. Er thront über dem Ganzen wie der Herrgott.

Der Lehrer befiehlt, das Kind gehorcht. Was das Elternhaus mit primitivem Dilettantismus begann, wird hier mit Systematik und Routine weitergeführt. Aus dem artigen Kind wird der gehorsame Schüler, der disziplinierte Zögling. Gehorsam ist die oberste aller Tugenden, »Erst Gehorsam, dann Liebe« die alles beherrschende Devise. Liebe natürlich nur entsprechend der amtlichen Vorschrift. Etwa wie Religion auf dem Paradeplatz bei »Helm ab zum Gebet!« Alles verläuft zwischen den Stacheldrahtspalieren des Reglements. Jeder Gedanke trägt Uniform. Die ganze Luft riecht nach Kaserne. Es wird geschnauzt, es regnet Prügel. Das Resultat ist die Kanaille.

In höheren Schulen herrscht eine freundlichere Atmosphäre. Der Ton ist nicht so roh. Körperliche Züchtigungen sind verboten. Der Eigenart des Kindes ist mehr Spielraum gegeben. Das Menschliche kommt mehr zur Geltung.

Das arme, kranke, verachtete und verprügelte Proletarierkind hingegen muß auf seinem rachitischen Rücken den ganzen Jammer einer brutalen, arroganten, hirnrissigen und nichtswürdigen Schinderei, die sich Erziehung nennt, durch viele graue Jahre seines qualvollen Daseins schleppen. Oder etwa nicht? Wer möchte den Mut haben, sich zum Verteidiger dieser Schule aufzuwerfen? — Seht das Kind, wie es unter dem Gewicht der Autorität keucht, die sein Selbstgefühl zu zermalmen droht! Muß es sich nicht geschändet fühlen durch die Barbareien jener Prügelpädagogik, die eine Prügelpädagogik bliebe, auch wenn es keinen Bakel mehr in der Schule gäbe? Gibt es sonst noch einen Platz in der Welt, wo der Mensch so beschmutzt, erniedrigt, beleidigt, so systematisch um seine Würde, seinen Stolz, seinen Glauben an sich gebracht würde wie in der Schule?

Es gibt noch immer Menschen, die Beweise brauchen. Nun denn, lassen wir Lehrer Fehr aus der Bergarbeiterkolonie berichten: »Morgens haben wir schon gezittert um die vier Schläge, die wir auf die Hände kriegten, wenn wir den Katechismus nicht konnten. Ein Lehrer hat einmal 360 Schläge an einem Tage ausgeteilt. Ich hatte drei Lehrer. Der eine hat so besonders gern geschlagen, der zweite schlug noch mehr, der dritte war ein Büffel.« — »Unser Lehrer sagte: Wart, ich bring euch noch so weit, daß ihr die Wände hinaufklettert! Die Jungen hatten aus Angst zwei Hosen an. Da mußten sie eine Hose ausziehen, sich über die Bank legen, ihre Hose straffziehen, und sie bekamen so furchtbare Hiebe, daß ich laut heulen mußte.« — »Wir hatten einundeinhalb Stunde Schulweg. Wenn wir noch nicht alles konnten, dann haben wir manchmal unterwegs schon vor Angst geheult. O weh! Wenn wir um halbacht Uhr zu spät zur Kirche kamen. Da war eine Extrastelle, wo wir dann knien mußten. Nachher kriegten wir's erst vom Pastor in der Kirche, nachher vom Fräulein noch einmal in der Schule.« — »Als mich der Lehrer einmal zwang, eine schriftliche Verbesserung zu machen, konnte ich vor lauter Angst nicht schreiben. Da gab er mir sechzehn auf beide Backen, daß sie dick anschwollen, und noch acht auf die Hände.« — »Der Schullehrer hat immer so gleich auf uns losgedonnert. Hatte er mal was vorgetragen, so mußten wir's sofort können, sonst gab's direkt Hiebe.« — »Als Schuljunge wußte ich anfangs nichts von Unsittlichkeit, bis der Pastor immer fragte: »Hast du Unkeusches getan? da wußte ich allmählich, was Unkeusches war. Mein sexueller Trieb war mit zehn Jahren sehr stark, und ich verging mich an einem Mädchen. Ich kriegte zunächst vom Pastor furchtbare Hiebe. Dann schleppten mich drei Lehrer ins Konferenzzimmer und verhauten mich derart, daß ich aus Verzweiflung vom zweiten Stockwerk durchs Fenster sprang.« — »Als ich an der Schule arbeitete, da habe ich alle Rohrstöcke, die ich in den Klassen fand, kaputt gebrochen und weggeworfen. Ein Fräulein hatte sieben Rohrstöcke im Pult . . .« Das sind nur ein paar Berichte von Tausenden, die gegeben werden könnten.

Nur der folgende Bericht sei noch hinzugefügt, weil er besonders drastisch die grausame Methode zeigt, die das Kind unablässig auf den schließlichen Untergang festlegt: »Trotzdem ich alles leicht begriff und mir den ersten Platz in der Schule stets sicherte, hatte ich doch jeden Tag meine Prügel. Wie der Lehrer, so der Pfarrer. Dieser schlug mir einmal die Bibel dermaßen an den Kopf, daß ich unter die Bank fiel. Als ich einen dummen Streich machte und dem frommen Herrn einen Zettel an seinen Rock heftete mit dem Spruch: So dich dein Bruder ärgert, sollst du ihm nicht siebenmal, sondern siebenmalsiebzigmal vergeben! schlug er mich grün und blau. Nachdem versprach er mir: Ich will dir vergeben, wie Gott dir vergeben möge. Trotzdem mußte ich täglich hören, daß ich ein Galgenstrick und reif fürs Zuchthaus sei.« (Aktion)

Niederschmetternd ist das Resultat einer Umfrage, die A. Tesarek veranstaltete, indem er unter anderem zehn- bis dreizehnjährige Proletarierkinder fragte: Wie werden wir in der Schule bestraft? Strafen zu Hause? Die schwerste Strafe deines Lebens? Es stellte sich heraus, daß 50 Prozent der Kinder geprügelt wurden. Andere Strafen waren: Schimpfen, Entzug der Pause, Nachsitzen, Knien, Hinausstellen, Abschreiben und Auswendiglernen, Tadelzettel, Sittennote, Vorladung. Während von Bourgeoiskindern nur zwei Prozent geschlagen wurden, wies die Schar der Proletarierkinder die ganze Leidensskala der körperlichen Züchtigungen auf: Ohrfeigen, Schläge auf den Hintern, Haarbeutler, Fußtritte, Schläge über die Finger, Patzen, Schlagen mit dem Stock, dem Riemen usw. Besonders raffinierte Strafen wie: Schweres hochhalten, Bleistifte auf die Finger legen, Hände hoch usw. wurden gesondert erwähnt. »Das Hinausstellen, das war nicht so übel, wie's die meisten glauben«, berichtete ein Kind, »aber das Knien war so grausam, daß ich manchmal glaubte, daß meine Kniescheiben auf der andern Seite des Fußes seien. Manchmal schliefen mir die Beine ein.« Als schwerste Strafe ihres Lebens wurde von allen Kindern mehr oder weniger barbarische Züchtigung angegeben: fünf Stunden knien und nichts zu essen, auf dem Reibeisen, einem Holzscheit, auf Koks knien, einen ganzen Tag knien und etwas Schweres hochhalten, eine Stunde wippen (Kniebeuge machen), wippen und jedesmal mit dem Stock geschlagen werden, einen ganzen Tag hungern usw. Die Umfrage vermittelt Einblicke in ein schreckliches Martyrium, das wie eine Selbstverständlichkeit zum Leben des proletarischen Kindes gehört.

Denselben niederschmetternden Eindruck vermittelt die Lektüre der Berichte von Schulprügeleien, wie sie das Mitteilungsblatt der kommunistischen Kindergruppen fortlaufend veröffentlicht. So wurde in der 102. Gemeindeschule in Berlin ein Knabe, der sich weigerte, Papier aufzuheben, das ein Lehrer absichtlich zur Erde geworden hatte, um ihn zu demütigen, von diesem Lehrer und einem Kollegen bestialisch mißhandelt. Der Arzt konstatierte 16 von Stockhieben herrührende Striemen, blutig geschlagene Lippen und eine große Beule am Hinterkopf; außerdem waren Hemd und Jacke total zerrissen. — In der Herrmannschule in Halle schlug ein Lehrer ein elfjähriges Mädchen, weil es im Erdkundeunterricht auf den Ruf: Hersehen! arg zusammengezuckt war, derart brutal, daß der Unterarm mehrere zentimeterlange Wunden aufwies. — In der katholischen Volksschule in Halle prügelte ein Lehrer fortgesetzt sechsjährige, unterernährte und kranke Kinder in unbarmherzigster Weise. Oft war die Haut der Kleinen von den Stockhieben aufgeplatzt, so daß Blut durchdrang. Eine Mutter beschwerte sich über den Prügelpädagogen 15mal ohne Erfolg. — In Jena wußten die Kinder einer Schule vor den unmenschlichen Prügeleien durch ihre Lehrer sich nur dadurch zu retten, daß sie bei Gelegenheit eines Elternabends, zu dem die Lehrer geladen waren, auf der Bühne eine der Folterstunden, wie sie in der Schule an der Tagesordnung waren, in voller Naturtreue zum Entsetzen der Anwesenden vorführten. — Als in Sachsen vom sozialdemokratischen Kultusminister die körperliche Züchtigung in der Schule untersagt wurde, erhob ein großer Teil der Lehrerschaft hiergegen Protest; ein Lehrer Sack schrieb in den Leipziger N. Nachrichten (13. März 1924): »Jeder Säufer und Rohling, jeder Lump und Verbrecher soll das Züchtigungsrecht haben, sofern er sich nur als Vater, Stiefvater, Pfleger, überhaupt als Familienerzieher ausweist. Dem öffentlichen Erzieher aber, den der Staat für seinen hohen Beruf sorgfältig ausgebildet und besonders vorbereitet hat, soll das Recht genommen werden, weil das linksradikale Parteiprogramm es also verlangt.« Ein Kulturdokument, in dem sich die geistige und sittliche Verfassung der Durchschnittslehrer von heute in ihrer ganzen Glorie spiegelt.

Wo übermächtige Gewalten mit solcher Brutalität auf den Willen des kleinen Menschen drücken und ihn jahrelang in lähmenden, tötenden Fesseln halten, wird schließlich auch der zäheste Widerstand gebrochen und jede Gegenwehr der Seele aufgerieben. Am Ende wird das Kind ganz klein, verzagt, ängstlich, verschüchtert — »verprügelt« heißt das zutreffende Wort — und kommt aus der Sorge um sein winziges Restchen Persönlichkeitsgefühl, das immer hoffnungsloser dahinschmilzt, gar nicht mehr heraus. Adler fragte in Wiener Proletarierbezirken, wovor sich die Kinder am meisten fürchteten, und bekam zur Antwort: vor Schlägen. So steht der Prügelstock immer drohend vor dem Gesicht des proletarischen Kindes, bis dieses, je länger je mehr, zuletzt selber glaubt, daß es ein Nichtsnutz, ein Tunichtgut, ein Galgenstrick sei, daß es zu den Dummen, Ungeschickten, Unbrauchbaren gehöre, daß seine Untauglichkeit den Charakter seiner Klasse ausmache, daß man Führer, Vormünder und Herren haben müsse, daß Herrschen und Genießen der göttliche und menschliche Beruf der Reichen sei, Dienen aber und Darben das naturgegebene Schicksal der Armen.

Damit wird das Minderwertigkeitsgefühl zum zuverlässigsten Knebel, der den heranwachsenden Proletarier an das Joch seiner Ausbeutung fesselt.

Die ökonomische und soziale Sklaverei hat die größte Aussicht auf Bestand, wo sie ideologisch am tiefsten verankert ist in den geheimnisvollen Untergründen der menschlichen Seele.

Fassen wir zusammen: Konstitutionsmängel und Organdefekte sind in hohem Maße geeignet, im Kinde Minderwertigkeitsgefühle hervorzurufen.

Das proletarische Kind weist relativ mehr konstitutionelle Anomalien und Organdefekte auf als das bürgerliche Kind. Es ist der Gefahr, zu Minderwertigkeitsgefühlen zu gelangen, außerordentlich stark ausgesetzt. Soziale Deklassierung und Ächtung kann dieselbe Wirkung hervorrufen. Sie sind beim proletarischen Kinde in besonders deutlichen und fühlbaren Formen gegeben, am meisten bei unehelicher Herkunft. Die Inklination für Minderwertigkeitsgefühle erfährt damit eine Steigerung.

Alle tatsächlichen und vermeintlichen Verluste von Sicherheitsmomenten und Geltungsbürgschaften der Lebensumwelt erhöhen diese Inklination. In diesem Sinne wirkt auf das proletarische Kind seine Heimatlosigkeit, sein Mangel an Beziehungen zur Natur, seine Religionslosigkeit, seine ungesicherte Stellung innerhalb der in voller Zersetzung befindlichen Familie. Die Geltendmachung der Autorität in der Erziehung, besonders der harte Druck der durch ein System von Strafen und Gewaltanwendungen gesicherten Lehrerautorität provoziert direkt das Minderwertigkeitsgefühl im Kinde. Im proletarischen Kinde um so mehr, als es dieser Autorität am schutzlosesten ausgeliefert ist und in seiner Lebensposition sich alle das Minderwertigkeitsgefühl weckenden, auslösenden und fördernden Ursachen summieren und potenzieren. Die Grundlagen der seelischen Entwicklung sind also gegeben in körperlich, sozial oder erzieherisch bedingten Erschütterungen des Selbstbewußtseins und Selbstvertrauens, in Beschränkungen des natürlichen, allgemeinmenschlichen Geltungsstrebens, in stark eingeschränkten Sicherungschancen, in Mißerfolgen und Einschüchterungen und einer daraus abgeleiteten pessimistisch gefärbten Abschätzung seiner selbst und der bedrohlichen Umwelt. Alles dies vereinigt sich im Kinde zu einem die ganze Seele überschwemmenden Minderwertigkeitsgefühl — dem ersten konstitutiven Element in der Seele des proletarischen Kindes.

## II. Abwehr

Wenn wir das menschliche Seelenleben — nach Alfred Adler — anzusehen haben als den Versuch einer Stellungnahme zu den Forderungen des sozialen Seins, dann stellt sich uns sein Aufbau dar als die Aufeinanderfolge von planvollen Einstellungen und Verhaltungsweisen gegenüber der immanenten Logik der menschlichen Gemeinschaft.

Die erste typische Haltung des kleinen Menschen ist — wie wir gesehen haben — ein betontes Minderwertigkeitsgefühl; daraus ergibt sich als zweite typische Haltung die seelische Reaktion auf dieses Minderwertigkeitsgefühl. Sie charakterisiert sich als Abwehr; Adler bezeichnet sie als »männlichen Protest«.

Die seelische Funktion des mit Minderwertigkeitsgefühlen behafteten Kindes ist, wie eingehend dargelegt wurde, vorwiegend ein Messen und Vergleichen mit anderen. Je niedriger die Einschätzung der eigenen Person ausfällt, desto höher pflegt die Bewertung der anderen zu sein. Unter den anderen steht in der kindlichen Umwelt an erster Stelle der Vater, der erwachsene Mann. Denn er ist die stärkste Autorität, genießt die höchste Geltung und Achtung, bildet zur Position des Kindes die extremste Gegenposition. Leicht zu begreifen, daß der Vater, der kraftvoll sich durchsetzende Mann, der kühne Held, der siegreiche Bezwinger, das Wunschbild und Ideal der kindlichen Phantasie liefert. In einer Lebenssphäre, wo Sozialgeltung und Kulturwertung bedingt sind durch Autorität, wo die Behauptung im Existenzkampf immer nur der Siegespreis überstandener Rivalitätskämpfe von Autoritäten ist, versteht es sich von selbst, daß, wer nach Sicherung und Geltung strebt, diese nur erreichen zu können glaubt auf dem Wege zur Autorität. »Ich will ein Mann werden!« lautet die Parole des Lebensplans, dessen Leitlinie sich schon ganz früh im kindlichen Wesen zu formen beginnt. Mit aller Energie wird diese Leitlinie verfolgt, um das Leitbild — den mit Herrschergewalt ausgestatteten Mann — zu erreichen. In ihm verkörpert sich alles, was das Kind von seiner Zukunft erwartet und erhofft. Weil das Machtstreben des Kindes als Proteststellung gegen das Minderwertigkeitsgefühl gerichtet ist und mit dem Ziel einer männlichen Rolle durchgeführt wird, hat Adler die ganze Verhaltungsweise den männlichen Protest genannt.

Der männlichen Rolle steht in der vereinfachenden Denkweise des Kindes die weibliche Rolle gegenüber. Sie kennzeichnet die Position des Schwachen, Abhängigen, Unterlegenen, drückt eine abfällige, geringschätzige, verächtliche Bewertung und Beurteilung aus. Ein Weib sein, heißt so viel wie feig, untüchtig, eine Memme sein. Sich wie ein Weib benommen zu haben, wird von Knaben und Männern als Schande empfunden. Darum bedeutet für den Knaben die Drohung, im Falle des Ungehorsams ein Mädchen zu werden, die Ankündigung einer erniedrigenden Strafe. Die strafweise Versetzung von Knaben unter Mädchen in der Schule hat schon zu Selbstmorden geführt.

Aber auch von Mädchen, die sich als minderwertig fühlen, wird der unvermeidliche Geschlechtscharakter als Tragik empfunden, der man um jeden Preis zu entkommen suchen müsse. Der Gegensatz männlich-weiblich wird von einer mit Rangstufen operierenden Vergleichsmethode, vielleicht auch in Verfolg einer weitverbreiteten Neigung, Vorgänge aus dem psychischen Leben durch solche des Sexuallebens zu illustrieren, mit dem Gegensatz oben-unten identifiziert. Oben ist der Mann, unten die Frau; oben die Herrschaft, unten die Knechtschaft; oben das Gute und Schöne, unten das Schlechte und Häßliche; oben das Wertvolle, unten das Wertlose. »Bei den Kindern ist der Hang nach oben unverkennbar und deckt sich vielfach mit dem Wunsche, groß zu sein. Sie wollen in die Höhe gehoben werden, klettern mit Vorliebe auf Sessel, Tische, Kasten und verbinden mit diesem Streben meist die Idee, sich als mutig, männlich zu zeigen.« (Adler) Umgekehrt gilt ihnen unten als Herabsetzung, Mißachtung, Verkürzung. Nach diesem Schema orientiert sich nun die kindliche Psyche bei ihrer Einstellung zu Menschen und Dingen, beim Eingehen von Beziehungen und Verhältnissen, beim Einordnen in die sozialen Zusammenhänge. Immer hat die leitende Fiktion männliches Aussehen, die maßgebende Richtungslinie der Persönlichkeitsidee männlichen Charakter. Und immer liegt, welcher Art auch die Erlebnisse und Erstrebungen sein mögen, die Führung des Verhaltens beim männlichen Protest.

In ganz früher Kindheit schon entwickelt die Seele aus der quälenden Unlust des Unsicherheitsgefühls heraus Formen des feindlichen Angriffs auf die Umwelt, die durch ihr Übergewicht gefährlich zu werden droht. Gleich gewissen Tiefseebewohnern, die, von Feinden und Verfolgern bedroht, sich zunächst in Schlupfwinkel oder Schutzgehäuse zurückziehen, bald aber, indem sie plötzlich Gift ausspritzen oder ihre Stacheln hervorkehren, zum Angriff übergehen, nimmt das Kind Stellung gegenüber seinen tatsächlichen oder vermeintlichen Bedrängern. Dabei kann es mehr die aktive, mehr die passive Verhaltungsweise bevorzugen, je nach Situation, kann nach Bedarf die Verhaltungsweisen rascher oder langsamer wechseln oder modifizieren, kann bald mit männlichen, bald mit weiblichen Mitteln arbeiten — immer ist seine typische Haltung ein Protest, eine Aggression, ein Sicherungskampf. Von der Umwelt kann diese Haltung als angenehm oder unangenehm, bequem oder schwierig, sympathisch oder unerträglich empfunden werden, sie kann als Feindseligkeit offen erkenntlich sein oder sich unter mancherlei Masken oder Deckungen verbergen, kann ihr Ziel auf geradem, direktem Wege zu erreichen suchen oder auf verschlungenem, indirektem — je nachdem wird die Umwelt das Kind als artig oder unartig, gehorsam oder ungehorsam, verträglich oder unverträglich, gesellig oder ungesellig bezeichnen. Und je nachdem wird sich die Erziehung mit ihren Maßnahmen und Einwirkungen zu ihm in das entsprechende Verhältnis zu bringen suchen. Sie spricht dann von psychischen Kindertypen, von Temperamenten und Charakteren, Tugenden und Lastern, schwer und leicht erziehbaren Kindern, Erfolgen und Mißerfolgen, ohne sich bis heute darüber klargeworden zu sein, daß alles kindliche Verhalten, wie es auch immer beschaffen sein mag, stets nur der Ausfluß einer Kardinaltendenz ist, nämlich der, Macht zu gewinnen im Interesse der Sicherung und Behauptung innerhalb der menschlichen Gesellschaft. Alles kindliche Tun und Lassen wird diktiert von diesem Machtstreben, dem keine andere Grenze gesetzt werden kann als die, die sich aus den paralysierenden und transformierenden Tendenzen des Gemeinschaftslebens ergibt.

Die Verkörperung des männlichen Protestes, der sich der direkten Aggression bedient, ist gegeben im trotzigen Kind. Trotz ist der Gegendruck auf Druck, die Antwort auf Autorität. Es gäbe keinen Trotz, wenn es keine Autorität gäbe. Denn was das Kind nicht tun will, stellt sich erst heraus, wenn es erfahren hat, was es tun soll. Das trotzige Kind, das sich innerlich gegen die Erfüllung eines Befehls auflehnt oder mit seinem Willen auf Widerstand stößt, sucht sich dem Zwange der Unterordnung, die es als Herabsetzung (unten!) empfindet, dadurch zu entziehen, daß es durch aktives Verhalten nach Überlegenheit (oben!) strebt. Es schreit, schlägt um sich, wirft sich auf die Erde, strampelt mit Händen und Füßen, weigert sich zu gehen, zu reden, zu essen, bockt auf alle erdenkliche Weise, beschmutzt sich, spuckt und macht Grimassen, geht zum Angriff über, wird gewalttätig. In der Verübung von Bosheiten und Streichen — immer mit der Absicht, Verdruß zu bereiten oder zu schaden — ist es draufgängerisch, frech, oft blind vor Wut, gehässig, leidenschaftlich; das Ziel der offenen Auflehnung ist unverkennbar, den Erzieher in Ratlosigkeit, Aufregung, Wut, Raserei zu versetzen und die Erreichung des von ihm verfolgten Zwecks unter allen Umständen zu verhindern. Wir alle kennen solche Kinder, die als unverbesserliche Trotzköpfe ganz klein anfangen und damit enden, daß sie nach der Mutter mit Füßen treten, sich gegen den Vater erheben, den Lehrer an Leib und Leben bedrohen. Sie kommen insofern immer auf ihre Rechnung, als ihr Trotz — eine Folge der Autorität — in der Regel noch stärkere Autorität provoziert, die nun wiederum, da die Autorität die Ursache von Trotz ist, dem Trotz stärkere Nahrung gibt. Je stärker die Autorität, desto stärker der Trotz, desto stärker die Autorität, desto stärker der Trotz — ad infinitum. Beides nur Mittel zum Ziel. Auf diese Weise bleibt das Kind immer Sieger. Selbst wenn es in dieser Kette von Ursache und Wirkung an einer Stelle den kürzeren zieht, hat es die Genugtuung, sich — nicht ohne Berechtigung — als Märtyrer zu fühlen, der einer brutalen Übermacht erlegen ist. Doch auch hier genießt es noch den Triumph, den Erzieher nach Belieben in der Hand zu haben, denn sobald es von neuem mit Trotz einsetzt, beginnt das Spiel von vorn. Es kann, wenn es ihm Vergnügen macht, jeden Tag mit einer Trotzszene beginnen und damit den Erzieher zwingen, die Rolle des echauffierten Partners zu spielen. Der Erzieher hat meist nur die Register der Autorität zur Verfügung; selten ist es ihm wohl auch gelungen, seine eigenen Minderwertigkeitsgefühle zu kompensieren; so bleibt er auf die Methode der Autorität angewiesen. Mag er nun ihre stärksten Register ziehen, also schimpfen, toben, fluchen, drohen, prügeln — es liegt ganz im Belieben des Kindes, wann, wie oft und bis zu welchem Grade es den Erzieher »steigen« lassen will. Geht er in die Höhe, und in den meisten Fällen wird dies gelingen, da er ja sein gefährdetes Autoritätsgefühl durch immer stärkere Betonung zu retten suchen muß, so ist das Kind, das ihn zum Äußersten trieb, der Triumphator. Erlittene Strafen, Prügel usw. empfindet es wie Wunden, die der Kampf hinterließ, wie Ehrennarben, auf die man mit Stolz verweist. Gelingt das grausame Spiel nicht, weil der Erzieher einlenkt oder erschöpft und entmutigt jeden weiteren Versuch aufgibt, dabei das Kind links liegen läßt, so triumphiert das Kind auch. Denn nun hat es seinen Zweck ebenso erreicht: von den verhaßten Maßnahmen der erzieherischen Autorität unbehelligt zu bleiben. Das Resultat der direkten Aggression ist also, daß sie die beiderseitigen Energien, nachdem diese im fortgesetzten Zusammenprall die höchste Stufe der Leistungsfähigkeit erlangt haben, in offener Feindschaft und unter glattem Mißerfolg auseinandertreibt. Ihr Effekt ist eminent gemeinschaftstörend, ja direkt gemeinschafthindernd. Der trotzige Mensch ist immer ein Individualist, Egoist, Machtmensch, Gewalthaber — eine Gegen-Autorität, aber doch Autorität. Der trotzige Mensch ist kein Gemeinschaftsmensch.

Mit der offenen Auflehnung ist aber die Verhaltungsweise des trotzigen Kindes nicht erschöpft. Immer geleitet von der Protest-Tendenz hat es das höchste Interesse daran, die Autorität, gegen die es sich zur Wehr setzt, nach Möglichkeit in Frage gestellt, herabgemindert, im Wert verkleinert zu sehen. Einmal um sich selbst zu beweisen, wie groß, bedeutend, wertvoll es im Vergleich mit dieser Autorität ausfällt, sodann, um dieses

Vergleichsergebnis auch bei seiner Mitwelt zu erzielen. Je nach der Situation wird es also die Autorität nicht bloß offen attakkieren und durch freches Auftreten feindlich bedrohen, sondern auch nach Kräften bloßstellen, beschimpfen, blamieren, sie in ihrer Ohnmacht und Verlegenheit der Verachtung und Schande ausliefern. Die Mittel hierzu sind mannigfaltig: Kritik, Gesichterschneiden, Schimpfworte, absichtliche Fehlfunktionen, Sabotage usw. Das Kind stottert, hinkt, schielt, näßt ins Bett, schläft unruhig, schreit im Schlaf, ist andauernd krank, sogar bettlägerig, von unbesiegbarer Faulheit, bringt sich körperlich herunter, leidet an Appetitlosigkeit, Koliken oder Verstopfung, bekommt Krämpfe, hat Schwermutanfälle, ja verübt Selbstmord — alles nur aus Trotz. Es will seinen Erziehern einen Tort antun, sie in Sorge und Aufregung versetzen, ihre Leistungsfähigkeit erproben, sie in Verlegenheit bringen, ihnen Schande machen. Noch mannigfacher ist die Skala seiner Trotzhandlungen: es stiehlt, um die Eltern zu kränken, es quält Tiere oder mißhandelt kleinere Kinder, damit man sich seiner schämt, es verübt Roheiten, Einbrüche usw., um Konflikte mit Behörden zu provozieren, onaniert oder begeht Sexualexzesse, um sich als Erwachsener zu beweisen und den anderen die Mißachtung ihrer Moralvorschriften oder Gesetze auszudrücken. Je größer und unverfrorener die Respektlosigkeit, desto empfindlicher die Herabsetzung der Autorität, die zugefügte Blamage, desto sicherer der Triumph darüber, daß man sich in schwieriger Situation erfolgreich behauptete, daß man den Gegner um den Sieg prellte oder daß man die verhaßte Autorität der Verachtung, der Lächerlichkeit preisgab. Das Ende ist immer, daß der Autorität der anderen die erfolgreichere eigene Autorität übergeordnet wird.

Nun kann freilich der Fall eintreten, daß das Kind mit seinem Trotz nicht bis zum Ziele gelangt, sei es, daß die feindliche Autorität doch schließlich unüberwindlich ist, sei es, daß es nicht Energie und Zähigkeit genug aufwendete, um bis zur Entscheidung durchzuhalten, sei es endlich, daß es von seiner Anlage auf einen anderen Kriegsschauplatz gedrängt wird, wo ihm — unter günstigeren Bedingungen — leichtere Lorbeeren winken.
In solchem Falle pflegt das Kind sein aktives Verhalten gegen ein passives einzutauschen. Die direkte wird zur indirekten Aggression. Ungehorsam verwandelt sich in Gehorsam, aus Trotz wird scheinbare Willigkeit, aus Auflehnung und Opposition freiwillige oder unfreiwillige Unterwerfung. Weil in der mit vereinfachenden Extremen operierenden Denkweise des Kindes das Sichfügen, Sichducken, Sichunterwerfen als weibliche Verhaltungsweise gilt, haben wir es hier mit einem männlichen Protest zu tun, der sein Ziel mit weiblichen Mitteln

zu erreichen sucht. Das Ziel ist auch hier, so geflissentlich es verborgen gehalten werden mag, sich Geltung zu verschaffen, sich Macht zu sichern, sich gegenüber dem Minderwertigkeitsgefühl in erfolgreicher Proteststellung durchzusetzen. Was die direkte Aggression auf geradem, offenem Wege zu erreichen suchte, wird mit Hilfe der indirekten Aggression auf Umwegen, Winkelzügen, von hinten herum erstrebt.

Kein Zufall, daß der markanteste Charakterzug des auf diese Methode eingestellten Kindes die Verstellung und die Lüge ist. Das Kind gibt sich den Anschein, als ob es auf Eigenwillen verzichtete, sich dem fremden Willen unterordnete. Aber dieses Verhalten ist nur, zunächst vielleicht unbewußte, später bewußte Täuschung und List. Es wird eine Komödie der Heuchelei gespielt. Denn in Wirklichkeit kämpft auch hier nur Machtstreben gegen Machtstreben. Nur mit dem Unterschiede, daß der Schlag mit der rauhen Tatze pariert wird durch das Streicheln mit der weichen Sammetpfote. Männliche Gewalt wird durch weibliche Überlistung besiegt. Dabei bleibt der Anschein gewahrt, als ob der Kampf, die Rivalität der Autoritäten ausgeschaltet sei, vielmehr Überlegenheit auf der einen, Unterwerfung auf der anderen Seite vorläge. Die Artigkeit ist indes Betrug, der Gehorsam eine Irreführung, die Selbstlosigkeit nur Gaukelei. Jedoch — die Verstellung führt zum Ziel, die Lüge siegt; die scheinbar herrschende Autorität ist in Wirklichkeit beherrscht, der Erzieher ist der Gefangene in der Hand des Kindes.

Das äußere Bild dieses Verhältnisses zwischen Kind und Umwelt ist uns allen vertraut und erregt das Entzücken aller auf Autorität pochenden Erzieher: das Kind gehorcht auf Blick und Wort, erfüllt jeden Befehl ohne Einwand und Zaudern, hat ein gefälliges, einschmeichelndes Wesen. Dadurch erwirbt es sich Sympathie und Vertrauen, wird zu besonderen Obliegenheiten herangezogen, zu außergewöhnlichen Aufgaben verwandt. Immer glänzt es durch Korrektheit, Pünktlichkeit, Zuverlässigkeit. Bald ist es in seiner Verwendbarkeit über alles Lob erhaben, in seinem Pflichtkreise unentbehrlich geworden. Es ist das Musterkind. Nun ist es an dem Platze angelangt, wo sein Geltungsbedürfnis sich befriedigt sieht. Seine Tugend, seine Unübertrefflichkeit strahlt in heller Glorie. Sein Machtstreben ist auf der ersehnten Höhe angelangt. Es hat Wert, Einfluß, Macht gewonnen und genießt mit Genugtuung seinen Erfolg.

In anderen Fällen, wo die Linie der Bemühungen nicht so glatt verlief, setzen Hilfsorgane und Deckungsmittel ein, um den mittels listiger Taktik errungenen Erfolg zu sichern. Da stacheln Eitelkeit und Ehrgeiz zu Bravourleistungen an, um Lob und Anerkennung zu erwerben. Liebedienerei schreckt nicht vor Unwürdigkeiten zurück, wenn sie nur den Erfolg sichert.

Oft wird Nebenbuhlerschaft durch Klatsch, Zuträgerei, Intrige und Denunziation aus dem Felde geschlagen. Mit Feigheit und Duckmäuserei weicht man Entscheidungen und offenen Bekenntnissen aus. Konflikte irgendwelcher Art werden peinlich vermieden. Um mit den Forderungen des Lebens, die zur Stellungnahme nötigen könnten, nicht in allzu schroffe Berührung zu kommen, flüchtet man in die Welt der Träume, der Bücher, der Kunst, der Religiosität, der Illusionen usw. Dabei bleibt man nach allen Seiten gefällig, liebenswürdig, verbindlich, beliebt.

Diese Kategorie von Kindern stellt die Schulschwänzer und Drückeberger, Petzer und Angeber, Spitzel und Denunzianten, Näscher und heimlichen Diebe, besonders Taschendiebe, die ganze Schar derer, die sich bei ertappter Tat auf Versehen, Vergessen, Verlieren, auf Mißverständnisse und den großen Unbekannten hinausreden, die nie Farbe bekennen und sich stets der Verantwortung zu entziehen suchen. Ihr erster Lehrmeister war Adam, als er beim Sündenfall, auf Eva verweisend, sich verteidigte mit der Flause: Das Weib, das du mir zugesellet hast, gab mir, und ich aß . . .

Wie immer bei Aufstellung von Typen ist hierbei freilich zu berücksichtigen, daß nur in allerseltensten Fällen die eine oder andere Form des männlichen Protestes und die darin sich bekundende Leitlinie des kindlichen Charakterbildes rein vorkommt. Auch ist die Schilderung der Typen nicht so zu verstehen, daß alle Formen des Protestes sukzessive bei jedem Kinde vorkämen. Es gibt Kinder, die durchaus mit einer Form des Protestes auskommen und nie in die Lage versetzt werden, eine andere Methode zu probieren. So ist Trotz vorwiegend das Mittel der Knaben, Gehorsam das Mittel der Mädchen. Das Verhältnis pflegt sich umzukehren, wenn ein Knabe als Nesthäkchen oder unter vielen Mädchen, oder wenn ein Mädchen als Älteste oder unter vielen Knaben aufwächst. Meist sind die Formen eine Mischung eingegangen, die entweder als generelle Struktur ausgewogen oder, je nach Situation, mit Schwergewichtsverschiebung bald mehr nach der einen, bald mehr nach der anderen Seite hin in Erscheinung tritt. So gibt es für im Grunde trotzige Kinder Gelegenheiten, wo es im Interesse ihres Geltungserfolgs liegt, gehorsam zu sein, und wo sie sich auch zur Überraschung der Erzieher, die solche Taktik nicht zu durchschauen wissen, plötzlich als brave und bequeme Kinder erweisen. Umgekehrt bricht bei sonst durchaus gehorsamen und willigen Kindern, oft aus ganz unerklärlichen Ursachen, plötzlich eine Bockbeinigkeit und Widersetzlichkeit durch, die den Erzieher in völlige Ratlosigkeit versetzt. Irgendeine nur dem Kinde erfaßbare Schwierigkeit der Situation ließ es ihm in diesem Falle geratener erscheinen, zur Erreichung seines Zweckes im Handumdrehen die Methode zu wechseln, um den Erzieher zu überrumpeln und die Widerstände im Sturmschritt zu überrennen.

Fassen wir die Tendenz des psychischen Verhaltens ins Auge, so stellt sich heraus, daß sich artige Kinder in keiner Weise von unartigen unterscheiden. Es besteht kein Gegensatz im Wesen und Wesenstrieb, wie man analog der Verhaltungsweise glauben könnte, sondern lediglich eine Verschiedenartigkeit in der Äußerung ihres im Prinzip gleicherweise orientierten Wesens. Daraus ist nicht etwa die Meinung abzuleiten, daß alle Kinder Teufel seien, was ein ebenso großer Unsinn wäre wie der, daß alle Kinder Engel wären; eine moralische Bewertung schließen diese Erkenntnisse ja gerade aus. Sie weisen nur auf Entstehung und Ziel aller Kindercharaktere hin und zeigen, wie die ganze Machtkultur das Kind auf den Weg der Macht lockt und wie das so eingestellte Kind in der Verfolgung seiner asozialen Ziele selber in die Irre gerät.

Das Traumleben wie die Phantasietätigkeit der Kinder, besonders ihre Berufswahlphantasien, geben uns in dieser Hinsicht über die seelische Beschaffenheit interessanten Aufschluß.

Träume sind nach Adler die skizzenhafte Spiegelung von psychischen Handlungen, in denen das innerste und geheimste Wesen des Menschen deutlicher zutage tritt, weil es nicht an die Schranken der kontrollierenden und regulierenden Gemeinschaft stößt. Denn im wachen Leben sorgt das aus den Notwendigkeiten des Zusammenlebens erwachsende Gemeinschaftsgefühl dafür, daß das kindliche Machtstreben nicht über die Stränge schlägt. Im Traum kann man mehr riskieren, auch kann man sich mehr der Furcht überlassen, ohne Gefahr zu laufen, daß das Selbstgefühl durch den Anschein der Feigheit erschüttert wird. In den meisten Fällen sind Träume nur Arrangements von Situationen, wie sie von der Zukunft erwartet oder befürchtet werden, durchgeführt mit den Mitteln und Kräften, deren sich auch sonst der betreffende Mensch entsprechend seiner Leitlinie zur Lösung von Lebensaufgaben bedient. Sie stellen, kürzer gesagt, Versuche seelischen Voraustastens und Vorausschauens dar im Hinblick auf bevorstehende Schwierigkeiten, deren man Herr zu werden versucht; probeweise Versuche und Vorbereitungen einer Aggressionsstellung, hängen sie aufs innigste mit dem Lebensnerv der menschlichen Konstitution, seinem Machtstreben im Sicherungsinteresse, zusammen. »Wiederholte Träume ähnlichen Inhalts und erinnerte Kindheitsträume zeigen die fiktive Leitlinie am deutlichsten. Denn sie bauen sich auf einem fertigen oder als brauchbar befundenen Schema auf, das durch das neurotische Endziel erreicht und festgehalten wird. Die mehrfachen Träume einer Nacht weisen auf den Versuch einer mehrfachen Lösung hin und kennzeichnen das Gefühl einer stärkeren Unsicherheit.« (Adler)

Ist man sich über diese Zusammenhänge klar, so wird verständlich, warum die Träume aller Kinder, gehorsamen wie ungehorsamen, bei aller Verschiedenheit im Inhalt und Verlauf ihrem tiefsten Sinne und Ziele nach auf ein und dasselbe hinauslaufen: auf Geltung der Persönlichkeit. Entweder ist es die Angst vor Herabsetzung und Verkürzung oder das Streben nach Erhöhung und Macht, das sich in tausendfacher Facettierung in ihnen spiegelt.

Dasselbe trifft auch auf das kindliche Phantasieleben im Wachzustande, wie es sich etwa im Spiel äußert, zu. Es ist ungemein charakteristisch und aufschlußreich in bezug auf die leitende Fiktion im Lebensplan, welche Spiele das Kind bevorzugt, welche Spielsachen es besonders liebt, welche Rolle es sich im Kreise der Spielgefährten aussucht, wie es sich im Ensemblespiel bewährt. Auf Schritt und Tritt stoßen wir da auf Protesthandlungen, die bald als direkte, bald als indirekte Aggression durchgeführt werden und als Abwehr gegen das Minderwertigkeitsgefühl gerichtet sind. Je mehr das Kind sich dabei fühlt, zur Geltung gelangt, Erfolg hat, »oben« sein kann, desto lustbetonter sind die Affekte und freudiger die Gefühle — höchstgelungene Sicherung, auch im blumigen Gewande des Kinderspiels, wird eben als Glück empfunden. Unglücklich dagegen fühlt sich das Kind, das immer Pferd spielen muß und nie Kutscher sein darf, beim Würfelspiel stets am Verlieren ist und beim Lampion-Umzug das unansehnlichste Lichtlein erhält. Kein Kind will freiwillig der Letzte, der Ausgelachte, der »Schwarze Peter« sein. Es sei denn, daß das Kind, wenn es nicht die Heldenrolle spielen kann, der Durchschnittsfunktion die Märtyrerrolle vorzieht, um auf jeden Fall eine Sonderstellung einzunehmen und die Aufmerksamkeit auf sich zu lenken.

Phantasien der Kinder, die sich in selbsterfundenen Geschichten, Märchen usw. ausleben, geben ebenso bedeutsamen Aufschluß über das Innenleben und bestätigen die dominierende Rolle des Minderwertigkeitsgefühls. 36 Schülerinnen einer Mittelschule, 13 bis 14 Jahre alt, schrieben frei erfundene Märchen als Hausaufgabe auf und setzten sich darin fast ausnahmslos, ohne sich dessen bewußt zu sein, mit dem Problem ihrer Zukunft, der Ehe, auseinander. Alle standen zur Ehe, die sie als Betonung ihrer Weiblichkeit, als Herabsetzung empfanden, in direkter Aggression. Die Mutterrolle wurde nur zweimal erwähnt, die Ehe wurde entweder glatt abgelehnt oder aber an unerfüllbare Bedingungen geknüpft. In anderen Fällen, wo die Mädchen sich mit der späteren Frauenrolle abfanden, pflegt wenigstens ein Glanzpunkt im Ablauf des Frauenschicksals hervorgehoben zu werden: die Hochzeit, die erste Mutterfreude, die Hausfrau in der Würde ihres Pflichtkreises usw. Unter den Knaben wünscht jeder einmal, Kutscher, Chauffeur, Lokomotivführer, Flieger, Seefahrer, Soldat, Kinoheld, Feldherr usw. zu werden. Verkehrsberufe sind deshalb erwünscht, weil man damit dem Vater im Raum höher und im Tempo überlegen wird, ihm wohl auch gelegentlich das herrische »Achtung, weg da!« zurufen kann. Keiner ersehnt freiwillig oder aufrichtig die Verrichtung von erniedrigenden Arbeiten, die Übernahme von Aufgaben, deren Erfüllung dem Drange nach glänzender Auszeichnung, Ruhm, Ansehen keinen Spielraum und keine Aussicht bieten würde. Dabei gibt der vom Kind gewünschte Beruf keine Antwort darauf, was das Kind sein möchte, wenn es erwachsen ist, sondern was es jetzt sein möchte. Es sucht sich durch Tagträume aus der Situation zu retten, die ihm sein Minderwertigkeitsgefühl den Erwachsenen oder auch Altersgenossen gegenüber aufzwingt. In der Rolle des erwählten Berufs fühlt es sich Erwachsenen ebenbürtig, dem Vater überlegen, darf es Dinge tun, die ihm sonst verboten sind, durchlebt es einen Größenrausch, einen Machtwahn, der es aus allen Tiefen seiner Depression und Unsicherheit reißt. Karl May ist deshalb einer der beliebtesten Jugendschriftsteller, weil er in seinen von tollsten Abenteuern gespickten Erzählungen dem Wunsche aller Jungen, einmal Pfadfinder, Steppenreiter, Urwaldjäger, Löwenkämpfer, Indianerhäuptling und Champion aller Abenteurer zu werden, in ausgiebigster Weise entgegenkommt. Sobald die jugendlichen Schwärmer sich freilich der Gefahren bewußt werden, die mit all diesen abenteuerlichen Berufen verbunden sind, pflegen sie einzulenken, um sich für einen anderen Beruf zu entscheiden. Der Lokomotivführer ist von Zusammenstößen bedroht, der Schiffskommandant kann ins Wasser fallen, der Flieger wird abgeschossen, der Schleifenfahrer bricht das Genick und der Urwaldforscher wird von Kannibalen gefressen. So werden, weil sich immer die Angst meldet, weil immer der Entscheidung und Probe ausgewichen werden muß, die Berufe fortwährend gewechselt. Viele Möglichkeiten einer Erhöhung, eines Triumphes ziehen an der kindlichen Seele vorüber. Die Phantasie sucht jeder habhaft zu werden. Ein kleiner schüchterner Knabe, der alle Berufe durch war, im Kampfe um alle seine Ideale immer Besiegter blieb, sich aber die Niederlagen nicht eingestehen wollte, beschloß zuletzt, um das Gefühl der Erhöhung um jeden Preis zu retten, zwar keinen Beruf zu ergreifen, aber »ein anständiger Mensch« zu werden.

Wenn man in den Berufsphantasien wie auch im allgemeinen Verhalten der Kinder ein Draufgängertum und eine gewisse Tollkühnheit als charakteristisches Merkmal hervorheben kann, so ist die Kehrseite dieses scheinbaren Mutes die Angst. Ja, die Angst ist nicht nur das Gegenstück zum Draufgängertum, sondern dieses enthüllt sich uns überhaupt nur als Deckhandlung, als Überbau über die allmächtige, aus tiefen Unsicherheitsgefühlen erwachsende Angst. Nicht nur das schüchterne, zaghafte, auch das wilde, trotzige Kind ist im Grunde — feige. Es hat sich von Welt und Menschen ein allzu schreckliches Bild gemacht, da findet es nur noch zwei extreme Verhaltungsweisen: es weicht zurück oder stürzt drauflos, um den Gefahrenpopanz in einem Elan zu überrennen. Die Einstellung echten Mutes: mit Welt und Menschen als mit nicht furchtbaren, sondern schlechthin unvermeidlichen Tatsachen zu rechnen, mit ihnen in ein Verhältnis zu treten, unter Anspannung aller guten Kräfte die Bewältigung der daraus sich ergebenden Aufgaben in Angriff zu nehmen — diese Einstellung echten Mutes findet sich fast nie. Eine allgemeine, ganz früh schon begründete Lebensangst läßt ihn in der kindlichen Perspektive als ein allzu bescheidenes Mittel erscheinen. Von der Angst herkommend, überspringt es die Staffel des Mutes und der Vernunft und schnellt sich gleich in die luftigen Regionen tollkühner, oft genug phantastischer Aggressionen. Tief, triebhaft, allbeherrschend wurzelt im Innern jedes Menschen, jedes Kindes schon, ob artigen oder unartigen, eben das Streben nach Macht als zentralster Sicherungs- und Erhaltungsinstinkt, als Angelpunkt, um den sich, bewußt oder unbewußt, die Achse des menschlichen Daseins dreht.

Dieses Machtstreben braucht sich nun freilich nicht notwendigerweise mit der Geste brutaler oder eitler Diktaturgelüste zu äußern. Es kann sich mit einer recht glücklichen Mischung von direkter und indirekter Aggression manifestieren und so im ganz unverdächtigen Gewande solider Nützlichkeit und Tüchtigkeit, ernsten Fleißes, rechtschaffener Pflichterfüllung, braver, untadeliger Lebensführung auftreten. Der Sohn eines berüchtigten Trinkers und Tagediebes protestierte gegen die Schande der Familie, indem er sich äußerster Ehrbarkeit und Tugendhaftigkeit befleißigte. Ein berühmter Sozialistenführer, dem der Haß seiner Gegner jede Gemeinheit und Ruchlosigkeit nachgesagt hatte, war noch im Alter stolz darauf, niemals im Leben Schulden gemacht zu haben. Das Bemühen, pünktlich und gewissenhaft seine Obliegenheiten zu erfüllen, ein sauberes Stück Arbeit zu leisten, als zuverlässiger, vertrauenswürdiger Mensch zu gelten, um seiner Redlichkeit, Wahrheitsliebe, Offenheit willen geschätzt zu werden — alles ohne den Anspruch auf besonderen Nimbus oder irgendwelche Glorifikation —, kann dem Einzelnen vollauf genügen zur Stärkung und Erhöhung seines Wertgefühls. Gewiß ist dies auch eine Aggression gegenüber dem Minderwertigkeitsgefühl, das ja, wie immer wieder betont werden muß, durchaus keine tatsächliche Minderwertigkeit in sich zu schließen braucht, aber eine Aggression in so abgeschwächter, urbanisierter, fruchtbar gemachter Form, daß sie schon mehr zur Akkommodation wird und positive Wirkungen hinterläßt. Ja, dieser Effekt stellt sich dar als schätzbare Erfüllung der Lebensaufgabe, die zunächst zur Pflicht macht, nach besten Kräften den Platz auszufüllen, auf den man sich gestellt sieht.

So kann der männliche Protest unter günstigen Begleitumständen ein Antrieb zu positiver Leistung im allgemein nützlichen Sinne und im sozialen Interesse werden, ein Ansporn zur Pflege und Weiterbildung des Kulturwerkes, eine Auslösung gesellschaftlich wichtiger Energien, eine Entfaltung wertvoller Qualitäten für die soziale Wohlfahrt und Entwicklung.

Es kann hier die Frage offengelassen werden, inwieweit bei der Wahl dieser gemeinschaftsfördernden Taktik klugmachende Erfahrungen oder das jedem Menschen angeborene, nur meist stark verkümmerte Gemeinschaftsgefühl den Weg wiesen. Da in beiden Fällen der Effekt der gleiche ist und wir es mit moralischen Wirkungen nicht zu tun haben, ist es hier überflüssig, die beiden Grundantriebe der menschlichen Seele — Machtstreben und Gemeinschaftsgefühl — gegeneinander abzugrenzen.

Indem der männliche Protest so über die ganze Sphäre persönlichen Bedürfnisausgleichs und individueller Oppositionsstellung hinausgeht, entwickelt er die Kraft und Fähigkeit, sich zur Bedeutung eines schöpferischen Kulturfaktors zu erheben.

Die Dynamik des männlichen Protestes wird im allgemeinen bedingt durch Intensität und Umfang des Minderwertigkeitsgefühls. Der Parallelismus ist unverkennbar und um so leichter zu begreifen, wenn man annimmt, daß die Gesetze des Seelenlebens analog sind den Gesetzen der physischen Natur.

Da das proletarische Kind mit der spezifischen Eigenart seiner Gesamtkonstitution, wie eingehend dargetan, für die Erwerbung und Entfaltung des Minderwertigkeitsgefühls in hohem Maße inkliniert, überrascht es nicht, wenn bei ihm auch der männliche Protest als Abwehrgeste besonders heftig und mit starker Betonung auftritt.

Dabei kann man deutlich die drei ins Auge gefaßten und detailliert geschilderten Formen der Aggression unterscheiden.

Sowohl als typische Haltung einzelner Kinder, was ganz selbstverständlich ist, als auch — und das ist das Neuartige, Interessante — als typische Haltung ganzer Kindergruppen, die gleichsam verschiedene Entwicklungsphasen in der psychischen Gesamthaltung der proletarischen Klasse widerspiegeln. Es wurde bereits das Erwachen des Klassengefühls und dessen Weiterbildung zum Klassenbewußtsein skizziert, auch gezeigt, wie damit die seelischen Bereitschaften und Impulse für den Klassenkampf entwickelt werden, der schließlich das soziale und ideologische Lebenselement des modernen Proletariers darstellt. Im Verlauf der Entwicklung von der ersten Regung des Klassengefühls bis zu den letzten Ekstasen des Klassenkampfes lassen sich ohne Mühe drei Phasen erkennen: die des inneren Aufbegehrens bei äußerlich williger Unterwerfung, die der inneren und äußeren Revolte von Einzelnen oder zufällig Verbündeten, und die der planvollen Kampfführung durch eine organisierte und geschulte Gemeinschaft.

Die erste Phase: inneres Aufbegehren bei äußerer Willigkeit und Unterwerfung reicht bis weit in die Zeit der großen Partei- und Gewerkschaftsorganisationen hinein. Nicht nur, daß der Arbeiter das Joch der Ausbeutung, gegen das er sich empörte, aus Gründen der materiellen Existenzerhaltung nicht abschütteln konnte — er konnte auch nicht an gegen die Macht des Staates, der Gesetze, der Bajonette, der öffentlichen Meinung, der kulturellen Reaktion. Seine Organisationen versicherten ihm, daß die Gesetzlichkeit die Gesetzgeber töten werde, daß Gewalt keine geschichtsbildende Kraft sei, daß der menschliche Wille deterministisch gebunden sei an die immanente Rhythmik des großen Ablaufs der Geschichte. So blieb der Arbeiter Sklave, Lasttier, zähneknirschend zwar und fäusteballend, aber äußerlich fügsam, willig, brav. Inwieweit er sich bei seiner Bravheit heimlich dem Klassenfeind gegenüber schadlos gehalten hat, ist eine Sache für sich.

Der typische Proletarier dieser ersten Phase ist das ins Soziale projizierte gehorsame Kind, das heimlich gegen die Autorität wühlt und wütet, sie entwertet und sabotiert, schädigt und hintergeht, wo es nur kann, aber äußerlich sie anerkennt und sich unter ihre Gewalt beugt.

Und das proletarische Kind, soweit es dem Typus der indirekten Aggression zuzuzählen ist, erscheint in seiner psychischen Verfassung als verjüngtes Abbild von jener Kategorie erwachsener Proletarier, deren Rekrutierungsepoche in die Zeit des Aufstiegs der kapitalistischen Wirtschaft fällt. Nicht so, als ob das Verhalten des Kindes von dem Verhalten der Klasse abgeleitet oder etwa nach Art eines psychogenetischen Grundgesetzes zu erklären wäre. Das Kind greift unter dem Einflusse verschiedenster Faktoren die eine oder andere Verhaltungsweise heraus, läßt manchmal ihrer mehrere sprunghaft miteinander abwechseln, in den seltensten Fällen ist die Aufeinanderfolge der Verhaltungsweisen eine planvolle Sukzession, gleichsam eine Wahl immer tauglicherer Mittel zu seinem Ziele hin, wie bei der Klasse als Ganzem. Gleichwohl wirkt das Verhalten des Kindes unter bestimmten Umständen wie eine Spiegelung des Verhaltens der Klasse in einer bestimmten Phase.

Die übermächtige Autorität, die den Proletarier bedrückte, quälte, mit Haß und Ingrimm erfüllte, aber so stark war, daß er nicht gegen sie aufzutrumpfen wagen durfte, wenn er nicht seine Vernichtung, zumindest seine empfindliche Bestrafung riskieren wollte, ist von ihm im Laufe der Zeit mehr und mehr gewichen. Er hat freier aufzuatmen gelernt und ist in andere Etappen der Entwicklung eingetreten. Aber auf dem Kinde lastet die Vergangenheit als Gegenwart noch schwer. Wenigstens auf dem Kinde, das noch stark in kleinbürgerlicher Sphäre lebt, in kleinbürgerlicher Denk- und Gefühlsweise erzogen wird, in kleinbürgerlichem Ausmaß das Format seines Schicksals gewinnt. Wo die Autorität der Eltern noch in unverminderter Glorie und ungebrochener Kraft besteht, Gehorsam noch das A und O der Erziehung ist, der Prügelstock noch das Regiment führt, wo infolgedessen schwere Minderwertigkeitsbelastungen gezüchtet werden und das Kind schließlich zu Kreuz kriechen muß, wenn es nicht zertreten werden will – da erscheint das kindliche Abbild des braven Proletariers wieder aus dem Nebel der Vergangenheit: die Mütze in der Hand, mit devot gekrümmtem Rücken, die strafende Hand küssend, mit demütigem Augenaufschlag, dem »Hundeblick«, ängstlich-hastig sich überbietend in Dienstbereitschaft, Knechtseligkeit, Kadavergehorsam, und dabei doch geladen von Haß, Ingrimm, Erbitterung und Wut, Rachegefühlen gegenüber dem Herrn, Gebieter, Peiniger, Sklavenhalter. Das gehorsame Proletarierkind verhält sich den Eltern und Erziehern gegenüber genauso, wie sich der gehorsame Proletarier einst (zum Teil auch heute noch) dem Bourgeois gegenüber verhielt. Es gehorcht – und ballt die Faust in der Tasche, es arbeitet – und stiehlt heimlich, es ist bescheiden – und nascht, wo es kann, es ist freundlich ins Gesicht – und wütet im geheimen desto schlimmer gegen Ehre und Interessen des Getäuschten, es stellt sich brav, gutartig, diszipliniert – und ist in Wirklichkeit ein Mensch, der unmäßig lebt, häßlichen Lastern frönt, keine Selbstlosigkeit kennt, aller Wohlerzogenheit spottet. Immer setzt es den Schein für die Wirklichkeit. Ein solches Kind täuscht erzieherische Erfolge vor, obwohl es ein einziger großer erzieherischer Mißerfolg ist. Herangewachsen, wird es der

Frau, den Kindern gegenüber genauso auf seine Autorität pochen, wie der Vater — in der Fabrik der elendeste Sklave — seiner Familie gegenüber den schlimmsten Haustyrannen spielte.

Wir danken es der Entwicklung, daß in der Welt des proletarischen Kindes dieser unsympathische Typus Mensch immer mehr auf den Aussterbeetat gerückt wird. Die kriechende Höflichkeit und Gefälligkeit, der dienstwillige Gehorsam, die verlogene Miene braver Biedermännigkeit, die tückische Maske glatter Wohlerzogenheit — sie bilden heute fast restlos das psychisch-physiognomische Requisit bürgerlicher, besonders kleinbürgerlicher Lebensart und Gesellschaftsform; nur insoweit proletarische Schichten sich aus dem Dunstkreise ihrer kleinbürgerlichen Herkunft noch nicht weit genug entfernt haben, sind sie von dieser Atmosphäre angesteckt und verpestet. Und insoweit das proletarische Kind das Erbteil dieser Abstammung unbewußt noch im Blute und in der Seele trägt, ist es mehr oder weniger in seinem Charakter an die psychische Tradition dieser Domestiken-Vergangenheit gebunden.

Aber Bewußtwerdung bedeutet auch hier Freiwerdung. Und wie bei der proletarischen Klasse vollzieht sich auch beim proletarischen Kinde der Prozeß der Bewußtwerdung mit befreiender Gewalt.

So hat schließlich, den devoten Typ verdrängend und beiseite schiebend, der revolutionierende Typ die Oberhand gewonnen.

Im Proletariat verlief der Prozeß so, daß die verelendete und gepeinigte Masse nach langen Perioden stummer, hündischer Ergebenheit ihren im geheimen aufgehäuften Haß plötzlich in leidenschaftlichen Explosionen entlud. Wir denken da an die Bauernkriege, den Aufstand der Seidenweber in Lyon, die Weberkrawalle im Eulengebirge. Die Ausgebeuteten waren dadurch das Joch ihrer Knechtschaft nicht losgeworden, im Gegenteil, sie wurden danach nur noch brutaler geknebelt und grausamer ausgebeutet — aber sie hatten sich für eine kurze Spanne Zeit einmal kräftig Luft gemacht. Die unerträgliche Spannung war gelöst.

Mit der Zeit traten an Stelle zufälliger Massen organisierte Verbände, an Stelle gelegentlicher spontaner Putsche wohlvorbereitete Aktionen, an Stelle wüst revoltierender Haufen revolutionär geschulte Arbeiterbataillone. Und an Stelle kleinbürgerlicher Kriecherei und Angst trat der proletarische Trotz.

In dem Maße, in dem das proletarische Milieu die kleinbürgerliche Sphäre verläßt und eine selbständige Welt zu entwickeln, zu repräsentieren beginnt, verschwinden auch in der psychischen Verfassung des proletarischen Menschen die kleinbürgerlichen Hemmungen der Angst, Befangenheit, Kriecherei und machen einem neuen seelischen Lebensstile Platz, dem Trotz, Eigenwillen, Selbstbewußtsein, Stolz.

Diesem Verhalten der Klasse in einer bestimmten Phase entspricht wiederum das des Kindes unter bestimmten Umständen. Wenn man ganze Kindergenerationen ins Auge faßt, so wird die Analogie auffällig, denn in der Epoche des entwickelten Klassenbewußtseins hat auch bei den Kindern der Trotz als generelle Haltung den Gehorsam erheblich zurückgedrängt. In der Tat ist denn auch — vom Standpunkt der kindlichen Sicherung aus — die direkte Aggression das tauglichere Mittel, weil sie aktive Kräfte auslöst. Konnte man vom kleinbürgerlichen Kinde noch sagen, daß es im großen ganzen ein gehorsames, an Zucht und Ordnung gewöhntes, leicht lenksames Kind sei, so gilt für das proletarische Kind ganz allgemein das Urteil, daß es sich durch ein »freches, zuchtloses, widerspenstiges Wesen« unrühmlich auszeichne, keinen Respekt an den Tag lege, die Autorität verhöhne und verletze, jeder wohlmeinenden erziehlichen Einwirkung trotze, auf eigene Faust — Gott und Welt verlachend — sein Leben zu gestalten suche. Man braucht nur in Gesprächen, Vorträgen, Zeitungen der Bürger die Lamentationen und Entrüstungen zu hören, die das Betragen der Arbeiterkinder, der Straßenjugend den Herzen aller Braven und Gutgesinnten erpreßt. Man erinnere sich nur, wie oft Behörden aller Art von der honetten Bourgeoisie angefleht oder aufgefordert werden, mit ihrer Autorität gegen die Respektlosigkeit, Renitenz und sittliche Verwilderung dieser Jugend einzuschreiten. Und doch — um wieviel sympathischer sind diese Flegel und Taugenichtse gegenüber den Duckmäusern und Heuchlern! Im proletarischen Haushalt, dessen Ordnung ohnehin arg zerrüttet ist, wird die Autorität der Mutter bald nicht mehr mit dem widerspenstigen Kinde fertig. Bald lehnt es sich auch gegen die stärkere Autorität des Vaters auf. Es kommt zu bösen Szenen. Dann beginnen die Konflikte mit dem Lehrer. Sind dessen Machtmittel erschöpft, greifen andere Behörden ein. So ist das Leben des trotzigen Kindes auf Kampf eingestellt. Sein Lebensplan wird beherrscht von der Note der Aktivität. Gegenüber der Autorität, die ihm in der gesamten sozialen Umwelt entgegentritt, ist sein Bemühen unausgesetzt darauf gerichtet, die in seiner Person verkörperte Autorität zur Geltung zu bringen. Es führt nicht Kampf gegen die Autorität überhaupt, gegen das Prinzip der Autorität, gegen das Wesen der autoritären Ordnung — es will nur im Widerstreit gegen andere Autoritäten seine eigene Autorität als alleingültige Instanz durchsetzen und zur Anerkennung bringen. Diese Einstellung ist verwandt der Taktik jener revoltierenden Proletarier, die Unternehmer und Fabrikanten bekämpfen und verjagen wollten, um nach ihrer Beseitigung sich selbst in den Besitz des Geldes, der Fabriken, der Anlagen zu setzen. Es ist ein Rivalitätskampf auf der Ebene des gleichen Prinzips, der gemeinsamen Grundeinstellung. Ein im Grunde bürgerlicher Kampf mit bürgerlichen Mitteln und Zielen.

Alles, was in den Augen des Kindes als Symbol männlichen Wesens, als charakteristischer Ausdruck betonter Männlichkeit gilt, bildet den Gegenstand seines Wünschens und Strebens und damit das Mittel des männlichen Protestes. Schon das kleine Kind wünscht einen Stock wie der Vater, eine Tabakspfeife wie der Onkel, eine Peitsche wie der Kutscher, eine Ledertasche wie der Briefträger, einen Säbel wie der Polizist, einen Helm wie der Soldat, eine Uniform wie der Zugführer, eine Flinte wie der Jäger, ein Pferd wie der General. Es will in Hosen gehen, in Stiefeln daherschreiten, einen Bart haben, die meisten Murmeln besitzen, beim Vater-und-Mutter-Spiel der Vater, beim Schulespiel der Lehrer sein, der — das ist die Hauptsache — die Kinder kräftig verprügelt.

Später, wenn das Kind ernstlich gegen die Autorität zu revoltieren beginnt, wachsen sich diese verhältnismäßig harmlosen Protesthandlungen zu mehr oder weniger resoluten Trotzhandlungen aus. Da werden Zigaretten geraucht, um den Erwachsenen zu imponieren; in Kneipen wird Bier getrunken zum Zeichen der Männlichkeit; auf Rummelplätzen werden Beweise von Kraft, Mut und Ausdauer geliefert in Gestalt von Balgereien, Ringkämpfen, Roheitsakten, Rüpelszenen. Man schafft sich, weil das zur männlichen Rolle gehört, beizeiten eine Braut an, begeht Sexualexzesse — in Dresden war ein Dreizehnjähriger als unehelicher Vater Held eines Gerichtsverfahrens, in Hamburg hatte ein Bäckerlehrling drei uneheliche Kinder. Um der autoritären Umwelt die Mißachtung zu beweisen, verhöhnt man die Polizei, beschmiert man Denkmäler, macht man sich im Kino mausig, stört man Theatervorstellungen, veranstaltet man Straßendemonstrationen, gefährdet man Eisenbahntransporte usw. Alles Geschrei und Gezeter über die »verderbte Jugend« ändert an diesen Erscheinungen nichts. Im Gegenteil, die sittlichen Entrüstungen der Spießer sind erst recht geeignet, dem Verhalten der Jugend in deren Augen Wichtigkeit zu verleihen und den Triumph der »Übeltäter« zu erhöhen.

Bei Mädchen äußert sich der männliche Protest erklärlicherweise besonders in Versuchen, die Rolle der Knaben und jungen Burschen zu spielen. An Ausgelassenheit und Wildheit wird das männliche Geschlecht zu übertreffen gesucht; die Bemerkung »Du bist ja ein richtiger Junge!« wird mit Genugtuung als Anerkennung und Erhöhung gebucht; sogenannte männliche Freiheiten zu genießen, die unter das übliche »Das schickt sich nicht!« fallen, gilt als höchste Errungenschaft. Darum ist auch bei Mädchen das Zigarettenrauchen, der Bubikopf, der Männersport beliebt. Dies gilt allerdings mehr nur für Mädchen aus bürgerlichem Milieu. Das proletarische Mädchen, das in seiner psychischen Entwicklung im allgemeinen um soviel hinter dem bürgerlichen Mädchen zurücksteht, als der proletarische Knabe dem bürgerlichen voraus ist, sucht sich das Übergewicht mehr dadurch zu verschaffen, daß es die Hausmutter spielt, mitverdient, kleine Geschwister betreut oder tyrannisiert. Überhaupt ist durch das enge Zusammenleben, Zusammenarbeiten, Zusammenschlafen in proletarischen Kreisen keine so scharfe Abgrenzung der Geschlechtssphären und darum auch kein so dringender Anlaß zu einer spezifischen Frauen-Emanzipation gegeben. Die bürgerliche Frauen-Emanzipation ist, psychologisch gesehen, ein männlicher Protest großen Stils, durchgeführt mit den Mitteln der direkten Aggression, pädagogisch ausgedrückt, eine Trotzhandlung des weiblichen Geschlechts gegen die maskuline Kultur, eine Auflehnung kulturell Benachteiligter, mit Minderwertigkeitsgefühlen Behafteter gegen das gesellschaftliche Übergewicht und Vorrecht der Männer. Die proletarische Frauenbewegung ist — solidarisch der Männerbewegung — gegen die Unterdrückung der Klasse gerichtet.

Die Trotzhandlungen der Kinder sind zunächst und in der Regel individuelle Akte. Denn sie entspringen dem subjektiven Empfinden des Individuums, das, je nach Bedingungen und Begleitumständen auf den Druck der Autorität individuell verschieden reagiert. In dem Maße freilich, in dem das individuelle Schicksal mehr und mehr ein typisches Klassenschicksal wird, die Bedingungen und Begleitumstände eine Generalisierung und Typisierung erfahren, tritt eine Verwischung und Ausgleichung der individuellen Nuancierung und Graduierung ein, so daß schließlich die Protesthandlungen in steigendem Maße den Charakter von Gesamthandlungen, Massenerscheinungen, vielleicht sogar Massenaktionen annehmen. Ähnlich den Bewegungen von Gruppen, Massen, Zusammenballungen Erwachsener entstehen auch Bewegungen von Kindern. Ihr Gebiet ist die Straße.

Wir sahen das proletarische Kind, ohne Heimat, Familie, Vaterhaus, abgelöst von all den Gemeinschaften und Bindungen, die früheren Geschlechtern Halt und Sicherheit verliehen — sich selbst überlassen und der Straße ausgeliefert. Das echte Proletarierkind ist Straßenkind. Auch das Dorf hatte seine Straßen, auf denen sich die Jugend der Bauern und Kleinbürger gelegentlich in Scharen tummelte und ihre lärmvollen Spiele trieb. In kleinen Städten spielen die Bürgerkinder in kleineren oder größeren Trupps ihre Murmel- oder Haschespiele genauso wie die Großstadtkinder auf der Straße. Und doch ist ein gewaltiger Unterschied. In Dorf und Kleinstadt ist die Straße das, was sie sein soll: eine Kommunikation, eine Verbindung zwischen den einzelnen Grundstücken und Behausungen, ein Mittel zum Zweck. In der Großstadt aber, im Industrieort, wo das Proletariat haust, hört sie auf, bloß Brücke und Behelf zu sein; hier wird sie Selbstzweck. Das Dorfkind, auch wenn es häufig und reichlich die Straße bevölkern hilft, findet das Schwergewicht seines Tuns und Erlebens im Hause, im Hofe oder Garten. Das Großstadtkind hingegen ist ganz auf die Straße angewiesen, die ihm Haus, Hof, Garten ersetzen muß. Ihm ist die Straße Heimat, Vaterhaus, Welt. Es ist das Straßenkind, ein eigener Typus.

Was die Dorf- und Kleinstadtkinder von den Straßenkindern der Großstadt unterscheidet, hat Sombart treffend präzisiert: ihre Allzusammengehörigkeit, ihr Gemeinschaftsverband von Sippe und Nachbarschaft her. Dort sind es immer dieselben Kinder, die zusammen spielen, Kinder befreundeter und verwandter Familien, jedes einzelne in seiner Art und Unart vom ganzen Kreise der Eltern und Kinder gekannt. Und wiederum die ganze Schar dem Dorfe, der Stadt wohlvertraut; was sie ausfrißt, ist am nächsten Tage Gespräch der Nachbarschaft, der Sippe. Im Grunde eine große, stille Erziehungsgemeinschaft im alten guten Sinne. Hier dagegen das Straßenkind: ein Blatt, vom Winde herangeweht, das im nächsten Augenblicke wieder zu einem anderen Blätterhaufen weitergetrieben wird. Ein in seiner Zusammensetzung ewig wechselnder Haufen fremder Kinder, deren Eltern sich nicht kennen, deren jedes von den Eltern der anderen nicht gekannt wird. Eine formlose Menge, in der die stärkeren, aber auch die schlechteren Elemente, ohne daß jemand ihre Wirksamkeit beobachtete und aufzuhalten versuchte, die ganze Schar beherrschen. Eine Masse, aber keine Gemeinschaft.

Die Straße ist dem Straßenkinde in erster Linie Spielplatz. Im Dorfe, ja da gab und gibt es noch immer die herrlichsten Spielplätze, ohne daß jemand sie als solche eingerichtet hätte. Da sitzt man, wie Gansberg dies so anschaulich schildert, auf Hekken und Zäunen und verschmaust, was man sich in den Obstgärten mit Fleiß, List und Verwegenheit verschafft hat. Da gibt es die wunderbarsten Plätzchen und Winkel zwischen den unordentlich durcheinander geschobenen Wohnhäusern, Ställen und Scheunen. Da kennt man lauschige Verstecke unter dem Strohdache, in der Heide und im Weidendickicht, hinter Brombeerhecken und Haselnußbüschen, so seltsam, wie sie sich ein Stadtkind zwischen seinen langweiligen Häuserreihen nur in der Phantasie ausdenken kann.

In der Großstadt, da ist leider für das Spiel und die tummeln-
de Lust der Kinder kein Raum. Die nur auf Erwerb gerichtete,
von nüchterner Zweckmäßigkeit orientierte, in nervöser Hast
sich vielfach überstürzende Entwicklung der Stadt mit ihren
Häuserreihen und Straßenzügen, ihren Omnibussen, Droschken,
Automobilen, Straßen-, Hoch- und Untergrundbahnen,
ihrem Zeitmangel und ihrer Raumausnutzung ist über das Kind
hinweggegangen, hat die Jugend mit ihren Wünschen und Bedürfnissen ganz vergessen. Wir haben Prachtstraßen und
Schmuckplätze, Reitwege und Korsos, Anlagen, Brunnen,
Denkmäler, Parade-, Renn- und Marktplätze — aber was haben
wir für die Kinder? Die Straße ist ihr Spielplatz, ihr Aufent-
halt. Im Gewoge und Getriebe, zwischen Passanten und Fuhr-
werken, gestoßen und beiseite geschoben, bedrängt und gefährdet, angeschnauzt und von Schutzleuten verfolgt, müssen sie
sich beschäftigen, vergnügen und behaupten, so gut es geht.
Was sollen sie tun?

Hier ist der Boden, wo die Proteste wuchern, wo Trotzhandlungen in jeder erdenklichen Form und Gestalt aufs üppigste
gedeihen. Die Feindseligkeit des Kindes gegen seine Umwelt,
seine Kampfstellung, seine Reizbarkeit, seine Triumphgier —
sie werden hier auf tausendfache Art provoziert.

Darum ist die Straße das Feld der kindlichen Unarten und
Streiche, der Schauplatz der Wettkämpfe und Rüpeleien, die
Versuchsschule für Näscher, Diebe, Taugenichtse. Jede Geste
des Protestes, jede Spielart der Aggression findet hier Vorbild,
Gefolgschaft, Nachahmung. Vor den Türen, an den Schaufen-
stern, in den Torwegen, auf den Promenadenbänken liegt und
lungert die proletarische Jugend in ihrer freien Zeit herum. Un-
bewacht und unbewahrt. Beobachtungen werden ausgetauscht,
Pläne geschmiedet, gemeinsame Streifzüge unternommen,
Streiche verübt. »Sie erzählen sich dies und jenes, Gutes und
Schlimmes, sie wissen allen Klatsch der Nachbarschaft und tragen ihn geschäftig weiter, sie hören und sprechen von Dingen,
die Erwachsene, aber nimmermehr die Jugend beschäftigen
können; sie mustern die Vorübergehenden und wetteifern untereinander in abschlägiger Kritik. Ein Behagen an witzelnden
Bemerkungen, an hämischem Herunterreißen, am Schmälern
und Verkleinern der anderen bemächtigt sich der heranwachsenden Bürschchen. Das bissige Schlagwort, die gemeine Zote
wird schon allzufrüh ihr Element. So wächst der typische Groß-
stadtjunge auf mit lockerem Munde und frecher Schlagfertig-
keit, mit einem sicheren Blick für alles Kleine und Niedrige im
Menschenleben, mit einem Herzen, so ekelhaft nüchtern und
gewöhnlich, so altklug und selbstgefällig, so schwunglos und
bettelarm in allen Idealen.« (Weimer) Streichen wir aus dieser
Schilderung des durch eine Schulmeisterbrille gesehenen Groß-

stadtkindes den fatalen Einschuß an moralinsaurer Pathetik, so bleibt immerhin ein im ganzen richtig gesehenes Bild: eine Summe von typischen Protestformen, deren sich das proletarische Kind bedient, um in seinem Milieu sich auf seine Art gegenüber den Unerträglichkeiten des Daseins zu behaupten. Es hat, allein ganz und gar zur Ohmmacht verurteilt, aus der Not eine Tugend gemacht, indem es sich, wenn auch immer nur auf Stunden oder Tage, meist gegen den Willen der Eltern und Erzieher, mit seinesgleichen zu einer Art Notgemeinschaft zusammenschloß: der Gemeinschaft der Straßenjungen. Die Weltgeschichte wiederholt sich in verjüngter Parallele: Wie sich das Proletariat, um sich zur Klasse zu formen, zuerst in dumpfer Ahnung und triebhafter Empfindung zusammenfand, ein zufälliger Haufe, der aber bald Träger von Massenprotesten und Massenaktionen wurde, so schart sich die proletarische Jugend mit der noch unsicheren Witterung von ihrer Gehetztheit und Verlassenheit um die unsichtbare Fahne der Gemeinschaft, die Stimme wird für ihre Schmerzen, Geste für ihre Abwehrproteste, Aktion für ihr Selbstgefühl, Symbol für ihre Sehnsucht und ihren Drang nach der Höhe. Damit verläßt das proletarische Kind die zweite Phase seiner typischen Haltung, gekennzeichnet durch äußere und innere Revolte von Einzelnen und zufällig Verbündeten. Die nächste Phase wird charakterisiert sein durch planvolle, offene Kampfführung gegen die Gesellschaft, sei es wiederum einzeln und in zufälligen Verbindungen, sei es mittels organisierter und geschulter Gemeinschaft.

Diese Gemeinschaft liegt in der Luft, morgen schon werden wir ihre Wirklichkeit spüren!

Fassen wir zusammen: War die erste typische Haltung im kindlichen Seelenleben beherrscht vom Minderwertigkeitsgefühl, so ist die zweite Reaktion auf das Minderwertigkeitsgefühl die Abwehr — der männliche Protest.

Man versteht darunter die Anwendung von Mitteln zur Erhöhung des Persönlichkeitsgefühls, gerichtet gegen das als Vergewaltigungsmaschine aufgefaßte Leben.

Der männliche Protest kann in der Form der direkten wie der indirekten Aggression auftreten und sich dementsprechend männlicher wie weiblicher Mittel bedienen. Das Resultat ist das trotzige oder das gehorsame Kind.

Beim proletarischen Kinde entspricht die Attitüde des Gehorsams dem Verhalten des Proletariers gegenüber dem Chef in der kapitalistischen Frühperiode.

Mit dem Erstarken des Klassenbewußtseins ist dem devoten Proletarier der revoltierende gefolgt. Er findet sein verjüngtes Abbild im trotzigen Kinde.

Der männliche Protest ist zunächst individueller Akt. Je

mehr sich aber das Kinderschicksal klassenmäßig summiert, je mehr die Straße der Großstadt zum Sammelpunkt der Proletarierkinder und zum Schauplatz ihrer Proteste wird, desto häufiger ergeben sich Anlässe und Gelegenheiten zu zufälliger und vorübergehender Vereinigung der Proteste. Die Gemeinschaft der Straßenjungen entsteht.

Sie ist die Vorläuferin der organisierten Gemeinschaft, der die nächste weltgeschichtliche Phase gehören wird.

## III. Verirrung

Kein Mensch entgeht als Kind dem natürlichen Gegensatze groß — klein, stark — schwach, und damit in seiner seelischen Erlebniswelt dem fiktiven Gegensatze oben — unten, männlich — weiblich. Aber nicht jeder muß notwendigerweise daraus für sich ein Minderwertigkeitsgefühl ableiten, auf das er mit Protesten direkt oder indirekt zu antworten hätte, um sich ins Gleichgewicht zu bringen. Mit seinen organischen und sozialen Gegebenheiten kann jeder eine andere Einstellung zu Welt und Menschen gewinnen. Die äußeren und inneren Schwierigkeiten des Lebens sind jedoch so groß, die Garantien für eine ausreichende Sicherung des Individuums so gering, daß es in den allermeisten Fällen — auch bei günstigsten Vorbedingungen in organischer, sozialer, erziehlicher Hinsicht — ohne Enttäuschungen, Depressionen und Minderwertigkeitsgefühle nicht abgeht. Es kommt nun darauf an, wie der Mensch damit fertig wird, was er daraus zu machen versteht. Er kann, seiner Umwelt gegenüber in eine feindliche Haltung gedrängt, diese Feindseligkeit fortsetzen, steigern, auf die Spitze treiben, die Gemeinschaftsgegnerschaft zum Lebensplan entfalten und sich im Kampfe gegen die Mitmenschen aufreiben, zugrunde richten. Er kann aber auch seine Beziehungen zu den Mitmenschen produktiv gestalten, sozial auswerten, seine Ohnmacht und Unsicherheit durch organisatorische Hilfen und solidarische Bindungen glücklich und erfolgreich kompensieren, und damit über die Widrigkeiten und Nöte des Daseins mehr oder weniger glatt hinwegkommen.

Fassen wir zunächst die Kinder ins Auge, die zu einer gesellschaftsfeindlichen Haltung gelangen, den Zusammenhang verlieren und abwegig werden. Um sie im tiefsten Grunde ihres seelischen Wesens zu verstehen, müssen wir einen Blick werfen auf den Widerstreit der Sicherungstendenzen, den Antagonismus ihres Trieblebens, der für ihre Verhaltensweisen die letzte, wenn auch völlig unbewußt wirkende Instanz bildet.

Der Lebenstrieb des Menschen äußert sich in dem Bestreben nach zweifacher Sicherung: das Individuum will sich einmal als abgegrenzte Form im Kosmos, das andere Mal als Teil des Kosmos, innerhalb des Kosmos, erhalten. Demzufolge entwickelt es den individuellen Sicherungstrieb, der sein Eigentümliches, Persönliches, und den kollektiven Sicherungstrieb, der das Ganze, den Kosmos, zu sichern hat. Beide Triebe sind im Gleichgewicht, wenn einerseits über der Betonung des Individuellen nicht das Allgemeine gefährdet wird (denn damit würde auch sein Teil, das Individuum, gefährdet), wenn andrerseits der Trieb zur Erhaltung des Allgemeinen nicht die individuelle Form zu vernichten droht (denn damit ginge das Wesentliche des Individuums verloren). »Zunächst war die menschliche Rasse ein großes Individuum, das seine Form gegen die Widerstände der andersgearteten Natur verteidigen mußte. Ihr Egoismus war sozial, und so wurde ihre primitive Wirtschaft und Kultur aufgebaut als kommunistische Arbeits- und Lebensgemeinschaft. Späterhin differenzierte sich dieses Individuum, menschliche Rasse genannt, im Verfolg seiner organischen Entwicklung (der Entwicklung von Bedürfnissen und der Möglichkeit, sie zu befriedigen, und der Entwicklung geistiger Fähigkeiten) in ein Gebilde aus vielen verschiedenartigen Gruppen- und Einzelindividuen. Ein Teil des individuellen Sicherungstriebes kehrte sich nun gegen Gruppen- oder Einzelindividuen der eigenen Rasse Mensch. Es begann eine Vergewaltigung von Besitzenden zu Besitzlosen, von Generation zu Generation, von Mann zu Weib. Die Individuen mußten sich nun nicht mehr nur gegen die Natur außer ihnen behaupten (Witterung, wilde Tiere, Mangel an natürlicher Nahrung) durch gemeinsamen Kampf und gemeinsame Arbeit, sondern sie mußten sich auch gegen ihresgleichen behaupten, da sich in der differenzierten Erarbeitung des Lebensunterhalts und in der zunehmenden Rationalisierung der seelischen Fähigkeiten die natürlichen Unterschiede von Stärkeren und Schwächeren geltend zu machen begannen. Der Egoismus wurde zum Persönlichkeitsgefühl, fing an, sich auf Kosten anderer auszuleben, wurde überbetont durch ein Minderwertigkeitsgefühl, das der menschlichen Rasse als solcher in der Verteidigung gegen eine übermächtige Natur aufgenötigt worden war, das nach Kompensation drängte und im Herrschafts- und Geltungswillen, im Machtstreben seine Überkompensation erfuhr. Der individuelle und der kollektive Behauptungswille traten in Gegensatz, und dieser trat in Erscheinung in dem Antagonismus: Machtstreben — Gemeinschaftsgefühl.

Der individuelle Sicherungstrieb, der auf Erhaltung seiner Form innerhalb des Kosmos gerichtet war, ist nun zurückgeschraubt und verkehrt in einen andern individuellen Sicherungstrieb, der gerichtet ist auf Erhaltung der individuellen Form innerhalb der menschlichen Gemeinschaft, ja sogar auf ihre Kosten. Die Persönlichkeit ist an die Stelle der Person getreten. An diesem Punkte nämlich (es ist der, dem auf wirtschaftlichem Gebiete die Entstehung des Privateigentums entspricht) hat die menschliche Rasse scheinbar so weit die Herrschaft über die umgebende Natur errungen, daß sie es sich leisten zu können glaubt, ihre Sicherungstriebe in sich selbst zu spalten. Ich möchte vergleichsweise sagen: Die Truppen werden von der Front zurückgezogen, weil man des Sieges schon sicher zu sein glaubt, und gegen Zivilisten im Hinterlande verwendet. Ein verhängnisvoller Irrtum wird so zum Ausgangspunkte des weiteren Menschheitsschicksals. (Es bedarf keiner Erwähnung, daß man sich diesen Richtungsumschwung nicht als etwas Plötzliches, sondern als das Ergebnis jahrhunderte-, ja jahrtausendealter Entwicklung vorstellen darf.) Der Gegensatz zwischen Individuum und Gemeinschaft stellt sich nun dar als psychologischer Reflex des Antagonismus der beiden Sicherungstriebe, die ursprünglich im Gleichgewicht waren: das individuellen und des kollektiven Sicherungstriebes. Dieser Triebantagonismus hat die menschliche Rasse ihrer Vernichtung nahegeführt.« (Rühle-Gerstel)

Dieser Triebantagonismus ist es auch, der sich in dem Verhältnis zwischen der Gesellschaft einerseits und dem abwegig werdenden, ihr feindlich gegenüberstehenden Kinde andererseits manifestiert.

Wir sahen: Das Kind fühlt sich unterdrückt, benachteiligt, gefährdet, es merkt die Feindseligkeit des Lebens, auch wenn niemand davon spricht, es beobachtet seine Umwelt und macht sich ein Bild von den Beziehungen, Verhältnissen, Verbindungen, meist ein unzulängliches, schiefes, kindlich gesehenes Bild, aber ein Bild nichtsdestoweniger, das für seine im Werden begriffene Weltanschauung von maß- und richtungsgebendem Einflusse wird. Und je nach der Beschaffenheit dieses Bildes und der unter seiner Einwirkung zustande kommenden Weltanschauung richtet das Kind sein seelisches Verhalten ein, entwickelt es seine Taktiken, prägt es seinen Charakter aus, zieht es seine Nutzanwendungen, formt es je länger je mehr seinen ganzen inneren Menschen.

Man hat gemeint, der Charakter sei etwas dem Menschen Angeborenes, etwas mehr oder weniger Fix und Fertiges, was er mitbringe; es lasse sich später im großen ganzen wenig daran ändern. Beobachtungen an Personen, die über mehrere Generationen im Abstammungsverhältnis zueinander stehen, scheinen dies oft zu bestätigen. Adler ist anderer Ansicht; wie er die »zwangsläufige Gebundenheit an ein organisches Substrat« für die Erscheinungen des Seelenlebens ablehnt, so verneint er auch die überlieferte Gegebenheit des Charakters als eines im wesentlichen unveränderlichen Phänomens. Vielmehr sieht er im Charakter das Resultat der Einfurchungen und Leitbahnen, die das in den Grundzügen sich immer gleichbleibende Verhalten des Kindes auf der weichen Wachstafel seines Seelenlebens hinterlassen hat. Die Art der ursprünglichen Einstellung zur Umwelt bedingt die Art seines typischen Verhaltens zu ihr und diese wieder die Art des zustande kommenden Charakterbildes, die hinfort das seelische Verhalten so beherrscht und dirigiert, daß es in einheitlicher Richtung und wie nach dem Gebote sich stets gleichbleibender Zwecksetzung verläuft.

Von grundlegender Wichtigkeit für die Beschaffenheit des Charakters sind die ersten Kindheitseindrücke. Sind diese freundlich, heiter, rosig, ermutigend, so beginnt das Kind seine Laufbahn mit einem zwar kleinen, aber wertvollen Fonds aktiver, bejahender Bereitschaften, denen aus der Erlebniswelt mit Hilfe des tendenziös arbeitenden Gedächtnisses, das nur erwünschte, zuträgliche Erfahrungen dem Erinnerungsschatze einverleibt, unerwünschte aber fallenläßt, bald zahlreiche Unterstützungen und Verstärkungen beigesellt werden. Stehen dagegen am Anfang düstere, schreckende, niederdrückende Beobachtungen und Erlebnisse, so wird die Fortsetzung des Lebensablaufs dauernd von angstbetonten, deprimierenden, pessimistischen Stimmungen und Gefühlen begleitet; die ganze Verhaltungsweise des Kindes sorgt dann dafür, daß immer nur trübe Erfahrungen »gemacht« werden, und das tendenziöse Gedächtnis hält durch einseitige Auswahl und Aufspeicherung von Erinnerungen die Schattenseite des Lebens unter ständiger Betonung.

Das proletarische Kind beginnt sein Leben in einer Atmosphäre, die von Ängsten und Sorgen, Widrigkeiten und Feindschaften, Schmerzen, Konflikten und Tragödien so gesättigt ist, daß es beinahe zu den Wundern gehört, wenn der kleine Mensch nicht beim ersten Augenaufschlag schon überfallen wird von einer Schar düsterer Dämonen, die alles Ungemach des bevorstehenden Lebens in vielzüngiger Sprache drohend verkünden.

Da ist kein Brot im Hause, der Vater ist arbeitslos, verunglückt, krank, betrunken, im Gefängnis; es fehlt an Heizung, die Wohnung ist unaufgeräumt, die Mutter auf Arbeit. Da wird gestritten, gezankt, geprügelt; die Nachbarn lärmen oder sind voll Feindseligkeit, es gibt Krakeel mit dem Hauswirt, den Logisburschen, dem Gerichtsvollzieher, der Polizei; auf übervölkerten Treppen, Höfen, Fluren herrscht eine gereizte Stimmung, ein scheelsüchtiger Klatsch, ein rüder Ton; die ganze Schwere des Erwerbslebens, des Daseinskampfes, die tausendfache Not, die schreckliche Qual ewiger Existenzunsicherheit — sie werfen ihre aufregenden und düsteren Reflexe schon in die ersten Tage, Wochen, Monate des kindlichen Lebens und

Erlebens. Man male sich den Eindruck aus, den ein Kind erhält, dessen Eltern in elenden sozialen Verhältnissen, schlechter Wohnung, unter dem Drucke von Armut, Knechtschaft oder gar politischer Drangsalierung und Verfolgung leben, dagegen die Eindrücke des Kindes, dessen Eltern materiell gesichert und gut versorgt sind, in angenehmer Häuslichkeit, im Kreise von Freunden, zwischen Vergnügungen, Festen und Erholungen ein geregeltes und schönes Leben mit freudig geleisteter Arbeit und befriedigendem Erfolg führen. Diese zwei Typen sind so verschieden, daß man jedem Kinde am Blick, am Sprechen, an der Körperhaltung, am Auftreten ansehen kann, zu welchem Milieu es gehört. Das eine wird geduckt, verängstigt, nachdenklich, ernst, pessimistisch und lebensfeige, lebensfeindlich oder aber frech, widerspenstig, trotzig, bösartig sein, während das andere sicher, offen, frei, heiter, selbstbewußt und voll freudiger Aktivität dem Leben gegenübersteht. Es ist kein Zufall, daß auf die Frage, wovor sie sich am meisten fürchten, Bürgerkinder antworten: vor den Schularbeiten, Proletarierkinder: vor Schlägen. Wie es auch kein Zufall ist, daß 30 Prozent aller Träume von Proletarierkindern Verfolgungsträume sind, denen nur 2 Prozent bei bürgerlichen Kindern gegenüberstehen. Das proletarische Kind hat Ursache genug, Angst vor dem Leben zu haben, denn dieses Leben verfährt hart und grausam mit ihm, ist ungerecht und gemein, steht ihm wie ein Feind gegenüber. Also kommt ihm das proletarische Kind mißtrauisch, voll böser Ahnungen, feindselig entgegen.

Sehen wir uns die Verfolgungsträume der Kinder an, von denen Carla Raspe in ihren Untersuchungen berichtet, so erfahren wir, wer es ist, der das Kind in Angst und Schrecken versetzt. Es ist in erster Linie der Mann, der Träger der größten autoritären Gewalt; erst in großem Abstande und in geringer Anzahl von Fällen ein Teufel, ein Geist, eine Hexe. Im Zusammenhange damit stehen Schulträume, durchweg unlustbetont mit unangenehmen Situationen und dem Lehrer in der Rolle des gefürchteten Schultyrannen.

Furcht vor dem Vater, der herrscht und befiehlt, dem Lehrer, der droht und straft, ist im Grunde nur Furcht vor einer schwierigen Aufgabe, vor einem Mißerfolg. Irgendwo und irgendwann erleidet das Kind einmal, sobald es sein Schifflein erst dem Meer des Lebens anvertraut, eine Enttäuschung, einen Fehlschlag, wovon es um so härter betroffen wird, je sensibler, empfindsamer, gereizter es ist. Ist das Kind ein robuster, energischer, aktiver Mensch, der durch günstige Kindheitserlebnisse zu einem stark entwickelten Gemeinschaftsgefühl gelangt ist, oder ist es ausgestattet mit großem Ehrgeiz, so läßt es sich durch erstmaliges, vielleicht sogar wiederholtes Scheitern nicht verblüffen oder zurückschrecken; es nimmt den Kampf mit den

Widerständen auf, bis es gesiegt hat. Hat es aber an Bord seines Schiffleins einen mehr oder minder großen Ballast von Minderwertigkeitsgefühlen, so wird das Fahrzeug unsicher, schwankend und kentert beim ersten Aufprall. Damit ist sein Schicksal besiegelt: Das so beschaffene Kind kann das Scheitern auf einer Hauptlinie seines Lebensplans nie wieder verwinden. Es sinkt in seiner eigenen Bewertung klaftertief, dafür steigen die Widerstände und Feindschaften der Umwelt in seinen Augen haushoch — in dieser qualvollen Diskrepanz schwindet ihm jeder Mut. Es verläßt den Hauptschauplatz seiner Tätigkeit und sucht einen Nebenschauplatz auf. Es weicht aus. Es flieht vor Aufgaben, an denen es sich neu erproben soll, vor Gelegenheiten, bei denen es wiederum Niederlagen fürchtet. Es verläßt den Hauptweg seiner Lebensführung und schlägt Nebenwege, Abwege ein. Das Kind wird abwegig.

Die Abwegigkeit beginnt zumeist mit Herumtreiben, nächtlichem Fortbleiben, Vagabondage. Darin stimmen alle Beobachtungen an verwahrlosten Kindern, alle Statistiken von Fürsorgeanstalten überein. So hatte bei 64,8 Prozent der in der Erziehungsanstalt Flehingen untergebrachten Knaben die Verwahrlosung mit Vagabondage eingesetzt. Dasselbe stellte die Deutsche Zentrale für Jugendfürsorge bei 15 Prozent, Cramer in Hannover bei 26 Prozent, Rizor in Westfalen bei 24,5 Prozent der von ihnen statistisch erfaßten Fürsorgefälle fest. Man darf annehmen, daß die letzten Zahlen weit hinter den Tatsachen zurückbleiben.

Meist sind vorausgegangene oder drohende Züchtigungen die Ursache des Entweichens. Das Kind fürchtet ebensosehr die Erniedrigung als die Schmerzen. »Na warte, komm du nur nach Hause!« lautet die Drohung des wütenden Vaters, der zornigen Mutter. Da erscheint es dem Kinde geratener, überhaupt nicht nach Hause zu kommen. So entgeht es der Niederlage, der Blamage. Sein Ehrgeiz und Geltungsgefühl erleben nicht die schimpfliche Verletzung durch die brutale Überlegenheit des Stärkeren. Hier ist der Zusammenhang ganz durchsichtig. Aber oft liegen die Fäden, die zwischen Kind und Erzieher laufen und die Vagabondage auslösen, ganz verdeckt. So hatte der vierjährige Karli eine treffliche Mutter, die sich mit seltener Hingabe und Unermüdlichkeit um seine Erziehung bemühte; aber Karli entwich, wo er nur konnte, lief jedem Fuhrwerk durch Straßen und ganze Stadtviertel nach und blieb tagelang verschwunden zur großen Sorge der Mutter. Es war nicht leicht, der tieferen Ursache seines Hanges zur Vagabondage auf die Spur zu kommen. Schließlich stellte sich heraus: Karli flüchtete vor dem Zuviel-Erzogenwerden. Seine selbständige und selbstbewußte Natur vertrug es nicht, ewig am Gängelbande des mütterlichen Willens geführt zu werden. Mit weniger Erziehung, also weniger autoritärer Beeinflussung, war die gefährliche Neigung behoben. Adler berichtet von einem Fünfjährigen, der das Verschließen des Schrankes beim Weggang der Eltern als Beleidigung und Vertrauensbruch auffaßte, so daß er sich, indem er sich einen Nachschlüssel zulegte, den Schrank öffnete und plünderte, einen heimlichen Triumph über die Eltern verschaffte. Er wurde ein abgefeimter Dieb; als sein Vater ihm sagte: »Was nutzt es dir denn? Sooft du stiehlst komme ich dahinter!« hatte er das stolze Gefühl der Überlegenheit, denn der Vater wußte nicht den zwanzigsten Teil dessen, was er wirklich stahl.

Die hauptsächlichsten Anlässe der Verwahrlosung entspringen dem Schulleben. Wir wissen, welche Rolle das Kind in der Schule zu spielen gezwungen ist, kennen sein Verhältnis zum Lehrer und haben — nicht zuletzt auf Grund eigener Erfahrungen — eine Vorstellung von den zahllosen Schwierigkeiten, die sich aus dem geist- und seelenmörderischen Mechanismus des Lernbetriebs ergeben. Eines Tages sieht sich das Kind, aus welchen Gründen immer, in einer Konfliktsituation, der es nicht Herr werden zu können meint. Meist kann es die eine oder andere der Anforderungen nicht erfüllen, die die Schule an seine Leistungsfähigkeit stellt.

Da sind die Kleinen, Zwerghaften, Unentwickelten, die schon körperlich weit hinter ihren Jahrgängen Zurückgebliebenen; auch ihr Geist ist dürftig entwickelt, ist schwach und arm geblieben. Da sind die Trägen und Langsamen, von phlegmatischem Temperament und schwerfälligem Fassungsvermögen; sie hätten Schritt gehalten, wenn es mit dem Lernen nicht so rasch gegangen wäre — ein wenig mehr Zeit, ein wenig mehr Geduld, und sie hätten das Ziel erreicht. Da sind die Taugenichtse und Faselhänse, ach, es ist gar nicht so schlimm mit ihnen; daß sie nicht immer aufmerksam sind — nun ja, und daß sie oft mehr an Allotria als an die Schularbeiten denken —, es hätte alles besser sein können, wenn die Schule nicht gar so langweilig wäre. Da sind schließlich die Faulen, die am ärgsten Drangsalierten, vom Lehrer so oft Verprügelten; sind sie wirklich faul? Ist die Faulheit nicht recht oft vielmehr eine Schutzmaske, um sich, nach erlittenen Fehlschlägen, keiner weiteren Probe mehr unterziehen zu müssen? »Das faule Kind«, sagt Adler, »kann sich immer auf die Faulheit berufen; fällt es bei einer Prüfung durch, so ist die Faulheit schuld, und es legt lieber der Faulheit seine Niederlage zur Last als der Unfähigkeit. Nun muß das Kind wie ein erfahrener Verbrecher sein Alibi machen, es muß durch Faulheit jederzeit nachweisen, warum es durchgefallen ist, und es gelingt ihm, es ist durch seine Faulheit gedeckt, seine seelische Situation ist in bezug auf die Schonung seines Ehrgeizes besser geworden«, zumal damit auch dem Ehrgeiz der Eltern geschmeichelt ist, die lieber ein faules als ein dummes Kind haben wollen.

Bruno Harms unterzog die Sitzenbleiber einer Berliner Gemeindeschule einer ganz gründlichen Intelligenzprüfung und konstatierte, daß »die in der seelischen Veranlagung des Kindes liegenden Hemmungen, also jene Erscheinungen, die man unter dem Sammelnamen Dummheit und Faulheit zusammenzufassen pflegt«, bei 87,5 Prozent der Kinder (nach einer anderen Untersuchung von Ernst Haase bei 69,3 Prozent) augenfällige Ursachen des Nichtvorwärtskommens waren. Bei einer Organisation des Schulbetriebs, die am Wesen des Kindes orientiert wäre, bei einem anderen Verhältnis zwischen Lehrer und Schüler, vor allem bei größerem Verständnis der Lehrer für die vielen seelischen Vorgänge und Zusammenhänge, die dem Verhalten des Kindes zugrunde liegen, könnte der Verwahrlosung ohne weiteres zu einem erheblichen Teile der Boden abgegraben werden. Heute kann davon gar keine Rede sein. »Der Lehrer wird gehetzt vom Pensum. Das Pensum muß erledigt werden. Der Schulinspektor wird kommen, um sich davon zu überzeugen, ob auch das Pensum sitzt, mehr will er nicht. Diese Jungen tun aber wahrhaftig nicht das geringste zur Bewältigung des Pensums, vielmehr sie hängen sich wie Bleigewichte an die Füße des Lehrers. Er kommt und kommt nicht weiter, nur wegen dieser Bengel, die ihm die ganze Klasse verderben. Soll er sie lieben, diese üble Gesellschaft, die nie ihre Aufgaben macht, nie einen Liedervers lernt, immer nur grinst und zu jedem Unfug bereit ist? Mit solchen Jungen muß man die Ohrfeigensprache reden, denkt er, etwas anderes verstehen die nicht. Gut, man redet diese Sprache und begleitet sie mit den beständigen Versicherungen: Aus dir wird dein Lebtag nichts, gib acht, daß man dich nicht noch einmal im Zuchthaus trifft! Daß man selbst durch diese Art der Behandlung den Weg zum Zuchthaus bisweilen geebnet hat, wird einem nicht klar.« (Günther Dehn) In der Tat ist diese Behandlung die unmittelbarste Vorbereitung für eine Laufbahn, die im Zuchthaus endet. Adler hat nur zu recht, wenn er meint, daß das schlechteste Prinzip von allen schlechten Prinzipien in der Erziehung das sei, einem Kinde vorauszusagen, daß aus ihm nichts werden wird oder daß es eine Verbrechernatur ist. Damit untergräbt man den letzten Halt, den ein Kind in sich findet; man läßt es nicht nur schuldig werden, man macht es schuldig, um es dann der Pein zu überliefern.

Sobald das Kind abwegig geworden ist, also einen neuen Schauplatz, ein neues Betätigungsfeld aufgesucht hat, muß es danach trachten, sich hier erfolgreich zu behaupten, nach

»oben« zu kommen, eine Rolle zu spielen, die sein Selbstgefühl kitzelt, seinen Ehrgeiz befriedigt.

Mit Ausreden und Ausflüchten, Lügen, Unterschlagung von Mitteilungen des Lehrers an das Elternhaus, Fälschen von Unterschriften, Täuschungen aller Art hat der Abweg begonnen. Er hat glücklich um die Schule herumgeführt. Nun muß die freie Zeit ausgefüllt werden. Man muß Vorsorge treffen, daß man während der Schulzeit nicht von Angehörigen oder Bekannten gesehen, von Polizisten etwa aufgegriffen wird. Man muß sich Ausreden zurechtlegen, Täuschungsmanöver ersinnen, damit man des Triumphes dauernd sicher bleibt. So trifft das Kind eine Reihe vorbereitender und unterstützender Maßnahmen, die der Sicherung nach »oben« dienen. Es entwickelt große Neugierde, kümmert sich um alles, stöbert alles auf, weiß alles; hat einen großen Drang, alles sehen zu wollen, über alles genauen Bescheid zu wissen; ist findig, listig, gerissen, voll altkluger Erfahrungen und blasierter Informiertheit, frechschnäuzig, abgefeimt. All dieses Forschen und Orientieren, dieses Beschlagensein und Zurechtfinden dient dem Zwecke, die Persönlichkeit zu heben, aufzubauen, für neue Aufgaben fähig zu machen. Die neuen Aufgaben stellen sich ein.

Zunächst muß das Kind, das die Hauptlinie seines Lebens verlassen hat und eine Nebenlinie zu erobern beginnt, eine Beschäftigung haben, bei der sein Geltungsgefühl auf seine Rechnung kommt. Natürlich nicht eine Beschäftigung im früheren Sinne, denn dann würde es wieder unter eine Autorität geraten, der es ja entflohen ist.

Die Mehrzahl der Verwahrlosten stammt von Eltern ab, die in Gewerbe, Industrie, Handel, Lohnarbeit tätig sind. Das haben vor Jahren schon Mischler für Steiermark und Rupprecht für Bayern nachgewiesen, Plauner und Zingerle haben dies an Hand von Feststellungen in der Fürsorgeanstalt Waltendorf bestätigt. In Bayern war ein Fünftel, in Steiermark 39,5 Prozent der Verwahrlosten unehelich geboren, bei 42,6 Prozent war der Tod der Mutter die offensichtliche Ursache der Verwahrlosung. Seifert konstatierte, daß 86 Prozent der schulpflichtigen Fürsorgemädchen der Provinz Sachsen 1912 aus einem abnorm schlechten Milieu stammten.

Die Verwahrlosung ist also eine schicksalsläufige Erscheinung großer Schichten der proletarischen Jugend. Kein gelegentlicher Einzelfall, sondern ein soziales Phänomen von breiter Ausladung. Daher begegnet das proletarische Kind, erst abwegig geworden, auf Schritt und Tritt anderen, die dem gleichen Schicksal verfallen sind. Es hat Leidensbrüder und in ihnen bald Bundesgenossen, ist rasch Mitglied eines Konviviums, einer Bande. Die Bandenbildung ist in der Tat die nächste Etappe der Verwahrlosung. Und als Glied der Bande, vielleicht sogar als ihr Anführer, findet das Kind seine neue Betätigung.

Wir sehen es in Trupps oder Rudeln in halbdunklen Torfahrten, in der Nähe von Bahnhöfen, wo sich Gelegenheit zu zufälligem Verdienst, kleinen Diebereien und interessanten Erlebnissen bietet, vor Kinos, die eine wahre Hochschule der List, Geschicklichkeit, Tollkühnheit, Verwegenheit bilden, auf Rummelplätzen, in üblen Großstadtwinkeln. »Es findet sich immer der eine oder andere, der sich am besten zum Anführer eignet, und die Konkurrenz der Ehrgeizigen stellt sich ein. Jeder hat einen Einfall, was man machen könnte. Entsprechend den Formen der Großen haben sie eine Berufsehre der Verwahrlosten. Sie strengen sich an, Taten zu ersinnen und mit Meisterschaft und zum Ruhme vor ihren verwahrlosten Kameraden auszuführen, immer jedoch mit List und Hinterlist, da sie sich — eine Folge ihrer Feigheit — offnes Vorgehen nicht zutrauen. Kommt einer einmal auf diese Bahn, dann geht es weiter und weiter. Zuweilen geraten geistig Minderwertige in die Bande. Die werden verspottet und gehänselt, ihr Stolz wird dadurch erst recht angeeifert, und sie entschließen sich zu besonderen Taten. Oder sie sind von Haus aus an eine besondere Dressur gewöhnt, sie sind auf Folgsamkeit dressiert: ihnen wird diktiert, sie führen es aus. Es kommt oft vor, daß der eine die Untat ersinnt, der Jüngere, Unerfahrene, Minderwertige sie unternimmt.« (Adler) Ihrer seelischen Struktur nach sind die Verwahrlosten gekennzeichnet durch einen charakteristischen Zug, der bei ihnen stärker hervortritt, als dies bei Menschen sonst der Fall zu sein pflegt: Ihr Machtstreben ist, infolge einer erlittenen Herabsetzung oder Enttäuschung, die ein starkes Minderwertigkeitsgefühl auslöste, ungewöhnlich übersteigert; darunter hat ihr Zusammengehörigkeitsgefühl so sehr gelitten, daß sie den Kontakt mit der Mitwelt verloren haben. Gewiß machen sie wieder Versuche zu einer Gemeinschaftsbildung, aber ihre Banden sind doch nur ein armseliger und ganz unproduktiver Ersatz. So geraten sie immer mehr in die Isolierung, sehen sie sich immer stärker außerhalb der Gemeinschaft gestellt; und je mehr sie durch Krampfakte, Bravourstücke usw. ihre Geltung zu forcieren suchen, desto tiefer wird die Kluft zwischen ihnen und der Gesellschaft. Die Verzweiflung des Ausgeschlossenseins, der Vereinsamung macht sie schließlich zu Verbrechern.

Bei Mädchen hat die Verwahrlosung einen ähnlichen Anfang. Das Scheitern an irgendeinem Punkte des Schulunterrichts hat unregelmäßigen Schulbesuch, Auskneifen vor Aufgaben, Herumtreiben, liederlichen Lebenswandel zur Folge. Verführung und Diebstähle folgen; das Ende ist die Prostitution.

In der gegenwärtigen Gesellschaft ist die einzige moralische Legitimation der Sexualität gegeben in der monogamischen Ehe, das heißt in »dem Besitze eines menschlichen Wesens für lebenslängliche, ausschließlich geschlechtliche Dienstbarkeit zur Erzeugung erbberechtigter Nachkommenschaft«. Diese Ehe ist, als soziale Institution, gesichert durch materielle, rechtliche und moralische Verantwortlichkeiten, die dem generativen, sozial-ökonomischen und ideologischen Interesse der Gesellschaft jeweilig entsprechen und damit ihren Bestand sichern helfen.

Sexualität außerhalb der Ehe ist verpönt. Besonders für die Frau, weil hier die Gefahr generativer Fehlleistung infolge ungenügender materieller Versorgung von Mutter und Kind durch den zu nichts verpflichteten Vater praktisch realisiert wird. Erfolgt die Übertretung der gesellschaftlichen Sexualmoral weiblicherseits aus Fahrlässigkeit, Leichtsinn, mangelndem Verantwortlichkeitsgefühl, so straft die Gesellschaft die uneheliche Mutter — wie wir schon gesehen haben — durch Ächtung und Verruf. Erfolgt sie als notgedrungener Ausweg angesichts der Unstimmigkeiten, die sich aus den Funktionen der sexualethischen Zwangsmechanismen ergeben, und wird sie zu einer Sache des Erwerbs, so entsteht die Prostitution. Ihr gegenüber nimmt die Gesellschaft eine Doppelhaltung ein. Sie muß die Prostitution ächten, weil diese die offizielle Sexualmoral verletzt; sie muß sie aber auch tolerieren, weil sie ein unvermeidliches Abzugsventil ist für Spannungen, denen die Form der Ehe keine Auslösung verschafft. Im Grunde ist ja zwischen bürgerlicher Ehe und Prostitution kein eigentlicher Unterschied. Ist die Ehe die Überlassung des Frauenleibes an einen Mann für lebenslängliche Benutzung gegen einmalige Pauschalbürgschaftsleistung, so ist die Prostitution die Überlassung des Frauenleibes an den jeweiligen Mann gegen Bezahlung für jede Einzelbenutzung. Im Grunde beidemal dasselbe, nur mit dem Unterschied, daß bei der Ehe die Haftbarkeit des Mannes sich über den Sexualakt hinaus erstreckt, bei der Prostitution nicht. Das ist der springende Punkt. Denn nicht die Vergütung des Sexualaktes, sondern die Haftbarkeit für die Sexualaktsfolgen stehen im gesellschaftlich-generativen Interesse obenan. So ist die Prostitution zwar ein Übel, aber ein notwendiges Übel, ein Laster zwar, jedoch ein gesellschaftlich geduldetes, behördlich geordnetes, bei Männern beliebtes Laster — eine süße Sünde.

Wir haben hier nur Weiberprostitution im Auge. Ganz abgesehen von physiologischen Erwägungen, wird es in einer Gesellschaft mit maskuliner Kultur immer nur Weiber-, nie Männerprostitution geben, weil die Ehre des herrschenden Geschlechts der Männer eine solche Entwürdigung und Erniedrigung — und so wird die Prostitution heute ja auch vom weiblichen Geschlecht empfunden — nie zulassen würde. Der Mann ist nur Nutznießer der Prostitution, das Weib dagegen Repräsentantin und Opfer. In ihren Tiefen, ganz »unten«, landet schließlich das der Verwahrlosung verfallene Mädchen.

Daß schulpflichtige Mädchen, Kinder also, Erwerbsunzucht treiben, wie es in der Sprache des Gesetzgebers heißt, ist heute keine Seltenheit mehr. In allen Statistiken, Fürsorgeanstalten, Kliniken treffen wir solche Fälle an. Und ungleich größer ist sicher die Zahl der Fälle, die nie ans Tageslicht kommen und von keiner Statistik erfaßt werden.

Die soziologische Betrachtung des Problems der Prostitution hat uns gelehrt, daß die Prostitution eine Klassenerscheinung ist, deren historische Silhouette sich immer abhebt von dem Hintergrunde einer Welt des Besitzes und der Besitzlosigkeit, daß ihr Aufschwung zusammenfällt mit der Geldwirtschaft, die nachgerade alles in Ware verwandelt hat, und daß Armut, Hunger, soziales Elend, Arbeitslosigkeit, Alkoholismus den Nährboden bilden, auf dem die Prostitution neben anderen sozialen Übeln am üppigsten gedeiht. Insofern ist das proletarische Mädchen relativ stark gefährdet, und die Tatsachen beweisen ja zur Genüge, daß das Heer der Prostituierten sich vorwiegend aus den sozial am ungenügendsten gesicherten Schichten — in erster Reihe Dienstmädchen — rekrutiert. Über die seelischen Vorgänge aber, die sich im Mädchen abspielen, wenn es sich der Prostitution zuwendet, und über die Frage, warum in gewissen Fällen die seelischen Prozesse zu diesem Entschlusse führen, in anderen nicht, kann nur eine psychologische Betrachtung Aufschluß geben.

Es wurde schon darauf hingewiesen, daß das proletarische Mädchen im Rahmen der heutigen Kultur dreifach benachteiligt ist: als Proletarierin der Bourgeoisie gegenüber, als Kind den Erwachsenen gegenüber und als Mädchen dem männlichen Geschlecht gegenüber. Es leidet unter dem stärksten Grade sozialer Benachteiligung, den es heute überhaupt gibt. Was Wunder, daß Minderwertigkeitsgefühle bei ihm in besonderem Umfange und Ausmaße Platz greifen, sein seelisches Leben beeinflussen und sein Handeln bestimmen. Das Machtstreben wird aufs heftigste angestachelt. Der Wunsch, selbständig, frei, vollwertig wie ein Mann zu sein, gibt der Leitlinie des Lebensplans die alles beherrschende Note.

Nun ist die Frau im Bereiche unserer maskulinen Kultur von den allermeisten Betätigungsmöglichkeiten abgedrängt und ausgeschlossen. Nur selten und in bescheidenem Maße kann sie unter besonders günstigen Umständen, meist erst nach langem, zähem Kampfe auf wirtschaftlichem, politischem, wissenschaftlichem, künstlerischem Gebiete zur Geltung kommen. Sie sieht sich auf ihre Rolle als Geschlechtswesen, auf die unveräußerliche Funktion des Weibes beschränkt. Obwohl sie daran schwer trägt, weil sie alle Konsequenzen der Sexualität auf sich zu nehmen hat, macht sie doch aus der Not eine Tugend: In dem Umstande, daß die Frau jederzeit zum Geschlechtsumgange fähig ist, jederzeit Genuß spenden kann, unbeschadet ihres eigenen Genusses, entdeckt sie ein Machtmittel, eine Überlegenheit, deren sie sich im Geltungskampfe gegenüber dem Manne bedient. Sie wird ausgesprochenes Geschlechtswesen, erhebt ihre natürliche Beschaffenheit zu einem Vorzuge, setzt an dem Punkte an, wo sie dem Manne überlegen ist, und entfaltet dort alle jene verdrängten Freiheits- und Herrschaftstriebe, für die sie einen Schauplatz nicht zugebilligt bekommen hat. Die Vagina wird ihre Waffe zur Behauptung im Kampfe um die Macht.

Passiert es nun dem Mädchen, daß es sich in früher Jugend schon, vielleicht in einer verderbten und verseuchten Atmosphäre, irgendwann und irgendwie besonders stark als Opfer männlicher Überlegenheit zu fühlen hatte — dies kann bei einer Verführung, Sexualattacke, Vergewaltigung, aber auch schon bei kindlichen Späßen und Spielen im Umgange mit Brüdern und Kameraden usw. der Fall sein —, so fängt es an, gegen seine weibliche Rolle zu revoltieren. Es empfindet seine Weiblichkeit als Zurücksetzung, Benachteiligung, nährt immer stärker die Begierde, sich wie ein Knabe benehmen zu dürfen, es dem Manne gleichtun zu können, mißachtet immer ostentativer die weibliche Haltung, Sittsamkeit, Schicklichkeit, wird durch Konflikte, in die es dabei mit verständnislosen Eltern und Erziehern gerät und bei denen es schlecht abschneidet, zu weiterer Forcierung seines Widerstandes gereizt. Das Warten auf den Mann, das Sichwerbenlassen, die Heirat, die Mutterschaft, das ganze Los der Hausfrau — alles erscheint ihm als Schwäche, Unwürdigkeit, Unterwerfung, Gefangenschaft, Schmach. Dagegen ist ihm begehrenswert, selbst als Werber aufzutreten, sich nach Gutdünken den Mann auszusuchen, um ihn wegzuschicken, wenn man seiner überdrüssig ist, den Mann zu entwerten, auszunutzen, zu verachten, an ihm alle Erniedrigung zu rächen, die man von ihm und seinem Geschlecht ertragen mußte. Das einzige Mittel, den Mann unterzukriegen und über ihn zu triumphieren, ist ihm die Sexualität. Also macht das Mädchen seine Sexualität zur Kampfwaffe, zum Lebenszweck, zum Erwerb, zum Organ seines täglichen Triumphes. Die Prostituierte benimmt sich wie ein aktiver Mann. Sie wirbt, nutzt den Besucher materiell aus, entwertet sein Lusterlebnis durch Frigidität, ist Verdienerin für den Zuhälter, dessen sie sich nach Belieben für ihre Sexualbedürfnisse bedient, hat ein Verhältnis mit Mädchen, fühlt sich erhaben über die Moralgebote der Gesellschaft und blickt mit Verachtung und Feindschaft auf die bürgerliche Frau herab, die in ihren Augen das Urbild schmachvollster weiblicher Schwäche darstellt. Die Prostituierte hat eine männliche Freiheit gewonnen, aber ohne den sozialen Schutz und die Rechte der Männlichkeit. Sie hat ihre Freiheit erkaufen müssen mit der Ausstoßung aus der Gemeinschaft. Sie ist gesellschaftlich isoliert, abseits gestellt, erledigt. Die drei Töchter einer armen Frau, von denen eine ins Kloster ging, die andere sich der Prostitution zuwandte, die dritte Selbstmord verübte, hatten im Grunde ein und dasselbe Schicksal: Unter dem Drucke schlimmer Familienszenen, bei denen die Mutter dem brutalen Vater unterlag, flüchteten alle drei vor der weiblichen Rolle und aus der Welt, und alle drei waren damit für die Gesellschaft erledigt.

Im Zusammenhange mit der Prostitution muß der Zuhälter genannt werden, der sich aus den Kreisen der Verwahrlosung rekrutiert. Von der Gemeinschaft abgelöst, auf der Suche nach neuer Geltungsmöglichkeit, nach billigen Erfolgen, nach müheloser Befriedigung von Herrschaftsgelüsten ist er an die Dirne geraten, die ihm entgegenkam, weil sie ihn sexuell ebenso brauchte wie er sie materiell. Sie ist sein Ernährer, er ihr Beschützer. Sie ist die sozial Überlegene und gestattet ihm die Rolle des Kavaliers; er beweist ihr seine Männlichkeit in Sexualakten und erspart ihr die Rolle der abhängigen Bürgerfrau. So kompensieren sich beide durch die Umkehrung des bürgerlichen Eheverhältnisses wechselseitig, verbunden durch das gleiche Milieu, die gleiche Feindschaft gegen die Sozialordnung, die gleiche Distanz gegenüber der Gesellschaft. Für den Halbstarken, der in die Verwahrlosung gerät, ist das Zuhältertum eine scheinbare Hebung des Persönlichkeitsgefühls, scheinbar deshalb, weil sie ohne die Resonanz der Gesellschaft erfolgt, ja immer mehr von den gesellschaftlichen Zusammenhängen wegführt und ganz in der Tiefe enden läßt. Aber doch zunächst eine Hebung, und das genügt ihm.

Die nächste Etappe auf der Bahn in die Tiefe ist in der Regel der Gerichtssaal. Hier finden sich früher oder später alle Formen und Grade der Verwahrlosung zusammen. Alle Entgleisungen und Abwegigkeiten, alle Demonstrationen und Revolten gegen Sinn und Wesen der Gemeinschaft haben hier ihr ungewolltes Rendezvous. Dem Erscheinen des Kindes vor dem Richter geht meist »eine Reihe von Herabsetzungen voraus, die im Elternhause, in der Schule, in der Lehrstelle auf das Kind eingestürmt sind, die seine inneren Schwierigkeiten, aber auch seine Sicherungen vermehrt, die Techniken verstärkt haben. Nun soll es seinem Richter gegenübertreten. Man hat ihm vielleicht damit schon gedroht. Neue Herabsetzungen schwerster Art stehen also dem Kinde seiner Erwartung nach bevor. Der Gang zum Gericht, das äußere Gepränge einer Strafsitzung, die symbolische Erhöhung der mehreren Richter, der Staatsanwalt, das Verlesen der Anklageschrift, die Sicherheit, Raschheit und Gemessenheit der prozessualen Behandlung, all das drückt stark auf das sich verlassen fühlende Kind. Wir sehen in dem Gesicht, in den Haltungen und Bewegungen die innere Geste des Kindes, sei es die Angst, das Zögern und Ausweichen, die sicher tuende Geste, die Feindseligkeit, den Trotz. Der Richter erscheint ihm von seiner verallgemeinernden Leitlinie her gesehen nur als eine Neuauflage des Vaters, der Mutter, des Lehrers, des Lehrherrn, der ihm bisher feindlich, hindernd, beschimpfend oder strafend gegenübergetreten ist. Schon bevor also der Richter mit dem Kinde gesprochen, hat sich das Kind von seiner Leitlinie her auf seine Einstellung und Verhaltungsweise festgelegt. Es ist auf den neurotischen Protest eingestellt.« (Naegele)

Es sind nun gewiß nicht nur proletarische Kinder, die vor dem Strafrichter zu erscheinen haben; wie es überhaupt irrig wäre, zu glauben, daß das gesamte Heer der Verwahrlosten und Entgleisten sich aus dem Nachwuchse des Proletariats rekrutierte. Die bürgerliche Arroganz, die in den Abgründen und Niederungen des Lebens nur die Hefe der proletarischen Klasse zu sehen meint, nimmt, von ihrer Eitelkeit verleitet, den Wunsch für die Wirklichkeit. Denn in der Tat ist auch die bürgerliche Jugend am gesellschaftlichen Sumpfe mitbeteiligt, nur genießt sie das Privileg ihrer Klassenkultur. Diese stellt eine Anzahl ethisch nicht weniger verwerflicher und verächtlicher Handlungen nicht unter Strafe, weil diese ihren Klasseninteressen nicht schaden, während sie andererseits ganz harmlose Dinge, die dem proletarischen Klasseninteresse dienen, rigoros verfolgt und hart bestraft. Aber selbst wenn nach gleichem Maß auf beiden Seiten gemessen wird, gelingt es der Bourgeoisie in zahllosen Fällen durch Geld, Protektion, Beziehungen usw. strafbare Delikte aus der Welt zu schaffen. Der arme Teufel dagegen bleibt in den Maschen des Gesetzes hängen. Er steht dann eines Tages vor Gericht. Der Richter ist Repräsentant staatlicher und gesellschaftlicher Autorität. Derselben Autorität, deren Opfer das Kind geworden ist, das vor ihm steht. Er handhabt in der Einkleidung des Rechts die Gewalt der besitzenden Klasse. Derselben Klasse, die letzten Endes schuld daran ist, daß das Kind vor den Richter kam. Er soll nach Maßgabe des geltenden Rechts über die Handlungen des Kindes urteilen. Desselben Rechts, das, genau besehen, Gewalt bedeutet, womit das Übergewicht des Besitzes gegen die Angriffe der Besitzlosen verteidigt werden soll. Das Kind, das die ihm von den Machthabern der Gesellschaft gewiesenen Wege verließ, sich gegen die Autorität auflehnte, damit die Interessen der Besitzenden gefährdete und nun vor dem Richter, dem berufenen und bezahlten Anwalt dieser Machthaber und

Besitzenden steht — dieses Kind befindet sich vom ersten Augenblicke an in einer hoffnungslosen, verlorenen Position.

Es kann sich nun vor Gericht auf zweifache Weise verhalten, je nach Lebensplan und Charakter: als trotziges oder als gehorsames Kind.

Als trotziges Kind wird es zu seiner Straftat stehen, sie nicht leugnen, sondern rechtfertigen, als notwendig begründen, verteidigen. Wenn nicht in Worten, so doch in seinen Gedanken. Es lehnt sich also gegen das Gesetz und seine Logik, vielleicht sogar gegen die Person des Richters auf; es schreit, fühlt sich beleidigt, wird wild, benimmt sich dreist und selbstbewußt, pocht auf sein Recht, reizt den Richter durch herausforderndes Benehmen oder beharrliche Schweigsamkeit, gefällt sich in der Heldenrolle. Es wird keinen guten Richter haben.

Der Richter, im Bewußtsein seiner autoritären Stellung, meist bis zum Platzen erfüllt von Überlegenheitsgefühl und Unfehlbarkeitsdünkel, fühlt sich durch jede, auch die leiseste Geltendmachung einer anderen Autorität persönlich angegriffen, beleidigt, aufs empfindlichste gereizt; sofort richtet er sich in seiner ganzen Würde empor, um den Frechling, »der es wagte«, ohne Gnade zu zermalmen. Er schreit das Kind an, bedroht es, schimpft es einen Lumpen, Vagabunden, Verbrecher, bombardiert es mit wütenden Blicken, einschüchternden Gesten, groben Worten, prophezeit ihm Zuchthaus, Schafott, Ende mit Schrecken. Da er der Stärkere ist, nützen alle Proteste, Verteidigungsversuche und guten Gründe dem Kinde nichts. Es verfällt seinem Schicksal. In dunklen Kerkern kann es über Recht und Gerechtigkeit in dieser göttlichen Weltordnung nachdenken und — die Hochschule des Verbrechens mit Fleiß und Gewinn absolvieren, damit es beim nächsten Mal besser abschneidet und glimpflicher davonkommt.

Das gehorsame Kind macht vor dem Richter, wie ja auch sonst im Leben, eine bequemere, »bessere« Figur. Es weint, zeigt augenscheinlich große Reue, spricht mit tränenerstickter Stimme, fühlt sich schuldig, ist zerknirscht, gelobt Besserung. Nicht daß es sich verstellte und eine Komödie aufführte; unter dem Drucke der Richterautorität, der ganzen Situation, entspricht sein Verhalten der auch sonst von ihm in allen schwierigen Fällen geübten Taktik des Nachgebens, Duckens, Gehorchens. Es bleibt sich selber treu in allen Fällen. Aber eben, weil diese Haltung nur ein Protest, eine indirekte Aggression ist, die auf Umwegen wirkt, auf indirekte Wirkung eingestellt ist, folgt ihr, nachdem die Konzessionen an den Richter gemacht sind, um aus der drückenden Situation herauszukommen, sofort die Revolte. Das Kind will nach den Demütigungen wieder Geltung gewinnen. Kaum ist es den Fingern des Richters entschlüpft, rächt es sich für die Erniedrigung, indem es rückfällig wird — zur Bestürzung und Empörung aller, die an die Echtheit seiner Reue geglaubt, sein Verhalten überhaupt moralisch gewertet hatten. Nun beginnt der Kreislauf von neuem. Der Richter, der diese Zusammenhänge nicht durchschaut, weil er kein Pädagoge, noch weniger ein Psychologe ist, hat sich von der Taktik des Kindes, ohne es zu ahnen, einfangen lassen. Er hat sich in väterliche Positur gesetzt, in väterlichem Tone gesprochen, in väterlicher Weise dem Kinde ins Gewissen geredet. Damit glaubte er den richtigen Ton getroffen, den Weg zum Herzen des Kindes gefunden zu haben. Weit gefehlt! Der Vater ist ja gerade die Personifikation der dem Kinde so verhaßten Autorität. Mag es den Vater selbst lieben und verehren — im Unterbewußten sträubt sich alles gegen die von ihm verkörperte Macht. Das Kind braucht in solchen Situationen keinen Vater, sondern einen guten Kameraden, keinen Vorgesetzten, sondern einen Mitmenschen. Aus taktischer Berechnung geht es auf scheinbare Unterwerfung oder einen Kompromiß ein. Im nächsten Augenblicke aber schnellt sein Machtstreben wieder empor, wirft die Maske ab und bereitet durch den Rückfall dem Richter eine schwere Enttäuschung. So nahe es liegt, diese moralisch zu werten, hat sie doch mit Moral absolut nichts zu tun. Sie ist lediglich ein Glied in der Kette der vom Kind arrangierten Sicherung, eine psychische Selbsthilfe. Weder so noch so führt der Weg zurück in die Gemeinschaft. Einmal an sich selbst und an den anderen irre geworden, zu einer schiefen Betrachtungsweise der Lebenszusammenhänge gedrängt, auf eine abschüssige Bahn getrieben, findet das Kind bei der Gesellschaft und ihren Institutionen keinen Halt, keine Hilfe und Rettung mehr. Mag es von Zeit zu Zeit Kompromisse eingehen, sich stärkeren Zwang auferlegen, durch kürzere oder längere Perioden des Wohlverhaltens den Eindruck erwecken, daß es »gebessert« sei — ist es auf seinem Leidenswege erst hinter den Gefängnismauern gelandet, gibt es kaum noch ein Zurück. Die mangelhaften Erfolge der Strafrechtspflege an Jugendlichen, der Jugendgerichtshilfe, der Strafvollstreckung an Jugendlichen beweisen dies zur Genüge. Bestenfalls gelingt es dem Abwegigen im Laufe der Zeit, sein Leben erfolgreich nach dem Grundsatze einzurichten: Du sollst dich nicht erwischen lassen! Womit sich die bürgerliche Moralität, kann sie nichts Besseres haben, schließlich auch zufriedengibt.

Ist das Kind noch nicht strafmündig, so wird es, falls es kriminell geworden ist, oder auch, wenn für seine Erziehung im Sinne der Gesellschaft nicht genügend Sorge getragen wird, der Fürsorge-Erziehung überwiesen. Die Anstalten, denen dann die Kinder zugeführt werden, sind fast ausnahmslos Stätten unerhörtester Greuel, schändlichster Heuchelei, härtester Barbarei. In meinem Buche »Das proletarische Kind« kann man ein grauenerregendes Kapitel ärgster Mißstände und Scheußlichkeiten nachlesen, die der düsteren Chronik christlich-bürgerlicher Fürsorge-Pädagogik entstammen. Wie sehr aber auch Kreise, die sich hoch erhaben fühlen über Bürger- und Muckertum, noch im Banne des Autoritätsgeistes stecken, bewiesen ein sozialdemokratischer Stadtrat, der bei der Inspektion einer modern und menschlich geleiteten Fürsorgeanstalt mit Entsetzen und Entrüstung das Fehlen der Gitterstäbe an den Fenstern bemängelte, und ein sozialistischer Lehrer, heute Direktor einer großen Fürsorge-Erziehungsanstalt, der allen Ernstes den Standpunkt vertrat, daß bei Roheitsakten von Kindern »exemplarische Züchtigungen« das einzige in Betracht kommende Erziehungsmittel seien. In der Fürsorge-Erziehung, wie sie heute geübt wird, feiert die Autorität ihre wahnwitzigsten Orgien. Hier wird wertvollstes Menschengut verwüstet. Und hier werden Bestien gezüchtet.

Hier wuchern und gedeihen auch die Perversitäten und psychischen Sexualabnormitäten, die der lebensfeigen und lebensfeindlichen Seele zum Unterschlupf dienen, sobald sie den Konnex mit der Gemeinschaft verloren hat. Gewisse Unsicherheiten des Kindes bezüglich seiner Geschlechtsrolle und Geschlechtszugehörigkeit, in frühester Kindheit erworben, und daraus resultierende Beeinflussung und Verstärkung der Leitfiktion im Sinne der Vermännlichung pflegen solche Abbiegungen von der normalen Linie vorzubereiten und zu unterstützen.

Es kommt, auch in proletarischen Kreisen, häufig vor, daß man kleine Kinder längere Zeit im unklaren darüber läßt, welchem Geschlecht sie zugehören. Sei es, daß man Knaben, die noch immer den Kittel tragen, scherzhaft einredet, daß sie Mädchen seien, sei es, daß man Mädchen wie Knaben behandelt und benennt. Man nimmt solche Späße meist sehr leicht und ahnt nicht, welche Verwirrung sie unter Umständen in der kindlichen Psyche anrichten können. Besonders, wenn das Kind schließlich vermeintliche oder tatsächliche Anomalien der Geschlechtsteile bei sich wahrnimmt oder aber auf Grund von Mißverständnissen und Unaufgeklärtheit zu Fehlurteilen über seine Geschlechtsrolle gelangt. Wir wissen, wie stark der Gegensatz männlich-weiblich das Denken des Kindes beherrscht, in wie hohem Maße er, zu oben-unten umgewandelt, sein Handeln beeinflußt. Leicht zu begreifen, wie groß und nachhaltig die Erschütterung ist oder sein kann, wenn Machtstreben und Geltungswille auf dem ureigenen Gebiet der Sexualität eine Schlappe erleiden, ein Fiasko erleben.

Sigmund Freud hat in seiner Psychoanalyse Aufschluß zu geben versucht über das Zustandekommen von sexuellen Verirrungen und Perversitäten. Werfen wir einen Blick auf seine

Libidotheorie. Unter Libido versteht er das Streben nach sexueller Befriedigung. Den Entwicklungsgang der Libido schildert er wie folgt: Die Libido wird dem Menschen angeboren. Ihre erste, früheste Befriedigung findet sie im Saugen an der Mutterbrust. Auch die Vorgänge bei der Harn- und Stuhlentleerung wecken beim Kinde Lustgefühle. Später wird ihm die Mutterbrust entzogen, es muß sich auch gewöhnen, die Verrichtung seiner Bedürfnisse zu regeln. Nun schlägt die Libido auf die Person zurück. Alles, was sich am eigenen Körper irgendwie zum Lutschen oder Betasten eignet (Daumenlutschen, Spielen mit den Geschlechtsteilen usw.), wird als Lustquelle ausgebeutet. Das Kind ist autoerotisch geworden und befriedigt sich selbst. In einer folgenden Phase ist die Libido auf die Person der nächsten Umgebung, vor allem auf die Eltern gerichtet. Jeder Knabe, so lehrt Freud, begehrt die Mutter zu geschlechtlichem Umgang und will den Vater, der ihm dabei im Wege steht, vernichten (Ödipuskomplex). Bei Mädchen dagegen besteht der Wunsch, den Vater zu besitzen und die Mutter zu beseitigen. Alsdann folgt die zweite autoerotische Phase, die bis zur Pubertät andauert. Es treten dabei vorübergehend homosexuelle Neigungen auf. Verläuft der Prozeß normal, dann mündet die Libido nach ihren abenteuerlichen Fahrten in den Hafen der sogenannten normalen Geschlechtlichkeit. Treten Störungen ein, die den Ablauf umbiegen und rückläufig machen, so gelangt die Libido auf infantil-sexuelle Stufen zurück, wo sie sich in Form perverser Geschlechtswünsche äußert. Dringt dieser Tatbestand ins Bewußtsein und erzwingt er sich tatsächliche Konsequenzen, so kommt das zustande, was man landläufig unter einem sexuell Abnormalen versteht: ein Onanist, Sadist, Fetischist, Voyeur (Zugucker), Exhibitionist (Entblößer), Homosexueller usw.

Adler lehnt die Freudsche Libidotheorie in all ihren Teilen als eine schiefe, von irriger Grundorientierung ausgehende Konstruktion ab. Er sieht auch in den sexuellen Perversitäten nur die Folgen »eines gereizten Strebens nach Macht, das an den Forderungen der Gemeinschaft und den Mahnungen des physiologisch und sozial begründeten Gemeinschaftsgefühls seine Schranken findet und in die Irre geht«. Danach ist abnormale Sexualbetätigung jedweder Art keineswegs konstitutionell bedingt, sondern lediglich eine Flucht vor dem Leben, vor einer Aufgabe, der man sich nicht gewachsen fühlt. Das mit Minderwertigkeitsgefühlen belastete Mädchen flieht vor seiner weiblichen Rolle — das eine ins Kloster, das andere in die Prostitution, das dritte in den Tod, das vierte in die Perversität —, weil es darin eine Herabsetzung, Erniedrigung, in Ehe, Mutterschaft, Kinderaufzucht eine Fülle von Schwierigkeiten und Abhängigkeiten sieht. Der mit Minderwertigkeitsgefühlen behaftete Knabe flieht vor der Frau, von der er fürchtet, daß sie ihn in seiner Schwäche, Unfähigkeit, Ohnmacht erkennt und ihm überlegen wird, was seinem übersteigerten Ehrgeiz eine unerträgliche Blamage dünkt. Ehe er es darauf ankommen läßt, geht er lieber der Frau aus dem Wege, um seine Sexualbefriedigung bei sich selbst, bei Ersatzhandlungen und Sublimierungen oder bei männlichen Gleichgearteten zu suchen.

Das proletarische Kind, durch seinen ganzen Entwicklungsgang außerordentlich für Minderwertigkeitsgefühle disponiert, stellt seinen Anteil auch an den Scharen der Invertierten und Perversen. In engen und übervölkerten Wohnungen hat es viel gesehen und erlebt, was ihm besser noch verborgen geblieben wäre. Sexuelle Erregungen, grelle Geschlechtsszenen und geschlechtliche Erschütterungen sind seinem für alle Anfälligkeiten empfänglichen Körper, seiner frühreifen Vorstellungswelt, seiner gereizten Psyche nicht mehr fremd. So kommt es schon sexuell aufgeklärt, beschmutzt, mit verkrüppeltem Geschlechtsempfinden in die Schule, wo es bald einen wahren Lehrgang der sexuellen Unmoral in Worten und Handlungen durchmacht. »Selten führt jemand so schmutzige Gespräche«, sagt Dostojewskij in den ›Brüdern Karamasoff‹, »wie dreizehnjährige Jungen.« Die Onanie ist fast ausnahmslos bei allen Kindern im Schwange. Unter den Perversitäten begegnet man häufig dem Zugucken, dem Entblößen und dem Fetischismus. »Mucker, von denen sehr viele im geheimen Unzucht treiben«, schreibt Blonskij zutreffend, »werden diese Behauptung als eine Verleumdung des Kindes betrachten. Aber geht in irgendeine beliebige Kinderkolonie für beide Geschlechter und hört dort die Klagen der Mädchen an. Beinahe durchweg: ›Die Jungen gucken zu in den Toiletten und Schlafzimmern‹, ›Sie heben die Röcke hoch‹ usw. Beinahe ebenso häufig ist die Klage: ›Die Jungen zeigen.‹ Aber jeder Pädagoge, welcher Augen und Ohren hat, weiß auch Fälle, wo die Mädchen ›zugucken‹ und ›zeigen‹, sogar ganz kleine.« All diese Erscheinungen gehen zurück auf einen unbewußten Lebensplan, dem die Aufgabe obliegt, in eine Ersatzhandlung zu flüchten, eine Distanz zu schaffen oder ein Arrangement zu treffen, durch das die Möglichkeit geboten wird, vor gefürchteten Entscheidungen auszuweichen. Die Krönung findet diese Taktik der schlechten Mitspieler im Bereich der Sexual- und Liebesgemeinschaft bei der Homosexualität.

Als letzte und entschiedenste Konsequenz einer Verhaltungsweise, bei der eine zu niedrige Selbsteinschätzung und zu große Überschätzung der Schwierigkeiten und Widerstände die Initiative zum Mitleben raubt, bleibt noch der Selbstmord zu betrachten übrig.

Elisabeth Dauthendey hat den Selbstmord eine »Perversität der Begriffe« genannt, man könnte ihn eher als eine Perversität der Lebensführung bezeichnen. Denn auch in ihm manifestiert sich wieder der falsche, aus dem Gefühl der Unsicherheit geborene, von Fehlfiktionen beherrschte Lebensplan, der die Flucht vor der Verantwortung bis zur Negation der Lebenstatsache treibt.

Aus der Selbstmordstatistik ist ersichtlich, daß die meisten der jugendlichen Selbstmörder zwischen dem 13. und 15. Lebensjahre sterben; bei den Knaben zirka 43 Prozent, bei den Mädchen zirka 75 Prozent. Der Anteil der Knaben ist erheblich stärker als der der Mädchen, zum Beispiel für den preußischen Staat 1917: 64 Knaben, 13 Mädchen; 1918: 70 Knaben, 20 Mädchen; 1919: 48 Knaben, 8 Mädchen; 1920: 57 Knaben, 16 Mädchen. Im Jahre 1919 verübten im preußischen Staat sogar drei Knaben unter 10 Jahren Selbstmord. Nach Feststellung von Professor Eulenberg, der mehr als zwanzig Jahrgänge zur Beobachtung heranzog, kommt in Preußen durchschnittlich auf jede Woche ein Schülerselbstmord. Setzt man das Lebensalter bis auf 20 Jahre fest, beträgt der Wochendurchschnitt für Preußen 16 Selbstmorde. Bei eigentlichen Großstadtkindern schwillt der Anteil der Mädchen so an, daß er — namentlich im jugendlichen Alter — dem der Knaben gleichkommt. Im allgemeinen tritt die Neigung zum Selbstmord bei Knaben früher auf als bei Mädchen; bis herab zu drei Jahren sind Fälle von Selbstmord bekannt und keineswegs vereinzelt.

Die soziologischen Ursachen der Kinder- und Schülerselbstmorde sind in meinem Buche »Das proletarische Kind«, auf das immer wieder verwiesen werden muß, in gehäufter Menge zusammengetragen und dargetan. Hier handelt es sich um die Erörterung und Aufhellung der psychologischen Zusammenhänge, die das Phänomen der Kinderselbstmorde begleiten. Kennt man den Standpunkt Adlers, so hält es nicht schwer, den leitenden Faden zu finden, der aus dem Labyrinth widerstreitendster und verworrenster Auffassungen und Annahmen ins Helle führt.

Jedes Kind, sagt Adler, wächst unter Verhältnissen auf, die es zu einer Doppelrolle zwingen, ohne daß es diesen Sachverhalt mit seinem Bewußtsein erfaßt. Wohl aber mit seinem Gefühl. Klein, schwach, unselbständig, entwickelt es Wünsche nach Anlehnung, Zärtlichkeit, Hilfe und Unterstützung. Und bald fügt es sich dem Zwange; wenn es die Befriedigung seiner Triebe und die Liebe der Erwachsenen erlangen will, wird es gehorsam, unterwirft sich. Alle Züge des erwachsenen Menschen von Unterwürfigkeit, Demut, Religiosität, Autoritätsglauben, Suggestibilität usw. stammen aus diesem ursprünglichen Gefühl der Schwäche. Gleichzeitig oder im Laufe der Entwicklung tauchen Züge des Eigenwillens, der Selbständigkeit, der Großmannssucht auf. Trotz als Antipode des Gehorsams macht sich geltend. Wir kennen die beiden Typen: das gehorsame und das trotzige Kind, oft in einer Person vereinigt. Diese Mischung wird zu einer Quelle innerer Widersprüche, denn vielfach verlangt die Triebbefriedigung die eine, der Geltungswille die andere Verhaltungsweise. Das Kind merkt sehr bald, daß in seiner kleinen Welt vorzugsweise die Kraft gilt, und findet dafür in der großen Welt reichliche Bestätigung. So nimmt es von den Zügen des Gehorsams nur diejenigen an, die ihm Nutzen bringen, sei es einen Gewinn an Liebe, an Lob, Verzärtelung oder Belohnung. Solche Kinder werden in jeder Art Kränklichkeit, Ungeschicklichkeit, Ängstlichkeit, Schwachheit im Leben, in der Schule, in der Gesellschaft ihre Beziehungen so einrichten, daß man sich ihrer annimmt, Mitleid zeigt, daß man ihnen hilft, sie nicht allein läßt usw. Gelingt ihnen dies Vorhaben nicht, so fühlen sie sich beleidigt, zurückgesetzt, verfolgt. Eine ungeheure Überempfindlichkeit wacht darüber, daß nicht die eigene Schwäche entlarvt werde. Immer ist es Schicksal, Pech, die schlechte Erziehung, die Welt, welche die Schuld an ihrem Unglück tragen; und in dieser Absicht steigern sie ihre Wehleidigkeit zur Hypochondrie, zu Weltschmerz und Neurose. Ja, es kann so weit gehen, daß die Krankheit als Mittel geschätzt und geübt wird, alle Welt in seinen Dienst zu stellen, um sich selbst der Verpflichtung zu entziehen, um jeder Entscheidung auszuweichen, um jeder Gefährdung seines Prestiges vorzubeugen. Reicht die Menge der hierfür zur Verfügung stehenden Mittel: Gehorsam, Trotz, Starrsinnigkeit, Melancholie, Krankheit usw. nicht aus, um das Ziel — die Behauptung und Aufrechterhaltung der Überlegenheit, die Bewahrung vor einer Entlarvung, Unterwerfung, Blamage — zu erreichen, so schreckt das nervöse Kind auch vor dem Tode nicht zurück. In dieser aufs äußerste gesteigerten und gespannten Situation, wo es nach seiner krankhaft überreizten Auffassung um Sein oder Nichtsein, Siegen oder Unterliegen geht, ist ihm jedes Mittel recht, auch der Selbstmord. Um den Eltern einen großen Kummer zu bereiten, um bevorzugte Geschwister zu kränken, um das Gewissen des Lehrers zu belasten, um an dem Lehrmeister Rache zu nehmen, macht das Kind seinem Leben ein Ende.

So ist der Selbstmord ein Gewaltakt mit dem Ziele, sich der Offenbarung seiner vermeintlichen oder wirklichen Minderwertigkeit zu entziehen; die Verzweiflungstat eines überspannten Schachspielers, der, ehe er sich durch den letzten Schachzug für besiegt erklären muß, das Schachbrett vom Tische wirft und sich durch die Schläfe schießt.

Je größer das Minderwertigkeitsgefühl, je gereizter die Nerven, je unentwickelter die Routine im Versteckspielen, Manövrieren, Ausweichen, desto unvermeidlicher der Eklat, desto sicherer die Katastrophe. Um dem Kampfe mit dem Leben oder der Verantwortung für das Leben zu entfliehen, entflieht man schließlich dem Leben selbst. Das proletarische Kind, Erbe einer Vergangenheit, die es mit Gebrechen, erblichen Belastungen, Siechtum, Keimvergiftung, Schwachsinnigkeit und konstitutioneller Minderwertigkeit schlug, Opfer einer Gegenwart, die mit Hunger, Arbeitsqual, Knechtschaft, Roheit, Alkohol, Lastern aller Art an ihm sündigt — es kämpft seinen verzweifelten Kampf gegen die Rute des tyrannischen Vaters und gegen den Rohrstock des selbstherrlichen Schulpaschas, gegen die Hungerpeitsche des kapitalistischen Unternehmers und gegen die Polizeiplempe der uniformierten Staatsgewalt; es kämpft in zitternder Angst und mit frechem Trotz, von Furcht geschüttelt und vor Wut verkrampft; es erprobt jedes Mittel, versucht jeden Trick, trifft jedes erdenkliche Arrangement, um nicht zu unterliegen, nicht seine Blöße zeigen zu müssen, nicht in den Dreck getreten zu werden ... Versagt alles, so schlägt es der Welt ein Schnippchen und geht in den Tod.

Das Ergebnis unserer Betrachtung: Es besteht im Hinblick auf körperliche, soziale und pädagogische Voraussetzungen keine Verpflichtung zum Minderwertigkeitsgefühl.

Aber das Minderwertigkeitsgefühl ist meist vorhanden. Da kommt es darauf an, was der Mensch aus ihm zu machen versteht.

Eine bestimmte Art von Kindern, zu einer gesellschaftsfeindlichen Haltung gelangt, verliert den Zusammenhang, gerät außerhalb der Gemeinschaft und wird abwegig. Die Sicherung, ehedem von Mensch gegen Natur gerichtet, richtet sich jetzt von Mensch gegen Mensch. Die ersten Kindheitseindrücke entscheiden und bilden die Anfänge der Charakterprägung. Das düstere Milieu des proletarischen Kindes wirft düstere Reflexe in seine Seele.

Angst, Furcht, Verfolgungsträume, Unsicherheitsgefühle drängen zu Entweichungen, zur Flucht vor den Schwierigkeiten des Lebens.

Mit einem Mißerfolg — gewöhnlich in der Schule — beginnt die Verwahrlosung. Ein neues Betätigungsfeld außerhalb der Gemeinschaft wird aufgesucht. Es entsteht die Bande, die erste Zusammenfassung der Abwegigen.

Mädchen wandern ab in die Prostitution, die eine Zuflucht ist für solche, die sich der weiblichen Rolle im Leben entziehen, dafür eine männliche Rolle spielen wollen. Prostituierte und Zuhälter kompensieren sich wechselseitig.

Treffpunkt aller Abwegigen und Abtrünnigen ist der Gerichtssaal. Die Verhaltungsweise jedes Kindes entspricht hier seinem psychischen Typus: Trotz, der in Vergewaltigung erstickt wird, und Gehorsam, der die Gnade durch Rückfälle rächt. Die Gerichtsbarkeit ist ebensowenig Kinderhilfe wie die Fürsorge-Erziehung. Sie dienen nur dem Schutze der Gesellschaft vor ihren eigenen Produkten.

Sexualperversitäten stellen auch nur eine Flucht vor Erniedrigung — im Gewande der Weiblichkeit — dar. Der Knabe flieht die Frau, das Mädchen sein Frauenschicksal.

Als letzte Flucht vor dem Leben bleibt der Tod. Der Selbstmord ist die äußerste Konsequenz des Unterliegenden im Kampfe um die Macht. Doch nur die Konsequenz dessen, der keine Rückkehr zur Gemeinschaft oder keinen Weg zu neuer Gemeinschaft fand.

## IV. Lösung

Die ursprüngliche Aufgabe des Menschengeschlechts war der von einem tiefen Erhaltungsinstinkt diktierte Kampf gegen die Gefahren der außermenschlichen Umwelt. Diesen Kampf konnte es erfolgreich nur in der Form eines Gemeinschaftslebens führen. Die Gemeinschaft ist also die Grundvoraussetzung jeder menschlichen Gesellschaft.

Wir wissen, welche Verfälschung der Begriff der Gemeinschaft mit dem Aufkommen des Privateigentums und der Privatwirtschaft erfahren hat. Der in Klassen zerrissenen Gesellschaft ging die Einheitlichkeit ihres Sicherungsstrebens verloren. Anstatt — wie bis dahin — in geschlossener Front gegen die Übermacht der Natur zu kämpfen, kehrte die herrschende Klasse ihre Waffen gegen die beherrschte, auf deren Kosten sie sich sicherte; das Machtstreben erschlug das Gemeinschaftsgefühl. Was unter dem Namen Gemeinschaft übrigblieb und fortbestand, ist die Gemeinschaft der Herrschenden, in die das Heer der Sklaven gewaltsam und unter völliger Perhorreszierung seiner Lebensinteressen eingegliedert wurde, die Klassengesellschaft. Jede Besinnung der Besitzlosen, Klassenfremden auf ihr eigenstes und bestes Selbst führt zur Auflehnung und Revolte gegen diese Gesellschaftsordnung bei den Trotzigen und Mutigen, zum Entweichen und zur Flucht bei den Schwachen und Feigen. Aber jede Ablösung von der Gemeinschaft der Herrschenden, da sie notwendigerweise in ein Handeln gegen die Gemeinschaft umschlägt, wird von den Herrschenden rücksichtslos verfolgt und geahndet. Mit Einschüchterung und Drangsalierung, Ächtung, Brandmarkung, sozialer Verelendung und Existenzverweigerung, Gewalt und Vernichtung strafen sie alle Sünden an den Interessen der Gemeinschaft. Denn, indem sie die Gemeinschaft verteidigen und sichern, verteidigen und sichern sie sich selbst. Die Verwahrlosten, Prostituierten, Zuhälter, Diebe, Verbrecher, Perversen, Selbstmörder — sie alle, die es unternehmen, dem Sinn dieser Gemeinschaft die Anerkennung zu verweigern, bezahlen ihre Abtrünnigkeit, ihre Revolte, ihre Gemeinschaftsfeindlichkeit mit dem Untergange. So verzweifelt sie sich zur Wehr setzen mögen, sind sie zuletzt doch stets die Unterlegenen, weil sie isoliert bleiben, allein dastehen, vereinzelt den Kampf führen.

Ihre Anzahl und die wachsende Bedeutung ihres Auftretens ist ein immer drohender werdendes Anzeichen dafür, daß der Begriff Gemeinschaft völlig zur Attrappe geworden ist. Denn diese anscheinend Gemeinschaftsfeindlichen suchen ja die Gemeinschaft, und nur weil sie sie nicht finden, machen sie sich auf eigene Faust selbständig. Die Abwegigen, Isolierten büßen nicht schuldlos, aber ihre Schuld ist nicht die, für die sie bestraft werden: daß sie die heutige Gemeinschaft sabotiert oder bekämpft haben. Ihre wahre Schuld, die sie in sich, im Gefühle ihrer Verlassenheit tragen, ist, daß sie keine neue Gemeinschaft zu schaffen wußten. Eine negative Schuld.

Neben ihnen, die zugrunde gehen, erheben noch andere trotzig ihr Haupt gegen die verfälschte Gemeinschaft. Sie ziehen aus dem Lose der isolierten Kämpfer und Rebellen die Lehre, daß die größere Angriffskraft und der stärkere Widerstand gegeben ist in der planvollen, zweckbewußten Vereinigung. Also schließen sie sich zu Verbänden zusammen.

Das Gefühl für Masse, Verbindung, Zusammenschluß fliegt ihnen nicht plötzlich aus der blauen Luft zu. Ganz langsam und organisch wächst es ihnen aus der sozialen und wirtschaftlichen Ebene ihres Daseins entgegen. Sie empfangen ihre stärksten und nachhaltigsten Eindrücke aus den Beobachtungen und Erfahrungen, die sie in ihrer gesellschaftlichen Umwelt erleben.

War die soziale Entwicklung der deutschen Verhältnisse in den letzten Jahrzehnten in hohem Maße geeignet, die Jugend in eine leidenschaftliche, teilweise verzweifelte Proteststellung zu treiben, so gab sie ihr andererseits Mittel an die Hand, die Protestbewegungen früher oder später zu Organen kulturfördernder Produktivität zu entfalten.

Werfen wir einen Blick auf diese Entwicklung.

Nachdem der preußisch-deutsche Militarismus 1866 und 1870/71 dem deutschen Kapital die wirtschaftliche Vormachtstellung auf dem Kontinent gegenüber den Rivalen Österreich und Frankreich gesichert hatte, kam in Deutschland ein Großbürgertum auf, das angesichts der tiefverwurzelten und glanzvollen Überlegenheit der von Tradition und Privilegien reich begünstigten Aristokratie schwer um gesellschaftliche Anerkennung zu ringen hatte. Reichtum allein genügte nicht, um in die exklusiven Kreise der »guten Gesellschaft« aufgenommen zu werden. Die neuen Reichen hatten eine lange und harte Schule konventioneller Akklimatisierung durchzumachen, bis sie den verwöhnten Ansprüchen der Salons, der feudalen Exklusivität und des Hofes gewachsen waren. Die äußeren Umstände begünstigten diesen Prozeß. Je stärkere volkswirtschaftliche Werte die Bourgeoisie in die Waagschale zu werfen hatte, je mehr Terrain sie sich durch kaufmännische Tüchtigkeit und überragenden Reichtum eroberte, desto weniger wurde der Rückhalt, den der Adel im Bewußtsein seiner Tradition und Standesvorrechte fand. So öffneten sich schließlich die Tore zum Allerheiligsten der oberen Zehntausend.

»Das mittlere Bürgertum sah sich nun mit einem Male von Teilen der eigenen Schicht überflügelt. Jeder von ihnen hätte sich bei größerer Geschicklichkeit in diese höhere Schicht emporarbeiten können, die ihn nun als vollwertig nicht mehr anerkannte. Wo nicht ein verbissenes Arbeiten einsetzte, um noch jetzt, nach eigentlich verpaßter Konjunktur, den Aufstieg in jene erreichbare, durch Geburtsvorrechte nicht gleichsam verschlossene Gesellschaftsklasse zu erzwingen, entstand jener Typ, der das Modell für die Witzblätter des Auslandes lieferte: Ein großsprecherischer und lauter Mensch, der mangels inneren Wertgefühls Zuflucht in der Betonung äußerlicher phraseologischer Werte suchte, alles und jedes, das ihn innerlich bedrückte, nach Möglichkeit als international oder anational abzutun versuchte (wobei er die geistigen deutschen Grenzen mit dem eigenen Horizont zu begrenzen suchte), der den studentischen Ehrenkodex erfand, der aber um so bereitwilliger vor dem Adel sich verneigte, glücklich, das eigene Unwertsgefühl irgendwie in Achtung vor dem Höherstehenden, unter Wahrung des Bürgerstolzes, umsetzen zu können.« (Observator) Hand in Hand mit dieser Entwicklung ging eine rapide Mechanisierung des Geistes, die, durch die Fortschritte der Naturwissenschaft und Technik angeregt und gefördert, in Zahlen, Rekorden, Statistiken, Leistungskoeffizienten sich auslebte. Eine Sucht kam auf, zu übertreffen, durch Erfolg zu protzen, Vorläufer zu überbieten, Rekorde zu drücken, Erreichtes zur Schau zu stellen. Alles mit atemloser Hast, mit unermüdlicher Triumphgier. Man kam zu einem Baustil, der die Häuser vorn mit prunkvollen, ornamentalen Fassaden ausstattete, mit Türmchen, Kuppeln und Zinnen überlud, während hinten kleine, lichtlose Höfe und enge, ungeschickte Zimmer anzutreffen waren. Man kultivierte die pathetisch-lärmvolle, dabei hohl-sentimentale Musik Richard Wagners; man erfand den Kitsch auf allen Kunstgebieten mit Makart, Anton v. Werner,

Sudermann, Lauff und Wildenbruch an der Spitze; man baute die Berliner Siegesallee; der Snob, der Parvenü beherrschte das gesellschaftliche Leben — überall wucherte und spreizte sich eine offensichtliche Kultur der Minderwertigkeitsgefühls.

Aber das Minderwertigkeitsgefühl des Bourgeois, dem ja keine tatsächliche Minderwertigkeit entsprach, entwickelte rasch Organe, mittels derer es sich zu kompensieren suchte. In Wirtschaftsverbänden, politischen Parteien, Berufs- und Standesvereinen war man mit Eifer und Erfolg tätig, sich zu materieller und ideeller Geltung zu bringen. Die Organisation in ihrer Bedeutung als Geltungsmittel und ihrem Werte als Kompensation wurde erkannt und rasch zu einem erprobten und bevorzugten Instrument sozialer Behauptung erhoben. Zwar stellte sie nur eine sehr äußerliche, mechanistische Verwirklichung des Gemeinschaftsgedankens dar, da sie an der egoistischen Grundeinstellung der einzelnen ihrer Mitglieder absolut nichts änderte; aber gerade darin entsprach sie durchaus der egozentrischen Lebensorientierung der bürgerlichen Klasse. Nichtsdestoweniger diente sie dieser Klasse als Mittel des Zusammenschlusses im Interesse der Sicherung ihrer Klassenvorteile.

Auf der Jugend dieser Klasse lastete von Anfang an ein schwerer Druck. Sie war zunächst Opfer einer überaus stark betonten, als Minderwertigkeitskompensation ostentativ zur Geltung gebrachten Autorität in Haus und Schule. Dann aber auch Produkt einer materialistisch orientierten Geistigkeit, einer Denkart nüchterner Vernünftigkeit und Zweckmäßigkeit, welche die geistig-gefühlsmäßigen Schöpferkräfte, die ihre stärkste und wesentlichste Auswirkung in der menschlichen Hingabe äußern, ignorierte oder doch verkümmern ließ. »Alles echte Wollen, Fühlen, Denken ist im tiefsten sozial dem Weltganzen verbunden, insbesondere aber mit dem Sein und der Lebensförderung der Mitmenschen zu innerst verknüpft. Der Mensch ist durch den Besitz dieser Seelenkräfte mit dem Weltganzen verwachsen, und dieses denkt, fühlt und will durch ihn und aus ihm. Das Wesen des Egozentrismus beruht auf der Ausschaltung dieser sozialen Kräfte aus ihren überpersönlichen Richtungen, indem es ihre Funktion auf eine egoistische Betätigung der für sie geschaffenen subjektiven Anlagen beschränkt. Durch eine solche wesenswidrige Einengung der Funktionen der sozialen Veranlagung gelangt die Persönlichkeit bei allen subjektiven Werterlebnissen zu einem freudelosen, entwicklungsgehemmten Zustand, gegen den dauernd die eingeborenen sozialen Lebenskräfte sich aufbäumen. Dieses Aufbäumen treibt die egozentrische Protesthaltung unaufhörlich zu sozialen Anpassungen.« (Wilken) Die bürgerliche Jugend geriet also bald in eine schwere Krisis, die als Negation der überkommenen Kulturgesinnung und Opposition gegen die Tyrannei der Erwachsenen einsetzte. Der Ausdruck dieser Krisis war die Wandervogelbewegung.

Die psychologische Betrachtung eines so spezifisch bürgerlichen Phänomens, wie es die Wandervogelbewegung ist, gehört strenggenommen nicht in eine Untersuchung der seelischen Beschaffenheit des proletarischen Kindes. Aber es dürfte zweckmäßig und lohnend sein, auch hier der Methode treu zu bleiben, die bei der Abfassung dieser Arbeit von Anfang an geübt wurde, nämlich, die seelische Eigenart des proletarischen Kindes vom Typ des bürgerlichen Kindes abzuleiten, das seine Grundform, oder wenn wir wollen, seine Ausgangsbasis und elementare Gegebenheit darstellt. Es wird sich erweisen, daß die Wandervogelbewegung nur der Auftakt zu einer Jugend-Reaktion war, die sich im proletarischen Milieu fortsetzte und ungleich deutlicher auswirkte, ja dort erst ihre positive Zielsetzung fand.

Wie das enttäuschte und entmutigte Kind, das nach vielleicht vorangegangenen, aber erfolglosen Kämpfen gegen Lehrer und Schule resigniert die Segel einzieht, sich passiv macht und als Schulschwänzer weiteren Konflikten und Erniedrigungen ausweicht, so flüchtete die bürgerliche Jugend vor dem Intellektualismus und Materialismus ihres Schulbetriebs, dem Rationalismus und Egozentrismus des ihr aufgezwungenen Lebensstils in die Romantik der Natur, die zeit- und raumlose Ungebundenheit des Wanderlebens, die improvisierte Burschengemeinschaft der Landstraße und Herberge. Sie flüchtete aus Ichnot, aus Verzweiflung über die Tyrannei der Alten und über die Unmöglichkeit zu einer eigenen Auffassung und Gestaltung des Lebens zu gelangen. Blüher, einer der ersten Führer der Bewegung, schildert die Motive anschaulich: »Unter den Kämpfen der Väter wuchs eine Jugend auf, die alles neugierig miterlebte. Sie wurde erzogen von Männern, die sich selber noch gegenseitig in feindlicher Absicht zu erziehen oder zu vernichten trachteten. Gurlitt war Revolutionär, Paulsen Reaktionär (beide an einem Steglitzer Gymnasium, von wo aus die Bewegung begann). Sie hörte fast in jeder Stunde des Unterrichts etwas anderes, kein Wunder, wenn die Jugend sich im Zustande des verhaltenen Kampfes befand, denn wirklich kämpfen durfte sie ja nicht, dazu lag die Hand der Gewalt zu lastend auf ihrem Leben. Der Betrug gegen die Lehrer war selbstverständlich, wer aber einen Mitschüler betrog, war ein Wicht und wurde geächtet. Die Lehrer waren eine Übermacht, gegen sie durfte man mit allen Mitteln vorgehen, um sich Nutzen zu verschaffen; dieser Zustand zwischen Jugend und Alter hat sich in Deutschland tausendfach wiederholt. In Steglitz waren die Gegensätze so scharf und eigenartig, daß es der Jugend wirklich gelang, aus sich selbst heraus eine große Bewegung zu schaffen, die nichts anderes war als ein Kampf. Sie ergoß sich über ganz Deutschland, so daß zu Tausend und aber Tausend die vom Alter gekränkte Jugend durch die Wälder brauste. Man reiste mit Vorliebe in Gegenden, wo sonst so leicht niemand hinkam. Es wurden Revolutionslieder von 1848 gesungen. Denn was gehen uns die Schultyrannen an, wenn wir draußen, wohin sie uns nicht folgen können, machen, was wir wollen? Auf der ersten Fahrt ging es toll genug her, ganz Karl-Moorisch. Der romantische Charakter der Jugend ist die Empörung gegenüber der Dressur, das Erdreistete gegenüber dem Verbotenen, die Unordnung gegenüber der Ordnung der Dinge … Der Wandervogel ist von der Jugend geschaffen, ohne einen Deut nach der Generation der Väter zu fragen. Sie mußte ihn schaffen, da sie unterdrückt war durch ein mißlingendes System der Erziehung. Der Wandervogel war immer nur ein Protest der Jugend gegen die Verbildung ihres Gemüts. Die Bewegung geschah triebartig und unbewußt … Es herrschte ein Zwiespalt zwischen Eltern und Kindern, ein Mißverständnis der kindlichen Seele, gewaltsames Eingreifen in ihr Jugendleben, rücksichtsloseste Verachtung und auch Verhöhnung ihrer empfindlichsten Seiten, Beschimpfungen ihrer Talente und Eigenschaften, wenn sie die Pläne elterlicher Eitelkeit gefährdeten. So ist die Jugend erfüllt von Haß und Verachtung gegen die Eltern. Die mißachtete Persönlichkeit des Kindes ist das schwerste Schicksal, das ein Mensch in seiner Jugend haben kann. In den Wandervogel-Freundschaften suchte man sich das untereinander zu verschaffen, was man zu Hause vergeblich gesucht hatte: Anerkennung.«

Die Negation, durchgeführt mit den passiven Mitteln der Abkehr, des Ausweichens und Ignorierens, bildete die erste und eigentliche Phase der Wandervogelbewegung. Als die zweite, positive Phase einsetzen sollte, stellte sich heraus, daß es in dieser bürgerlichen Welt über Materialismus und Egozentrismus hinaus nichts Positives gibt. Gemeinschaft erschöpft sich für die Bourgeoisie in rein äußerlicher Form; es fehlt ihr völlig das Wesentliche einer neuen und eigenen Daseinsart. Da gab es für die Jugend kein Feld zu produktiver Betätigung, sosehr auch die durch den Protest dauernd aggressiv erregten seelischen Energien dazu drängten. Sie entluden sich und fanden vorläufige Befriedigung an Ersatzobjekten: dem Führerproblem, der Erotik, der Stellung zu den Metöken (Nicht-Wandervögeln) usw. Doch diese Scheingefechte mit pappenen Schwertern und blind geladenen Pistolen, gerichtet gegen Kulissen und bunt bemalte Puppen, machten je länger, je mehr die ernsthafte Bewegung zur lächerlichen Farce. Das Ende war der Zusammenbruch.

Alles, was zukunftskräftig, über subjektive Not und Ichbedingtheit hinaus wertvoll an der Wandervogelbewegung war, hatte den Protest der Eltern und Lehrer zu einer breitausladenden Revolution gegen die gesamte Lebensführung, ja die ganze Welt, ihre Gesinnung, ihr Geistesleben, ihr Kulturgesicht zu entfalten versucht, hatte eine tiefe Kluft aufgerissen zwischen sich und dem Bestand der menschlichen Gemeinschaft. Auf der entscheidenden Tagung, am Hohen Meißner, hatte dieser Flügel das Ziel formuliert in dem charakteristischen Satze: »Die freideutsche Jugend will aus eigener Bestimmung, vor eigener Verantwortung, mit innerer Wahrhaftigkeit ihr Leben gestalten!« Damit war, wie Wilken zutreffend sagt, das Problem »Frei wozu?« in Vorrang gekommen gegenüber dem früheren Problem des »Frei wovon?« Aber die bürgerliche Jugend wußte, eben weil sie bürgerlich war und im Grunde bürgerlich bleiben wollte, keine Antwort auf das Wozu? Die Antwort liegt außerhalb der Sphäre bürgerlicher Welt, außerhalb der bürgerlichen Klasse. Der Vollzug dieser Antwort hätte die ökonomische, soziale, politische Revolution gegen das kapitalistische System und die ganze bürgerliche Ordnung bedeutet; die Revolution, die, genaubesehen, keine bürgerliche, sondern eine proletarische Angelegenheit ist und nur von der elementaren Explosivkraft der proletarischen Klasse, nicht aber von einem Haufen diskutierender, protestierender, opponierender Jünglinge durchgeführt werden kann. Die Wandervögel wollten bestenfalls eine ideologische Revolution, die aber, weil ihr die reale Basis fehlte, vollständig in der Luft hing. Hier war die Wandervogelbewegung, mochte sie sich in ihren letzten Ekstasen noch so weltumstürzlerisch gebärden, mit ihrem Latein zu Ende. Sie hatte keine positive Seite, keinen Zukunftswert, keine produktive Kraft, weil sie nur ein Sturm im Wasserglase war, nicht ein Orkan, der Sturm, Wasser und Wasserglas vom Tisch herunterfegt. Sie war keine Revolution, sondern ein Protest. Den letzten unter den Anhängern, die an eine revolutionäre Rolle der Bewegung bis zum Ende glaubten, blieb nichts anderes übrig, als sich, nachdem alles zerbrochen, zerkrümelt, zerlaufen war, zu den Fahnen der proletarisch-kommunistischen Jugend zu schlagen. Der Rest versank in Resignation und Mystik oder entschloß sich, mit Bondy, auf seiten der Weißen Garden zu fechten.

Die bürgerliche Jugend war aus geistiger Not, in Auflehnung gegen schwere seelische Bedrückung zu einer Bewegung gekommen, die ihrer ganzen Natur nach eine psychische Bewegung bleiben mußte. Ökonomische oder soziale Nötigungen lagen nicht vor; die Wandervögel waren durchweg materiell wohlversorgt, von keinerlei Lebensunsicherheit bedroht, die durch Brot, Arbeit, Obdach zu beheben gewesen wäre. Ihr Aufruhr entbehrte also der soziologischen Basis, der praktischen Lebensrealität. Selbst im letzten Stadium, wo Einzelnen der große Zusammenhang ihrer subjektiven Konflikte mit den gewaltigen gesellschaftlichen Problemen aufzudämmern begann, war ihr Drang zur Mitarbeit, zur Mitbeteiligung an der Lösung dieser Probleme kaum mehr als eine geistige Bereitschaft, eine platonische Sympathie und schwärmerische Hingabe.

Anders bei der proletarischen Jugend. Sie, die in unmittelbarster materieller Lebensnot steckt, hungernd, ausgebeutet, geknechtet, hatte natürlich, als ihr Protest erst zu einer Massenerscheinung wurde, viel festeren Boden unter den Füßen. Ihr wuchsen auch, wie allen Menschen mit produktiver Lebensgestaltung, aus der praktischen Arbeit und den Erfahrungen an ihrer auf reale Erlebnisse eingestellten Umwelt viel tiefere und reifere Erkenntnisse entgegen, die der Bewegung einen ungleich lebendigeren Inhalt gaben und von Anfang an positive Ziele steckten.

Fürs erste hat das proletarische Kind etwas, was das bürgerliche Kind nicht oder nicht in diesem Maße und in dieser Art hat: eine organische Beziehung zur Arbeit. Das ist ein Vermächtnis, ein Erbgut seiner Klasse.

Die proletarische Existenz ist auf eigener Arbeit aufgebaut. Der Proletarier zehrt von keinem Erbteil, ihm fallen keine Spekulationsgewinne zu, er genießt nicht die Zuwendungen wohlhabender Anverwandten, er bezieht kein parasitäres Einkommen von Profiten, Zinsen, Sinekuren und dergleichen — alles, was er zur Fristung braucht, muß er mit Hand und Kopf in schwerer Fron seiner Existenz verdienen. Er lebt von seiner Hände Arbeit. Er ist Arbeiter.

Mag er auch schwer unter der heutigen Sklavenarbeit seufzen und das System bekämpfen, das ihn zu dieser Arbeit zwingt, so ist ihm doch die Arbeit an und für sich etwas Selbstverständliches, die naturgewollte Basis seines Daseins, das Grundelement aller gesellschaftlichen Erhaltung, Sicherung, Entwicklung. Und er kann sich sehr wohl eine Art der Arbeit denken, die er nicht als Qual empfinden und verfluchen würde, im Gegenteil, die er als Glück empfände und der er sich freudig unterziehen möchte.

Während das bürgerliche Kind sieht, wie Vorräte angehäuft werden, wie die Arbeit von Bediensteten und Angestellten verrichtet wird, wie man sich der Arbeit schämt und sich ihr nach Möglichkeit zu entziehen sucht, wie es Existenzmöglichkeit ohne Arbeitsleistung gibt, wie man vor dem Gedanken, Arbeiter zu werden und eine Arbeiterexistenz führen zu müssen, als dem schwersten Schicksalsschlage bebt und zittert — weiß das proletarische Kind es von klein auf nicht anders, als daß man arbeiten muß, wenn man essen will, daß Arbeitslosigkeit sofort Hunger bedeutet, daß Arbeitslohn sich unmittelbar in Bedürfnisdeckung umsetzt, daß ein Leben ohne Arbeit seinen Sinn und Inhalt verliert.

Dr. Lau, der in Berliner Pflichtfortbildungsschulen in 64 Klassen 1200 Aufsätze über die Stichworte Arbeit — Freude — Arbeitslosigkeit anfertigen ließ, konstatiert, daß die jungen ungelernten Arbeiter alle ihre Gedanken, Auffassungen und Erwägungen um den Kernpunkt gruppierten: Man muß arbeiten, um Geld zu verdienen und der Familie das Leben zu erleichtern. Die zentrale Bedeutung des Arbeit-Lebens spiegelt sich in allen Aufsätzen wider. Dabei ändert sich das ethische Postulat des Bibelworts: »Wer nicht arbeitet, soll auch nicht essen!« ganz unvermerkt und unbeabsichtigt in die nüchterne Konstatierung: »Wer nicht arbeitet, der hat nichts zu essen!« Ein Laufbursche schreibt: »Ohne Arbeit macht's im Leben keine Freude. Die Menschen müssen an die Arbeit denken. Wenn man eine Laufstelle hat, so macht das eine angenehme Beschäftigung. Erstens ist die Arbeit für den gesund. Wenn einer keine Arbeit hat, so ist es für den schlimm, dann hat er keine Freude.« Bei näherem Zusehen besteht die Freude an der Arbeit darin, daß »man Geld nach Hause bringt«, wodurch das Geltungsgefühl des jungen Menschen gehoben wird. »Manche Arbeit macht Freude, wenn die Arbeitszeit günstig und ausreichende Bezahlung ist.« — »Freude an der Arbeit habe ich sehr wenig, denn der Lohn ist knapp.« — »Da bekam man richtige Lust zum Arbeiten, denn man kann sich wenigstens unterhalten.« — »Es macht wirklich Freude, wenn man viel Bestellungen bekommt.« — »Man muß die Arbeit freudig machen, damit der Vorgesetzte sieht, daß man Interesse daran hat.« Mögen diese Äußerungen — einige von vielen — auch erkennen lassen, daß die Quelle der Arbeitsfreude außerhalb der eigentlichen Arbeitsverrichtung liegt (was mit dem Charakter der heutigen Arbeit zusammenhängt), so ist doch unter den jungen Burschen keiner, der sich gegen die Arbeit überhaupt erklärt oder auflehnt. Gefühlsmäßig noch stärker beteiligt sind die Mädchen, während die Ungelernten schon eher geneigt sind, in der Arbeit eine Qual und Mühsal zu sehen.

Doch unbeschadet darum, wie der Einzelne subjektiv zur Arbeit steht, wie sehr oder wie wenig ihn die heutige Arbeit befriedigt, alle sind einig darin, daß die Arbeit diktiert wird von unabänderlicher Lebensnotwendigkeit, daß sie selbstverständliches Proletarierschicksal ist, daß »Arbeit zum Leben gehört«.

Neben der organischen Beziehung zur Arbeit bringt das proletarische Kind auch eine organische Beziehung zur Gemeinschaft mit.

Der Proletarier hat aus den Erfahrungen seiner Arbeit gelernt, daß er als Einzelner ohnmächtig, schwach, nur vermindert leistungsfähig ist. Er steht ja auch in der Fabrik nicht allein. Viele Kräfte greifen ineinander. Einer ist auf den anderen angewiesen. Alle Hände arbeiten sich im differenzierten Produktionsprozeß der modernen Industrie wechselseitig in die Hände. Mit allen anderen auf zweckvolle Arbeit verbunden, stellt jeder Einzelne eine Energie von höherer Leistungsfähigkeit dar. Der Einzelne ist Vielheit, Vielheit in der Einheit. Organisierte Massenkraft macht möglich, was vorher unmöglich gewesen war. Wohl kennt der Arbeiter seit der Kleinkinderschule die simple Weisheit: Einigkeit macht stark, aber wirkliche Lebensform wurde sie ihm erst durch den Anschauungsunterricht der praktischen Erfahrungen in der Fabrik. Er machte von dieser Weisheit Gebrauch, schuf Organisationen für den Kampf seiner Klasse und wurde damit der Lehrmeister der Jugend.

Während es dem bürgerlichen Kinde als selbstverständlich erscheint, daß sein Vater ein Geschäft, einen Laden, eine Fabrik, ein Kontor, ein Amt hat, allein oder in Verbindung mit wenigen, daß man eine Villa, ein Haus, eine Etage, zum mindesten eine Wohnung allein bewohnt, daß man sein Bett mit niemand teilt, seine Kleider für sich allein benutzt, auch im Verkehr, bei Festen, in Lokalitäten nach Möglichkeit den Umgang mit all und jedem meidet — sieht das proletarische Kind von klein auf die Mietskaserne von vielen Menschen, Tür an Tür und Zimmer an Zimmer, bewohnt, den Hof und die Straße von vielen Kindern bevölkert, in der Suppenküche, bei der Quäkerspeisung, an der Gulaschkanone der Heilsarmee die Abfütterung vieler Hungrigen, in den Kindergruppen und Demonstrationszügen viele Kinder mit Fahnen, Sowjetsternen, Plakaten, und in der Organisation des Vaters, der Mutter, der älteren Geschwister viele Kollegen, Kameraden, Genossen und Genossinnen.

So stellt sich das proletarische Kind von Anfang an weniger auf Individuum als auf Masse ein. Es hat neben der individuellen Seele eine Massenseele. Und unbeschadet seines individuellen Bewußtseins und seiner individuellen Interessen denkt und fühlt es im Massensinne, interessiert es sich als Masse, ist es in der Masse mutiger als allein. Die Straße hat die Erziehung zur Masse unterstützt und gefördert. Die Jugend, die, von der Hand des Unbewußten geleitet, in kindlicher Abwehrstellung gegen die Gesellschaft zu einer notwendigen Notgemeinschaft der Straßenjugend gelangte und damit zum ersten Male direkt an das Prinzip des Kollektivismus stieß, rechnet mit der Organisation als einer Selbstverständlichkeit. Massengefühl, Massenbewußtsein, Massenaktion sind ihm wertvolle ideologische und praktische Mittel der Sicherung, der Erhöhung und Macht. Der ethische Ertrag dieser Einstellung auf Masse, auf das Kollektive — im Sinne eines Verpflichtetseins aller gegen alle — ist die Solidarität.

Arbeit, als Mitarbeit, und Solidarität, als gegenseitige Hilfe, werden Substanz und Seele, materieller Inhalt und dynamische Kraft eines neuen Gemeinschaftsverhältnisses. Und der proletarischen Jugend schwebt irgendwie das Bild einer neuen Gemeinschaft vor. Einer Gemeinschaft, die anders ist als die, der sie entfloh und gegen die sie im Kampfe steht. Sie will dabei kein Zurück, keinen Kompromiß, kein Zukreuzekriechen. Der Gedanke ist ihr absurd und schmachvoll, als verlorener und wiedergefundener Sohn reumütig in die Arme des triumphierenden Vaters zurückzukehren. Sie will auch keine Halbheiten, keinen Anlauf ohne Sprung, keinen Schuß in die Luft. Sie hat ein ganz positives Ziel: an Stelle der bisherigen, verfälschten Gemeinschaft, die nur eine Phrase und ein Betrug ist, eine neue, wirkliche, lebendige Gemeinschaft der Tat zu setzen. Mit dieser Parole tritt sie auf.

Die neue Gemeinschaft kann im Grunde nur die uralte Gemeinschaft der Menschen sein. Denn sie war die Gemeinschaft als soziales Erlebnis, als elementarer Sicherungsverband, als organische Einheit — ohne Klassenscheidung, ohne oben und unten, ohne Überlegenheit und Unterlegenheit, ohne Herren und Sklaven.

Aber äußerlich der alten Gemeinschaft verwandt, indem sie alle als Gleichberechtigte umfaßt, ist die Zukunftsgemeinschaft doch innerlich ein wesentlich Neues: nicht im dumpfen Druck der Not, sondern aus freier, befreiter Erkenntnis, nicht als Einzelstücke einer Gruppe, sondern als eine aus Individuen frei geschmiedete Gemeinschaft tritt die proletarische Jugend in die neue Beziehung ein.

Mit dem positiven Ziel des Sozialismus, zu dem sich die proletarische Jugend — zunächst als Massenprotestbewegung — bekennt, betritt sie Terrain außerhalb der bürgerlichen Welt. Indem sie den Schritt tut, den die Wandervogelbewegung nicht tat, nicht tun konnte, beginnt für sie der neue Anfang dort, wo für jene das Ende gekommen war.

So wird die seit Jahrtausenden verschüttete, von den Machthabern der Klassengesellschaft mit allen Mitteln unterdrückte, als Phantom verhöhnte, als Utopie verlachte Idee der Gemeinschaft aller Menschen um des Menschlichen willen tief aus den Herzen und Hirnen, wo sie als Ahnung, Traum und Sehnsucht schlummerte, ans Licht gehoben und von der jungen proletarischen Generation als Forderung, Aufgabe, Losung und Ziel der Mitwelt verkündet.

Diese junge Generation wird der alten Gemeinschaft abtrünnig. Sie sagt ihr den Kampf auf Leben und Tod an. Nicht, um sich in Abgründen und Sümpfen zu verlieren, wo das Verderben wartet; auch nicht, um auf halbem Wege stehenzubleiben. Ungeachtet der äußeren Widerstände und inneren Hemmungen, allen Hindernissen, Irrungen und Belastungen zum Trotz, schreitet sie zweckbewußt verbunden dem Ziele eines neuen Gemeinschaftsaufbaus und Gemeinschaftslebens zu. Schritt um Schritt — aber mit jedem Schritte dem Ziele näherkommend.

Die Weltgeschichte marschiert in Generationen.

Die Bewegung der proletarischen Jugend ist im Gegensatz zur bürgerlichen Jugend nicht in erster Linie eine geistige, sondern eine wirtschaftlich-politische Angelegenheit.

Sie entspringt auch der Not, doch nicht der geistig-seelischen Ichnot, sondern der ökonomisch-sozialen Klassennot. Wie jene ist sie Reaktion auf Druck, Protest gegen Unterjochung; doch weniger eine Abwehr gegen Eltern und Schulautorität als vielmehr eine Auflehnung gegen Ausbeutung und Staatsgewalt, und niemals eine Flucht, ein Auskneifen, sondern offener Kampf, aktives Vorgehen.

Wie die Jugend des Proletariats nicht geboren, sondern »geworfen«, nicht erzogen, sondern großgeprügelt wird, so nimmt sie auch niemand bei der Hand, um sie ins Leben einzuführen — sie wird hineingestoßen. Der Schutzengel, von dem die sentimentale Legende berichtet, behütet nur die Kinder der Reichen. Während ein ganzes Heer von Gouvernanten und Hausmeistern, Lehrern und Erziehern, Doktoren und Professoren die Jugend der besitzenden Klasse mit geradezu verschwenderischer Obhut und Fürsorge umhegt und umschirmt, damit sie vor Schmutz und Ungemach, Gefahren und Verderbtheiten des Lebens bewahrt bleibe, lassen Not und Sorge die Proletarierbrut vor der Zeit flügge werden und treiben sie aus dem elterlichen Neste, das ihnen meist nie eine Heimstätte und Heimat war. Ohne Schutz und Leitung, gleicherweise geistig hilflos, unerfahren und unberaten, wie schwach am Körper und arm an Gut geht sie ihren Weg. Einen Weg in das düstere Schicksal ihrer Klasse.

Aber diese Klasse ist nicht mehr der feige Duckmäuser von ehedem, sondern ein trotziger Rebell. Ihn zu bändigen, durch Gewalt und List in Schach zu halten, ist eine Lebensfrage der Bourgeoisie geworden. Die Aufgabe der Schule, bei der Domestikation der Massen tatkräftig mitzuwirken, ist auch die Aufgabe ihres verdünnten Aufgusses, der Fortbildungsschule. Gerade in den Jahren des kräftig sich regenden Selbstgefühls, wo der Drang zum Erwachsensein jede Abhängigkeit fühlbarer, jede Unterdrückung schmerzhafter macht, bietet die Schulgewalt alles auf, um den halbreifen Proletariernachwuchs in Zaum und Zügel zu halten. Eigenkraft und Eigenwert sollen nicht ins Bewußtsein der Massen treten, wenn anders nicht die bestehende Ordnung um ihren Fortbestand in der Zukunft bangen soll. Daher die Beibehaltung der Prügelstrafe, die Wiedereinführung des Religionsunterrichtes, die Propaganda reaktionärer, chauvinistischer, kriegshetzerischer Politik. Aber es ist und bleibt das Verhältnis aller Autorität, daß ihr Echo wiederum Autorität heißt. Und wie auf die Autorität des Vaters und Lehrers der kindliche Trotz die entsprechende Antwort gab, so antwortet in der Fortbildungsschule der Halbstarke mit der dreisteren und robusteren Protestform der offenen Auflehnung. Sein Kampf bleibt jedoch zunächst Einzelkampf von Fall zu Fall, und meist ist er der Unterlegene.

Stärker als die Fortbildungsschule wirkt auf den Schulentlassenen das neue Milieu ein, in das er nach dem Verlassen des Elternhauses gelangt. Sind die Eltern in der Lage, einige Kosten für die Ausbildung und die Unterhaltung während mehrerer Jahre auf sich zu nehmen, so tritt der Knabe in die Lehre. Darin klingt noch ein Ton aus der Zeit des Handwerks und der Zünfte nach. Es ist auch kleinbürgerliche Luft, die hier in Werkstellen und meisterlichen Behausungen lagert. Enger Horizont, altmodische Denkweise, stockfleckige Moral, patriarchalisch-autoritäre Orientierung.

Die landläufige Auffassung vom Lehrlingsverhältnis drückt sich anschaulich und vulgär in der primitiven Selbstverständlichkeit aus, daß ein Lehrling kräftig Ohrfeigen haben müsse, wenn er ein tüchtiger Geselle und Meister werden solle. Prügel als Erziehungsmittel zur bürgerlichen Lebenstüchtigkeit — das ist die Überschrift zu dem traurigen Kapitel: Erziehungsgrundsätze und Erziehungspraxis im Meisterhaus. »Hierüber kann jeder Lehrling ein Klagelied singen«, schreibt Max Peters in seinem Weckruf an die arbeitende Jugend, »jedermann bildet sich ein, am Lehrling seinen Mißmut auslassen zu können. Wer wollte alle die vielen täglich vorkommenden Mißhandlungsfälle aufzählen! Besonders in den Kleinbetrieben sind sie an der Tagesordnung. Wo die Ausbeutung am größten, ist auch die Mißhandlung am stärksten. Sie sind oft wahre Brutherde von Lehrlingselend und Lehrlingsjammer. In den finsteren Kellern und Kammern, die abgeschlossen sind vom Tageslicht, schaltet und waltet der Lehrlingspeiniger mit dem armen, schwächlichen Lehrling, unbeaufsichtigt, unkontrolliert, macht dem jungen Geschöpf das erst begonnene Leben unerträglich, quält es seelisch und körperlich, bis es oft in Stumpfsinn verfällt, dauernd einen geistigen Defekt davonträgt, ja schließlich lebensüberdrüssig wird, sich von der Verzweiflung übermannen läßt und selbst seinem Leben ein Ende bereitet.«

Die übergroße Masse der schulentlassenen Proletarierkinder wird heute nicht mehr Handwerkslehrling, sondern bestenfalls Fabriklehrling, meist schlägt sie sich zu dem gewaltigen Heere der Ungelernten. Der Fabriklehrling ist dem Handwerkslehrling gegenüber insofern etwas günstiger gestellt, als er durch einige, wenn auch erschreckend dürftige und löcherige Schutzmaßnahmen vor der unmenschlichsten Ausbeutung gesichert ist. Auch kann die Lehrlingsmißhandlung in den Fabriken nicht so aufkommen wie im Kleinbetrieb, schon weil die Organisationen der erwachsenen Arbeiter als Kontrollinstanzen wirken und die Gesetze der Menschlichkeit wenigstens im gröbsten zu respektieren zwingen. Nicht aber kann der Einfluß der Organisationen immer eine berufliche Ausbildung gewährleisten, die qualitativ der Meisterlehre entspräche. Die Eigenart des auf diffizilster Teilarbeit und raffiniertester Technik beruhenden modernen Produktionsverfahrens macht die Einführung des Lehrlings in den Gesamtkomplex des Produktionsprozesses mehr oder weniger unmöglich. So wird er zum Teil- oder Hilfsarbeiter, zum rechten Fabrikproleten.

Wie im Arbeitsverhältnis, so auch in seinen persönlichen Angelegenheiten, in seiner Lebensgestaltung, seiner seelischen Verfassung.

Weil das Minderwertigkeitsgefühl dieser jungen Fabrikproletarier nach einer Kompensation drängt, streben sie, unter dem suggestiven Einfluß der Erwachsenen, deren Verbände ihnen die Stärke der Einigkeit demonstrieren, zu einem solidarischen Zusammenschluß. Sie sammeln ihre vereinzelten und verstreuten Proteste zu einem Massenprotest, ihre subjektive Abwehr zu einer kollektiven Bewegung, sie geben ihrer Kompensation das Gefüge und die Substanz einer Kampfaktion, einer Angriffsformation.

Wenn sich kirchliche oder bürgerliche Stellen vor Jahren oder Jahrzehnten schon um die heranwachsende Jugend des Volkes bemüht haben, so geschah dies nicht, um schreiende Notstände zu beseitigen, der Jugend zu stärkerem Selbstgefühl zu verhelfen, ihr in ihrer seelischen Entwicklung nützlich zu sein. Der werbende und organisierte Eifer der Kutten, Bäffchen und Bratenröcke war vielmehr diktiert von den schleichenden Tendenzen kirchlicher Seelenfängerei, die wiederum die Geschäfte der Besitzerklasse besorgt. Ein meist rein äußerlicher Unterschied trennte die Jugendverbände in konfessionelle und interkonfessionelle, erstere wieder in solche katholischer, protestantischer und jüdischer Observanz. In Korns Schrift über die bürgerlichen Jugendorganisationen kann man nachlesen, wie vielfach gespalten und gegliedert, in zahllose Richtungen und Abzweigungen auseinanderfließend, in Vereine und Vereinchen, Bünde und Klubs zerrissen, sich die bürgerliche Jugendbewegung präsentierte. Aber über all der Buntscheckigkeit der Programme und dem Wirrwarr der Organisationsgebilde steht die Autorität der Erwachsenen, das Interesse der herrschenden Gewalten, die Nutznießung der Bourgeoisie. Diese Jugendverbände sind nur Rekrutenschulen für die Bedürfnisse der Ausbeutung. Pferche zur Aufzucht von menschlichem Arbeitsvieh. Sie kultivieren seelische Minderwertigkeiten, um in diesen immerfort aufs neue das System des Kapitalismus zu verankern.

Das Proletariat hatte erfahren, daß weder die Methode demutvoller und geduldiger Unterwerfung noch die Methode wütender Auflehnung und Revolte zum Ziele führte. Zum Ausgleich seines Minderwertigkeitsgefühls und von der Not seines Daseins dazu gedrängt, sammelte sich sein klassenbewußter Teil in der sozialdemokratischen Partei. Er beschritt den Weg, den die Erfahrungen der Arbeit und des sozialen Lebens wiesen: Er organisierte sich, um Lebenssicherheit zu gewinnen, der Entmutigung Herr zu werden, im Kampfe zu siegen. Es ist das gewaltige Verdienst der sozialdemokratischen Partei, daß sie die proletarischen Massen gesammelt, mit Vertrauen zu sich selbst erfüllt, daß sie die Verzagten und Feigen aufgerüttelt, ihr Selbstgefühl geweckt und gesteigert und schließlich das Gesamtproletariat zur Erringung einer besseren Zukunft in Marsch gesetzt hat. Wenn sie darüber hinaus Höheres nicht leisten konnte, so deshalb, weil sie sich in ihrer Psychologie noch nicht vom Kleinbürgertum abzulösen vermocht hat. Wohl besitzt sie eine proletarisch-revolutionäre Theorie, aber schon die Form ihrer Organisationen, die Taktik ihrer Kämpfe, die Prinzipien ihrer psychologischen und ideologischen Orientierung teilt sie mit dem Bürgertum. Ja, sie hat schließlich auch die Theorie kleinbürgerlich-reformistisch zurechtgestutzt und sie ihres revolutionären Kernes beraubt. Die Folge davon war, daß sie sich bei all ihren Protesten, mit denen sie gegen die bürgerliche Gesellschaft demonstrierte, wohl sehr revolutionär vorkam, bei den Massen auch den Eindruck einer revolutionären Bewegung erweckte, dem Bürgertum zeitweilig sogar Angst und Furcht einflößte, im entscheidenden Moment sich jedoch als durchaus kleinbürgerlich-opportunistisch geartete Reformpartei entpuppte. Und die Gemeinschaft, die ihr vorschwebt, an die zu glauben sie durch das offizielle Programm sozusagen verpflichtet ist, hat kaum ernsthaftere Bedeutung als die eines Spießbürgertraums, den man an Sonntagnachmittagen in Ermangelung besserer Beschäftigung träumt.

Nach dem Vorbild der Alten, wenn auch zunächst nicht in ihrem Geiste, organisierte sich von 1904 ab die proletarische Jugend. In Mannheim schlossen sich zwei Dutzend junger Leute zu einem »Verband junger Arbeiter« zusammen. Bald waren mehr als hundert Mitglieder vorhanden, die sich auf einige Ortsgruppen verteilten; und schon 1906 konnte sich der Verband, seinen zu eng gewordenen Rahmen sprengend, zum »Verband junger Arbeiter Deutschlands« erweitern. Mit dem nächsten Quartal erschien sogar ein eigenes Organ, »Die junge Garde«, 2000 Auflage stark. »Die Jugend der Partei«, so hieß es in dem Leitartikel der ersten Nummer, »wird zur Erreichung ihrer Ziele die gleichen Mittel anwenden wie die Partei in ihrer Jugend. Wir werden Vorträge aus den Gebieten der Geschichte, der Volkswirtschaft und der Naturwissenschaft hören. Wir werden die Ereignisse des Tages zu betrachten suchen im Spiegel der Geschichtsauffassung, die uns von Marx und Engels überkommen ist. Wir werden Diskussionsabende veranstalten, in denen wir selbständig zu reden und zu denken lernen wollen, und für einen Verband der Jugend versteht es sich von selbst, daß wir Kameradschaft und Geselligkeit unter uns pflegen müssen. Dabei werden wir versuchen, ein verkanntes Geschöpf wieder zu Ehren zu bringen: das freie Arbeiterlied. Um dieses Streben zu vereinheitlichen, planmäßig zu gestalten und die an einzelnen Orten gemachten Erfahrungen zu sammeln, haben wir die Junge Garde geschaffen.«

Gewiß waren die Jugendlichen der Ausbeutung durch den Kapitalismus bis dahin fast völlig schutzlos ausgeliefert, gewiß war ihre Organisation nach dem Vorbilde der Partei auf dem Kampf um wirtschaftliche Interessen, sozialpolitischen Schutz und gesetzgeberische Berücksichtigung eingestellt, und gewiß hatte eine Organisation hierin große Aufgaben zu erfüllen — aber das Wesentliche, im tiefsten Grunde Bestimmende des Vereins- und Organisationslebens der Jugendlichen lag auf einem ganz anderen Gebiet. Psychologisch gesehen, dürfte Karl Steiner das Richtige treffen, wenn er sagt: »Betrachtet man den Einzelnen, der in die Bewegung stößt, so sucht er nicht wirtschaftlichen Schutz, der ja erst seit kurzer Zeit in merklicher Weise gewährt wird, sondern er will irgendwie Mitarbeiter sein an einer gemeinsamen Sache. Er geht in die Jugendbewegung, weil er nur dort als vollwertig gilt, zu Altersgenossen. Er will mitspielen, will als Funktionär das Vertrauen seiner Kameraden genießen, will teilnehmen an sportlichen Leistungen, seinen Mann stellen beim Spiel usw. Mitspieler sind sie alle, die in die Jugendbewegung kommen.« Und der Drang, Mitspieler nach dem Vorbilde der Alten, im Geiste der Klassenbewegung zu werden, hatte zu gleicher Zeit an verschiedenen

Brennpunkten der Arbeiterbewegung zu Zusammenschlüssen geführt.

So hatte sich, im nämlichen Jahre 1904, in Berlin ein »Verein der Lehrlinge und jugendlichen Arbeiter« gebildet, der 1905 ein eigenes Organ, »Die arbeitende Jugend«, herausgab. Im nächsten Jahre bildete sich der Verein um zur »Vereinigung der freien Jugendorganisationen«, die rasch an Mitgliedern gewann. Damit geriet sie in Konkurrenz gegen die Mannheimer Bewegung, zugleich aber mit dieser in Opposition gegen Partei und Gewerkschaften. Diese, mit wachsendem Eifer auf den Schutz und die Sicherung ihrer Altersvorrechte bedacht und mit allen Künsten der Überlistung, allen Methoden der Vergewaltigung vertraut, raubten der Jugendorganisation die Selbständigkeit, brachten sie in materielle Abhängigkeit von der Partei und gliederten sie dieser als eine Art Rekrutenschule an. In der Zentralstelle für die arbeitende Jugend Deutschlands fanden beide Strömungen ihre Vereinigung und äußerlich kräftige Fortsetzung, so daß 1912 bereits 574 Ausschüsse bestanden und die Zeitung 80 000 Leser zählte.

Aber das Schicksal der Arbeiterjugend war von nun an gebunden an das Schicksal der sozialdemokratischen Partei. Und als diese infolge ihrer Kriegspolitik bald zersprengt und zerrissen wurde, spaltete sich auch die Jugendbewegung in mehrere Lager, die sich befehdeten und einander durch Betonung des Klassenkampfstandpunktes zu übertreffen suchten. In Wirklichkeit handelte es sich dabei meist um die Rivalität von Autoritäten, die sich des sozialen Mittels der Organisation bedienten, um sich zur Geltung zu bringen und ihre persönlichen Ziele zu verfolgen. Das Führerwesen spielt, wie bei den Erwachsenen, auch in der Organisation der Jugend noch immer eine verhängnisvolle Rolle. Aus dem Bestreben heraus, dem psychologischen Bedürfnis der Jugend nach Erhöhung ihres Persönlichkeitsbewußtseins durch Leistungen im Interesse und Sinne der Gemeinschaft gerecht zu werden, hat man möglichst viele Funktionen geschaffen, die mit Funktionären besetzt wurden. Weil aber der zentralistische Organisationsaufbau gegen das Aufkommen und Überwiegen autoritärer und diktatorischer Instanzen keinen Schutz bietet, im Gegenteil diese Entwicklung begünstigt, entstand in den Jugendgruppen bald dasselbe Bonzentum, derselbe Herrschaftsgeist, dieselbe Autoritätsgewalt wie im Staats- und Parteiwesen, wo die Macht der Obrigkeit, der Beamten, Lehrer, Führer auf das Geltungsgefühl der Menschen drückt und Minderwertigkeitsgefühle erzeugt. Kein Wunder, daß die Richtungskämpfe und Zwistigkeiten innerhalb der Organisation nicht abreißen, daß fortgesetzt eine Clique gegen die andere intrigiert, wühlt und wütet. Unter dem Vorwand oder der Schutzmaske sachlicher Differenzen oder

Meinungsverschiedenheiten ringt eine Autorität gegen die andere um Anerkennung, Überlegenheit, Herrschaft. Wie die Partei sich räuspert und spuckt, sie haben's ihr glücklich abgeguckt.

Die Verflachung der sozialdemokratischen Partei zu einem beiläufigen Zweckverband räsonierender und reformistelnder Kleinbürger hat es mit sich gebracht, daß auch ihr Anhängsel, eben die sozialdemokratische Jugendorganisation, der kleinbürgerlichen Versimpelung und Versandung verfallen ist. Sie ist ein Geselligkeitsverein geworden, der Spiele pflegt, Wanderungen veranstaltet, Feste arrangiert, sich in geschäftiger Vereinsmeierei gefällt und mit Wissenschaft aus dritter Hand einen Nachwuchs auffüttert, der getreulich in die Fußstapfen der parteiväterlichen Vorbilder tritt. Der Gemeinschaftsgedanke trägt den Geruch kleinbürgerlicher Ranzigkeit; die Gemeinschaft als Bewegungsziel ist in eine fast nebelhafte Ferne gerückt. Nichts vermöchte den tiefen Verfall der sozialdemokratischen Bewegung und ihre Rückwärtsrevision zu fatalster Bürgerlichkeit so niederschmetternd zu illustrieren wie dieser Verlust sozialethischer Existenzberechtigung, diese katastrophale Verarmung an allen psychologischen Zukunftswerten auf dem Gebiete, wo sie ehedem am hoffnungsvollsten war.

In Österreich, wo die Gunst historischer Umstände die Sozialdemokratie vor so grausamer und schmachvoller Selbstentleibung bewahrte, hat sich die klassenbewußte Arbeiterschaft eine eigene — spezifisch österreichische — Institution geschaffen, um an den proletarischen Kindern sozialistische Erziehungsarbeit zu leisten: die Elternvereinigung der Kinderfreunde. Das ist eine aus kleinen Anfängen hervorgegangene Vereinigung von mehr als hunderttausend Mitgliedern, die eine ausgebreitete Fürsorge- und Erziehungsarbeit leistet (Wanderungen, Kinderbüchereien, Horte, Spielwiesen, Heime, Produktionsgemeinschaften von Kindern, Ferienkolonien, Tageserholungsstätten, Wanderherbergen, Märchenabende, Kinoveranstaltungen, Lesehallen, Ausbildungskurse für Erzieher usw.). Über die Entwicklung des Vereins äußerte sich der Begründer, Afritsch (Graz), auf der Klesheimer Konferenz 1922 wie folgt: »Vor dem Kriege glaubten wir, daß wir die Proletarierkinder zu schönen, guten Menschen erziehen müßten, und dann würde es nicht schwer sein, gute Sozialisten aus ihnen zu machen. Man durfte damals nicht von sozialistischer Erziehung sprechen. Wir hatten schon bei der Ausarbeitung des Statuts große Schwierigkeiten mit der Statthalterei, weil wir die sittlich-religiöse Erziehung nicht mit hineinnehmen wollten. Die Fürsorgearbeit haben wir immer als das Sekundäre aufgefaßt. Bei Ausbruch des Krieges fürchteten wir den Zusammenbruch unserer Ortsgruppen auf dem Lande. Während des Krieges entstanden in den Stadtgemeinden mehr Ortsgruppen, denn wir haben Fürsorgearbeit machen müssen. Nach dem Kriege war es schwer, den Mitgliedern beizubringen, daß der Verein in erster Linie Erziehungsarbeit zu vollbringen hat. Wir können jetzt sagen: Dank der Kräfte, die der Verein gewonnen hat, ist es gelungen, den Verein auf eine solche Basis zu stellen.«

Das letztere mag für die allgemeine programmatische Zielsetzung des Vereins zutreffen, dürfte aber auf den Charakter seiner praktischen Arbeit nicht ganz unbestritten sein. Wenigstens betont Max Adler, einer der hervorragendsten geistigen Führer der Bewegung, daß »dieselbe verhängnisvolle Entartung des proletarischen Geistes, welche die großen revolutionären Ziele der proletarischen Klasse völlig aus dem Auge verliert und ganz im Einzelegoismus versumpft, sich auch in einer Auffassung des Zweckes der Kinderfreunde-Organisation zeigt«. Er zieht eine Parallele zwischen dem Standpunkt des bloßen Lohninteresses, der eine Zünftlergesinnung, eine Verkäuferhaltung verrät, aber mit Sozialismus nichts zu tun hat, und dem Standpunkt der bloßen Fürsorgetätigkeit, der Wesen und Aufgabe der Kinderfreunde-Organisation in nichts unterschieden sein läßt von irgendeiner bürgerlichen Wohlfahrtspflege. Um jedes Mißverständnis zu verhüten, wird betont, »daß die Fürsorgetätigkeit für die Kinderfreunde-Arbeit genauso unentbehrlich ist, ja noch wichtiger wie die Verbesserung der Arbeits- und Lohnbedingungen des Proletariats für den Klassenkampf überhaupt. Sorge für bessere Ernährung der Kinder, für Körperpflege, für ärztliche Kontrolle ihrer Entwicklung, für Bewahrung vor den Gefahren der Straße, für Beschäftigung in luftigen, hellen, gut geheizten und beleuchteten Räumen — dies alles sind Maßnahmen, welche unentbehrliche und unaufschiebbare Bestandteile der Kinderfreunde-Arbeit bilden und leider noch lange nicht in genügendem Maße heute von ihr bestritten werden können. Aber dies alles darf nicht Selbstzweck, nur Mittel zum Zwecke sein, und dieser Zweck kann kein anderer sein als die über bloße Fürsorgetätigkeit hinausgehende sozialistische Erziehung. Daraus ergibt sich, daß wir als ganz unproletarisch und unsozialistisch eine Auffassung ablehnen, welche die Aufgabe der Kinderfreunde-Organisation wesentlich darin begründet sieht, durch Errichtung von Horten den Eltern während ihrer Arbeit die Sorge um die Kinder abzunehmen, die mangelhafte Ernährung der Kinder durch billige oder gar unentgeltliche Ausspeisung zu ergänzen, die Kinder mit Spielen zu beschäftigen und auf Ausflügen zu überwachen. Wer nur dieses und ähnliches von den Kinderfreunden verlangt, der entseelt die Arbeit dieser Organisation und erfüllt sie mit der ganzen Öde und Enge seines kleinen Nützlichkeitsinteresses. Es ist dies nur die Fortsetzung jener unsozialistischen Lohngesinnung auch auf dem Gebiete der Kindererziehung. Hier wie dort will man nicht etwas für die Klasse, sondern nur für sich selbst gewinnen. Das Klassenschicksal des Proletariats selbst, ja sogar das individuelle Schicksal seiner Kinder, die zwar vor dem ärgsten Elend geschützt, aber sonst innerlich unverändert in das alte Proletarierelend hineinwachsen, wird bei solchen Standpunkt naturgemäß gleichgültig oder tritt zumindest an zweite Stelle.«

Im Gegensatz zur Richtung der Nur-Fürsorge betont der andere Flügel der Kinderfreunde-Organisation mit Nachdruck die Notwendigkeit sozialistischer Erziehung, deren eigentlicher Sinn darin gipfelt, die Gemeinschaft zum erziehenden Faktor zu machen. Durch die Gemeinschaft zur Gemeinschaft, so lautet die Losung.

Gemeinschaft — damit kehren wir zur Psychologie zurück. Machtstreben und Gemeinschaftsgefühl, die Pole menschlichen Seelenlebens, erheischen auch in diesem Zusammenhange ihre Berücksichtigung. Immer, wo Kind und Erwachsener einander gegenüberstehen, repräsentiert der Erwachsene die Autorität, Macht, Vollwertigkeit, und das Kind wird schwächer oder stärker in ein Ohnmachts- und Minderwertigkeitsgefühl gedrängt. Die daraus entstehende seelische Situation verlegt mehr oder weniger die Zugänge zur Gemeinschaft. Und jede, wie auch immer geartete Erziehung, bei der Erwachsene auf Kinder wirken, wird zwar eine mehr oder weniger gute und richtige Erziehung für die soziale Struktur der heutigen Gesellschaft sein, kann aber nicht als sozialistische Erziehung angesprochen werden, wenn man eben unter Sozialismus die zwangsläufige Folge gemeinsamer Arbeit, also Gemeinschaft, versteht. Die Kinderfreunde sind eine Elternorganisation — damit ist von vornherein der Gegensatz gegeben, der sie als Erziehungsinstitution im überlieferten Sinne kennzeichnet. Sie kann dem Grade nach von Kinderstube, Schule, Kaserne unterschieden sein, und ist es im erdenklichsten Ausmaße; aber sie unterscheidet sich von ihnen nicht im Prinzip. Alle Lauterkeit der Bestrebungen, alle Selbstlosigkeit der Arbeit, aller Idealismus der Kräfte und alle tausendfachen Beteuerungen, daß nur die reinste, heißeste Hingabe an den Gedanken des Klassenkampfes, die Idee des Sozialismus, das Ideal der Gemeinschaft jeden Mitarbeiter und jedes Werk erfülle, ändern nichts an der Tatsache, daß die Polarität von groß und klein, oben und unten, stark und schwach auch hier sich auswirkt und unvermeidlich gemeinschaftsstörende Tendenzen entwickelt. Wir wissen, daß zärtlichste Liebe der Erwachsenen zum Kinde dieselben seelischen Wirkungen haben kann wie brutale Strenge, sehen verhätschelte oder mit Güte und Wohlwollen erzogene Kinder genauso Opfer von Minderwertigkeitskomplexen werden wie andere, die unter hartem Zwange erzogen wurden. Alle Milde, Nachsicht, Herzenswärme — in wie reichem Maße sie immer aufgebracht werden mögen — sind nicht imstande, das Aufkommen seelischer Spannungen, Proteste, Konflikte zu vermeiden, sofern der Gegensatz von Eltern und Jungen den Charakter der Erziehung beherrscht. Hinter den Kinderfreunden stehen Partei und Gewerkschaften, autoritäre Verbände vom reinsten Wasser; die Kinderfreunde selbst gehören diesen Verbänden als Mitglieder an. Dies wäre nicht der Fall und könnte nicht der Fall sein, wenn sie nicht, psychologisch gesprochen, innerlich autoritär orientiert wären. So groß und redlich auch ihr Bemühen sein mag, sie kommen von der Autorität nicht los. Ihre ganze Disposition zwingt sie dazu. Deshalb kommen sie auch mit Hilfe der Parteien, der Gewerkschaften, der autoritären Verbände niemals zum Sozialismus. Bestenfalls zu einem Staatssozialismus, der nur eine andere Form des Staatskapitalismus ist; und ebenso kommen sie nicht zu einer sozialistischen Erziehung. Bestenfalls zu einer Erziehung, bei der die Gefahren des autoritären Verhältnisses auf ein Mindestmaß reduziert sind. Gewiß schon ein Erfolg — aber sozialistische Erziehung ist etwas anderes.

Die Bewegung der Kinderfreunde in allen Ehren! Unendliche Segnungen gehen von ihr aus. Das proletarische Kind hat in ihr den wärmsten Freund, den aufrichtigsten Berater, den selbstlosesten Helfer. Es findet in ihr den väterlichsten Vater — aber doch eben einen Vater.

Um zur Gemeinschaft zu kommen, brauchte es ein Kind, wie es selber ist: ein Mitkind. Und die Bewegung hätte keine Kinderfreunde-Bewegung, sondern eine Nur-Kinder-Bewegung zu sein. Es sind Kräfte am Werke, dies aus ihr zu machen. In dem Widerstande, den diese Absichten innerhalb der Bewegung finden, begegnen sich die Tendenzen der alten und der neuen Welt. Aber es hilft nichts — wollen die Kinderfreunde ihre Aufgabe sozialistischer Erziehung wirklich erfüllen, so müssen sie den Weg betreten, den Lazarsfeld und seine Freunde ihnen mit den Versuchen von Erziehungsgemeinschaften (Lind) gewiesen haben: Gemeinschaftserziehung durch Erziehungsgemeinschaften von Jugendlichen und Kindern unter Ausschluß von Erwachsenen.

Gewiß ist es richtig, daß die heutige Jugend noch nicht über Format und Fonds verfügt, um den Anforderungen einer Erziehung durch eigene Kraft und mit eigenen Mitteln zu genügen, und die Alten behalten recht, wenn sie erklären, die Erfahrung, die Technik und die Produktivität Jugendlicher sei zu gering, zu einseitig, als daß sie dauernd mit ihren Organisationen allein fertig werden könnten. Aber vom Standpunkt des Künftigen gesehen, halten wir es mit Lazarsfeld, wenn er dazu bemerkt: »Trotzdem bleibt unmöglich die Heranziehung Fremder, Erwachsener, oder wie sonst der Name für alle die sein mag, die die Jugend als zusammenhanglos mit ihrem Wesen, ihren Ideen, ihrer Geschichte, ihren Notwendigkeiten empfindet. Darum muß eine erste Generation einer Jugendbewegung immer als Bewegung zugrunde gehen.« Und wir müssen den Mut haben, dieses Opfer zu bringen.

In Deutschland hat die Kinderfreunde-Bewegung ein Seitenstück gefunden, das ein Seitenstück bleibt, sosehr sich seine Arrangeure auch gegen diese Parallele wehren mögen. Sein grellerer politischer Anstrich kann über den bürgerlichen Grundcharakter seines Wesens täuschen, seine Tatsächlichkeit aber nicht aus der Welt schaffen. Es ist die Rede von den parteikommunistischen Kindergruppen.

Der politische und moralische Bankrott der Sozialdemokratie seit 1914 hatte zur Folge, daß die entschiedenste und ehrlichste Betonung des Klassenkampfgedankens, das rückhaltlose Bekenntnis der proletarischen Massen zur Revolution von der Sozialdemokratie zu den Kommunisten flüchtete. Stellt sich die Revolution psychologisch dar als die weltgeschichtliche Entladung eines gigantischen Massenprotestes, hervorgerufen durch ungeheure Spannungen infolge unerträglicher Lebensunsicherheit, so bildet die Kommunistische Partei ein Arrangement von Vorversuchen und mehr oder weniger ernsthaften Exerzitien für die Auslösung und erfolgreiche Durchführung dieses Massenprotestes. Ihre Aufgabe war es, das Schwächegefühl der proletarischen Massen demonstrativ zu überwinden, ihnen das Gefühl der Kraft, Vertrauen zu sich selbst und Glauben an den Sieg ihrer Sache zu verleihen. Sie sucht diese Aufgabe zu erfüllen mit den politischen Mitteln der Partei, also einer autoritär-zentralistischen Organisation, deren Aktionen immer nur Proteste sein können und deren Kampf gegen die Autorität diktiert ist von dem Willen zur Etablierung und Überordnung der eigenen Autorität. In der Rolle des trotzigen Kindes, in die sie unvermeidlich verfällt, verstrickt sie sich um so tiefer in dem unheilvollen Zirkel von Minderwertigkeitsgefühl, Machtstreben und Überkompensation, je heftiger sie seinen Wirkungen zu entfliehen sucht. Es ist ihr Schicksal, daß ihre politische Mission an diesem inneren Konflikt scheitert.

Die Kommunistische Partei hat die Psychologie vor ein Novum gestellt: sie hat den männlichen Protest des Kindes, der sich bisher zwischen den vier Wänden der Kinderstube auslebte, zum Instrument einer revolutionären Aktion gemacht und in den Dienst ihrer Parteiinteressen aufgenommen. Indem sie dies tat, hat sie ihn zugleich zweckbewußt zu einer Kollektivleistung organisiert und — wenigstens in der Theorie — auf das Ziel eines neuen Gemeinschaftsideals gerichtet.

Im Jahre 1921 begann der Bolschewismus durch die Kommunistische Jugend-Internationale, wesensverwandt der Kommunistischen Partei Deutschlands, mit der Schaffung kommunistischer Kindergruppen. Eine Reichskonferenz der kommunistischen Kindergruppen Deutschlands legte Aufgaben und Ziele dieser Kindergruppen in Thesen nieder, denen das »Mitteilungsblatt für Leiter und Freunde der kommunistischen Kindergruppen« folgende Deklaration gab: Im Zeitalter der proletarischen Revolution und der gleichzeitigen Zersetzung des Kapitalismus nehmen sowohl die Verwahrlosung als auch die bürgerliche Beeinflussung des proletarischen Kindes zu an Umfang wie an Intensität. Ein großer Teil der proletarischen Kinder lungert krank und halbverhungert herum, wird Zeuge aller Fäulnisprodukte der absterbenden Gesellschaftsordnung und atmet die geistige Atmosphäre des Verbrecher-, Schieber- und Zuhältertums. Andrerseits verdoppelt die herrschende Klasse ihre Anstrengungen, um die Kinder für ihre gegenrevolutionären Zwecke einzufangen, sie politisiert Schule, Wohltätigkeitsvereine, Kindergärten, pflegt Nationalismus und Bolschewistenhetze, kurzum, sie tut alles, um einen Stamm von Weißgardisten und Streikbrechern aus den Reihen des Proletariats selbst heranzuzüchten. Das Proletariat kann diesem doppelten Verderb seines Nachwuchses nicht untätig zuschauen. Wie es den Kampf aufnehmen muß gegen die körperliche Verelendung, so auch gegen geistige Verwahrlosung und Dienstbarmachung. Es kann dabei nicht stehenbleiben. Es muß Positives an ihre Stelle setzen. Es muß Einrichtungen schaffen, um seine Kinder im Dienste der proletarischen Revolution und für den kommunistischen Aufbau zu erziehen. Der Kommunismus bedarf willensstarker, bekenntnisfreudiger, opferfreudiger Charaktere. Der Kommunismus bedarf großer persönlicher Initiative, freiwilliger Disziplin, hochgesteigerten Pflichtbewußtseins gegenüber der proletarischen Klasse. Der Kommunismus bedarf außerdem kenntnisreicher, tatfähiger Agitatoren, Organisatoren: zugleich Offiziere der Revolution, Baumeister der Zukunft. Das Ziel ist also vorgezeichnet.

Unter Ablehnung von »Parteikindergarten«, »Erlebnisgemeinschaften« und »verschwommener sozialistischer Kinderpflege« wird in These 6 die Forderung aufgestellt: »Sammlung proletarischer Kinder unter kommunistischer Führung. Wekkung des Klassenbewußtseins im Kinde, Erziehung zu proletarischer Solidarität und zum Kampf gegen die Ausbeuter. Die gesamte Tätigkeit dieser Kindergruppen muß gipfeln in der Eingliederung des proletarischen Kindes in die Gesamtfront des kämpfenden Proletariats . . . Was wir unseren Kindern geben müssen, ist: Einführung in den revolutionären Klassenkampf, nicht theoretisch, sondern praktisch.«

Wie dieser Klassenkampf praktisch angebahnt werden soll, ergibt sich aus diesem Hinweise: »Schon der Vertrieb unserer Zeitung unter den Kameraden ist kommunistische Werbe-, ja sogar Kampfarbeit. In der Schule wird es zu Konflikten kommen, in denen die Kinder ihren Mann werden stehen müssen, in denen sie die Existenz zweier scharf sich bekämpfender Welten nicht bloß hören, sondern handelnd erleben. Und in die proletarische Familie werden sie den Kommunismus tragen, werden die Aufrüttler ihrer Eltern, die Lehrer ihrer Geschwister sein.« Die kommunistische Kindergruppe wird dadurch zur Vorstufe der kommunistischen Jugendorganisation.

Für die Art, wie die Kindergruppenbewegung von Anfang an aufgezogen worden ist, gibt es kein charakteristischeres Symptom als die Tatsache, daß all diese Kundgebungen, Programme, Thesen, Deklarationen nicht etwa von Kindern, sondern von Erwachsenen stammen, von besoldeten Führern und Beauftragten der Kommunistischen Partei. Also der typische Verlauf von Gründungen autoritärer Organisationen: zuerst sind die Offiziere da, sie entwerfen Plan, Programm, Marschroute, dann geht die Werbearbeit los, um für die bereits in Amt und Würden sitzenden Führer die erforderlichen Truppen zu schaffen, deren Aufgabe, Bestimmung, Verwendungszweck, Wirkungskreis usw. schon — ohne sie gehört zu haben — niedergelegt und zum Gesetz erhoben ist. So sind bisher alle Parteien entstanden; so sieht die Gründung jedes zentralistisch-autoritären Verbandes aus; so wird jede Organisation von vornherein zum Instrument von Herrschaftsgelüsten und Machtabsichten, die sich hinter Kollektivform und Gemeinschaftsforderung verstecken.

Nicht zu leugnen ist, daß eine Partei, eine Jugendorganisation und auch eine Kindergruppe eine Gemeinschaft darstellen, also eine geistige Verbundenheit mit solidarischer Verpflichtung im Gesamtinteresse. Aber doch nur eine Gemeinschaft in dem Sinne, der eine dem überlegenen Klasseninteresse dienende Verfälschung des ursprünglichen Gemeinschaftsgedankens bedeutet. Es heißt mit Begriffen Unfug treiben, wenn eine solche Gemeinschaft der sozialistischen Gemeinschaft gleichzustellen versucht wird. Und wenn behauptet wird, eine Erziehung der Kindergruppe im Geiste der Partei sei eine Erziehung im Geiste sozialistischer Gemeinschaft, so ist das zumindest ein Irrtum, wenn nicht eine Irreführung. Auch der Gleichklang der Worte, die Identität der formulierten Postulate tut es nicht. »Das Ziel der revolutionären kommunistischen Erziehung«, heißt es im Erziehungsprogramm der Kindergruppen, »ist die Erziehung zur selbständigen Tat, zur Kühnheit, zum verantwortungsfreudigen Handeln. Aber nicht im Sinne des bürgerlichen Individualismus, der bürgerlichen Reformpädagogik. Nicht die individuelle Tat, nicht das egoistisch beschränkte Handeln, womöglich auf Kosten anderer, ist unser Erziehungsziel. Das ist das Ideal des großen kapitalistischen Geschäftemachers. Zum kollektiven Handeln wollen wir erziehen, zur kollektiven Kühnheit, zu einer Selbständigkeit, die sich mit Solidarität paart, die sich dem Gemeinwohl einordnet, unterordnet und selber wieder Gemeinwohl schafft. In der bürgerlichen Gesellschaft sind Freiheit und Unterordnung, Individuum und Gemeinschaft Gegensätze. In der sozialistischen Gesellschaft werden sie eine Einheit sein, werden sich gegenseitig ergänzen. Revolutionäre Disziplin, demokratischer Zentralismus, das sind absolute Widersprüche für bürgerliches Denken, das sind wesenhafte Einheiten für proletarische Rebellen. Unsere ganze kommunistische Erziehung muß deshalb eingestellt sein auf die Weckung und Pflege dieses neuen Gemeinschaftswillens, auf Erzeugung jener grenzenlosen Kühnheit, Hingabefähigkeit und Verantwortungsfreudigkeit jedes Einzelnen, wie sie einst in den primitiven urkommunistischen Geschlechtsverbänden bestand, ohne die auch heute keine revolutionäre Massenaktion durchgeführt, kein kommunistischer Aufbau vollendet werden kann. Nur mit dem Unterschied, daß in den primitiven Sippen das Individuum restlos in der Gemeinschaft aufging, daß aber heute die kommunistische Gemeinschaft gerade hochentwickelte Individuen voraussetzt.«

In der Tat besteht zwischen Individualismus und Sozialismus nur dann ein unvereinbarer Gegensatz, wenn man unter Individualismus jene Welt- und Lebensanschauung versteht, für die das Individuum der zentrale Begriff ist, die alleinige Realität, »etwas ganz frei für sich Bestehendes, auf sich selbst Beruhendes, aus sich selbst Erwachsenes, in sich selbst Vollendetes«. Für die das Sozialverhältnis kein Grundverhältnis, sondern ein abgeleitetes Verhältnis ist. Versteht man hingegen unter Individualismus nicht mehr und nicht weniger als die Autonomie der Persönlichkeit, die innerhalb gewisser Gegebenheiten keine andere Grenze findet als die Autonomie aller anderen Persönlichkeiten, so ist dieser negative oder relative Individualismus keine vom Sozialismus verschiedene, von ihm unabhängige und ihm selbständig auf gleicher Stufe gegenüberstehende

Lebensauffassung, sondern er ist dem Sozialismus immanent, ist seine Voraussetzung, seine Bedingung. Natorp sagt: »Individualität und Gemeinschaft bedeuten nicht einen ausschließenden Gegensatz, auch nicht zwei zwar stets miteinander wirkende, aber in dieser Wirkung sich gegenseitig beschränkende Komponenten menschlicher Lebensgestaltung, sondern sie wollen in genauer Wechselbeziehung so in eins gedacht sein, daß vertiefte Gemeinschaft zugleich vertiefte Individualität bedeutet, und umgekehrt.«

Mit der Autonomie der Persönlichkeit im Rahmen der Gemeinschaft verträgt sich nicht das Vorhandensein von Führern, berufenen, nicht freigewählten Führern, die immer Vater-Ersatz, Autorität sind und denen sich die Geführten nur so lange unterwerfen oder anvertrauen, solange sie sich in ihrem eigenen Machtstreben mit ihnen identifizieren. Eine Erziehung zur Gemeinschaft ist also schlecht beraten und geht fehl im Wege, wenn sie an die Spitze ihrer Organisationen Führerautoritäten stellt, zumal Führer, die durch ihre Zugehörigkeit zur Schicht der Erwachsenen und Halberwachsenen ohnehin in natürlichem Gegensatz zur Schicht der Kinder stehen. »Die gesamte Organisation der kommunistischen Kindergruppen liegt in den Händen eines von der Reichszentrale der kommunistischen Jugend zu ernennenden Ausschusses«, heißt es in den Richtlinien und Thesen zur Arbeit in den kommunistischen Kindergruppen (Mitteilungsblatt 1921 6/7, S. 22). Angesichts dieser Tatsache versteht man nicht, wie in demselben Zusammenhange von »freien, sich selbst verwaltenden, sich selbst gesetzgebenden Kindergruppen« gesprochen werden kann. In einer autoritären Organisation kann weder von Freiheit noch von Selbstverwaltung noch von autonomer Gesetzgebung die Rede sein. Wer die Methoden parteipolitischen Machtstrebens nicht kennt, insonderheit nicht den Machthunger der kommunistischen Partei, wird vielleicht verwundert sein, wie es kommt, daß diese Partei, die einmal in Rußland wie in Deutschland das Rätesystem propagierte, die Kindergruppen-Bewegung nicht nach dem Rätesystem von den Schulen (den »Betrieben«) aus aufbaut oder aufbauen hilft. Auf diesem Wege hätte sich in der Tat früher oder später eine oppositionelle, vielleicht sogar revolutionäre Nur-Kinder-Bewegung einleiten lassen. Der Einwand, daß diese Organisationen ganz hilflose, lächerliche, unmögliche Gebilde sein würden, ist kein Einwand angesichts der Tatsache, daß die kulturelle Entwicklung irgendwann einmal beginnen muß, sich von der Vorherrschaft der männlichen Erwachsenen abzulösen, und daß ohne diese Emanzipation eine sozialistische Gemeinschaftskultur überhaupt nicht denkbar ist. Die kommunistische Partei hat diesen Weg nicht beschritten, weil sie im Grunde dem Rätesystem feindlich ist. Rätesystem heißt Autoritätslosigkeit, Herrschaftslosigkeit, Ende der Parteiautorität und Parteiherrschaft. Deshalb hat die Kommunistische Partei in Deutschland die Räteorganisationen abgebaut, sabotiert und bekämpft, in Rußland zu einem Paravent für die Allmacht der autoritären Kommissare umgestaltet. Hier stehen sich also Autorität und Gemeinschaft in alter Feindschaft gegenüber. Eine Organisation der Autorität kann keine Organisation der Gemeinschaft wollen, wenn sie sich nicht selbst überwinden will.

Man hat die Kindergruppen spöttisch »Partei der Hosenmätze« genannt, und die erwachsenen Drahtzieher und Nutznießer der Bewegung haben das sehr übelgenommen. Doch das Wort trifft das Richtige: wir haben eine politische Partei der Schulkinder vor uns, in deren Auftreten, deren Agitation und Aktion die neurotischen Proteste wahre Orgien feiern. Minderwertigkeitskomplexe von handgreiflichster Deutlichkeit finden hier ihre oft grotesken Kompensationen. Dabei kann gern zugegeben werden, daß sich die Aktionen der Kindergruppen gegen schreiende Übelstände richten, die zu bekämpfen überaus verdienstlich ist: gegen Prügelpädagogentum, Chauvinismus in der Schule, Völkerverhetzung und Kinderausbeutung — alles Kapitel, die von Barbarei, Egoismus, Machtwahn, Sünden gegen das Mitmenschentum strotzen. Besonders die von Kindern fortlaufend gegebenen Berichte über Schulprügeleien enthüllen ein Maß von Abscheulichkeit und Roheit, das oft das Blut erstarren läßt. Ohne gegen die Berechtigung, ja Notwendigkeit eines Kampfes gegen solche Übelstände auch nur den leisesten Einwand erheben zu wollen, muß doch gesagt werden, daß die überaus fragwürdigen Erfolge von Kinderaktionen viel zu teuer erkauft werden, und zwar auf Kosten der Kinder selbst. Mit Methoden von äußerster Gewagtheit wird ein kindliches Heldentum gezüchtet, ein Märtyrerehrgeiz aufgestachelt, ein Erfolgshochmut geweckt, eine Großmannssucht kultiviert, daß man — vom Standpunkt sozialistischer Gemeinschaftsidee aus — den Früchten solcher Erziehung nur mit Besorgnis entgegensehen kann. Denn jede Geste des Machtstrebens erschwert den Aufstieg zu höherer Lebensform, weil sie immer wieder Machtstreben weckt; jede Methode der Gewaltpolitik rückt das Ziel um so viel weiter hinaus, als die Gewalten zum Austrag ihrer Rivalitätskämpfe Zeit und Raum benötigen.

Was für die kommunistischen Kindergruppen gilt, trifft in ungleich höherem Maße für die kommunistische Jugendbewegung zu. Ihr Führer Münzenberg, der in besseren Tagen seiner Vergangenheit mit Leidenschaft für die Unabhängigkeit und Selbstbestimmung der proletarischen Jugend kämpfte, erklärte diktatorisch, sobald er »oben« war: »Die kommunistische Jugendbewegung hat der kommunistischen Partei des betreffenden Landes zu unterstehen.« Die Jugend wird nicht erst gefragt, sie hat keine Meinung, keine Stimme; die Autorität der Erwachsenen befiehlt und damit basta. Das ist Machtwahn in Reinkultur! Sein Effekt ist Revolte, aber nicht Gemeinschaft.

Die Ablösung der proletarischen Jugend von dem Prinzip der Autorität erfolgt zum ersten Male praktisch im Juni 1919, als eine Anzahl jugendlicher Arbeiter die »Freie sozialistische Jugend« verließen, mit dem Willen, nicht Opposition innerhalb der autoritären Organisation, die ein Anhängsel der Parteien war, zu treiben, sondern einen neuen, eigenen Standpunkt einzunehmen. »Wo sind die Führer der Jugend«, heißt es in einem aus diesem Anlaß erschienenen Manifest dieser Jugendlichen, »die sich noch nicht an dem ›väterlichen Wohlwollen‹ und dem ›gutgemeinten Rat‹ der Alten den Schädel eingerannt haben? Es ist hohe Zeit, daß dem Märchen von der uneigennützigen und selbstlosen Freundschaft der Alten zur Jugend ein Ende gemacht wird.« Diese Jugend — die anarchistische Jugend, wie sie sich nannte — lehnt jede Zugehörigkeit zu irgendeiner Partei oder Gewerkschaft, jede Bevormundung durch eine wie auch immer beschaffene Organisation von Erwachsenen mit aller Entschiedenheit und Konsequenz ab. Ja, als die Syndikalisten — eine Organisation auf föderalistischer Grundlage — in den Fehler verfielen, daß sie durch einen Kongreßbeschluß »alle Organisationen und Vorstände verpflichteten, allerorts syndikalistische Jugendgruppen ins Leben zu rufen«, lehnten sich die jungen Proletarier-Anarchisten in großer Erregung dagegen auf. »Ebenso wie ihr den Gedanken bekämpft«, riefen sie in ihrem Organ den Syndikalisten zu, »daß der Sozialismus zentral von oben nach unten durch Dekret ins Leben gerufen werden kann, ebensowenig läßt sich eine Jugendbewegung durch Beschluß eines Kongresses und von den Alten ins Leben rufen.« Es kam zu Auseinandersetzungen, in denen sich der alte Kampf zwischen Vater und Sohn bis aufs Haar wiederholte — Auseinandersetzungen, bei denen sich das tiefe Befangensein selbst der besten und lautersten unter den syndikalistischen Vorkämpfern in autoritär verankerter Mentalität verriet. Ihre Drohung, daß sie durch die Auflehnung der Jugend gezwungen sein würden, »ihre ganze Autorität als Väter« einzusetzen, war eine der peinlichsten Demaskierungen, denn hinter der Maske schönster sozialistischer Worte schaute für einen Augenblick das Gesicht herrschsüchtigster Bürgerlichkeit hervor. Noch hatten die Syndikalisten den Erfolg, daß eine anarcho-syndikalistische Jugendorganisation zustande kam. Ein fataler Erfolg, denn dieses Anhängsel der syndikalistischen Union ist der schwächste, kraftloseste, letzte Ausläufer der autoritären, aus Machtinstinkt und Herrschtrieb geborenen Jugendbewegung, die mit Sozialismus im tiefsten Grunde nichts zu tun hat.

Sozialismus ist eben Gemeinschaft, und Gemeinschaft ist der Antipode von Herrschaft, Autorität, Gewalt. Der Autorität am fernsten heißt dem Sozialismus am nächsten sein. Deshalb sind die vereinzelten, nicht sehr starken, aber in ihrer unautoritären Grundeinstellung unerschütterlichen, anarchistischen Jugendgruppen, die sich als »Freie Jugend« zu einer revolutionären Gemeinschaft verbunden haben, ebenso die Jugendgruppen der Allgemeinen Arbeiter-Union heute die Vorhut und Spitze des proletarischen Aufmarsches zum sozialistischen Ziel. Ihrer seelischen Disposition nach sind sie die zum neuen Werke Berufensten und Erwähltesten.

War die Gemeinschaft der Straßenjungen, als Ausdruck summierter Proteste, gekennzeichnet durch das Moment des Zufälligen, Provisorischen, Unbewußten, so stellen die Jugendorganisationen und Kindergruppen der Parteien eine planvolle, dauernde bewußte Verbindung von Proletarierkindern dar, deren Protest nicht mehr bloße Massenaktion ist, sondern organisierte Kollektivleistung. Allerdings noch unter der mehr oder weniger starken und erkennbaren Beeinflussung und Leitung durch die Autorität Erwachsener. Immer mehr hören die Aktionen dieser Kinder- und Jugendverbände auf, lediglich Manifestationen von psychischen Individualhaltungen in gelegentlicher Summierung zu sein, sie werden in wachsendem Maße organischer Bestandteil der seelischen Gesamthaltung des Proletariats als revolutionärer Klasse. Und ihre positive Zielsetzung bestimmt immer mehr ihren positiven Gehalt. An dieser Stelle schlägt das Negative in Tendenz, Charakter und Sinn des Protestes ins Positive um. Der Wille zur Macht (von Individuen oder Klassen gegen die Interessen der Gemeinschaft) wird Wille zur Gemeinschaft (gegen das Machtstreben von Individuen oder Klassen im Interesse ihres Sondervorteils). Die Umrisse einer neuen Gesellschaftsform und eines anderen Lebensprinzips werden sichtbar; denen zuerst, die sich schon heute für die Befreiung aus dem Banne des die Menschheit in feindliche Lager spaltenden autoritären Machtstrebens einsetzen. Aus dem Erfahrungsresultat, dem Erlebnisniederschlag der proletarischen Existenz in ihrer sachlichen Totalität ergibt sich der Inhalt eines neuen Gemeinschaftslebens.

Während das Proletariat von heute noch ganz in der Sphäre überlieferter Autoritätsmacht und kämpferischen Überlegenheitsdranges lebt, erwacht in den Reihen der Proletarierjugend die Bereitschaft und seelische Disposition zur Verwirklichung urältesten menschlichen Gemeinschaftsbedürfnisses, zur Realisierung der unerschütterlichen Logik mitmenschlichen Seins.

Mitarbeit und Mitmensch — in diesen Angeln dreht sich die Tür, die zur nächsten geschichtlichen Zukunft führt.

Nicht Helden und Übermenschen, Könige und Götter werden die Baumeister der sozialistischen Welt sein — sie waren auch nicht die Erbauer der Welt von heute und gestern, sosehr sie sich als solche gebärdeten und unsere Ehrfurcht dafür zu gewinnen suchten.

Kärrner werden zu Königen. Die Vielzuvielen und Allermeisten zu Schöpfern der neuen Welt.

Das lebendige Verbundensein gleichgesinnter, gleichstrebender, gleichschaffender Menschen, die schöne Harmonie und Solidarität williger, fähiger, vollwertiger Mitspieler und Mitarbeiter, die entwickelte Gemeinschaftsfähigkeit und der aktive Gemeinschaftswille der Generationen, die auf unseren Schultern stehen werden — sie bauen der neuen Menschheit das neue Haus . . .

Ziehen wir die Summe: Neben den Abwegigen und Abtrünnigen, die zugrunde gehen, weil sie den Zusammenhang mit der Gemeinschaft verlieren, erheben noch andere Protestler ihr Haupt.

Sie schließen sich zusammen, gewinnen damit gemeinsamen Rückhalt, bewahren sich vor dem Untergange, ja werden sogar Schöpfer einer neuen Gemeinschaft, die erhöhte Sicherheit gewährleistet.

Diese Haltung ergab sich aus der historischen Gesamthaltung der deutschen Bourgeoisie, die erfolgreich ihr soziales Minderwertigkeitsgefühl kompensierte, und aus den Erfahrungsresultaten des Proletariats in seiner Rolle als industrieller Massenproduzent.

Die Jugend der Bourgeoisie flüchtete vor dem Geist der Zeit als Wandervogelbewegung in die Romantik und brach zusammen aus Mangel an positivem Zukunftswert. Die sozialdemokratische Jugendorganisation als soziales Phänomen ist psychologisch fundiert in einem anderen Verhältnis zur Arbeit und einer anderen Disposition für die Masse. Aber sie versandet im Opportunismus der kleinbürgerlich-reformistischen Partei, deren Rekrutenschule sie geworden ist.

Die Kinderfreunde-Bewegung strebt über bloße Jugendfürsorge hinaus zu sozialistischer Erziehung. Da sie aber in sich selbst den Antagonismus der Generationen nicht überwindet, erschwert sie sich den Weg zum Geiste neuer Gemeinschaft. Aber Versuche der Jugend zeigen den Weg. Die kommunistischen Kindergruppen stellen den neurotischen Protest, zur Massenaktion entfaltet, in den Dienst der revolutionären Aktion. Ihr autoritärer Parteicharakter jedoch macht sie zu einem Ableger Moskaus und bringt sie in Gegensatz zur Gemeinschaftsidee.

Die unautoritäre Jugend, frei von den Resten bürgerlich-parteilicher Machtpolitik, steht dem Ziele sozialistischer Gemeinschaft am nächsten. Ihr Protest wird positiv. Dieses Positive ist das gemeinschaftsbildende Element.

Der Mensch wird vom Mitmenschen abgelöst.

Die Zukunft gehört dem Mitmenschen.

# Entwurf eines Fragebogens zur Erforschung der Psyche des proletarischen Kindes

(unter Benutzung eines Fragebogens vom Internationalen Verein für Individualpsychologie)

1. Sind Anhaltspunkte im Verhalten des Kindes gegeben, die auf eine proletarische Klassenpsyche schließen lassen? In welchen Merkmalen äußert sich ein grundsätzlicher Unterschied von bürgerlichen Kindern (Worte, Handlungen, Gesamthandlung)? Ist der psychische Habitus, bei proletarischer Lebenshaltung, noch kleinbürgerlich oder schon proletarisch? Wie erklärt sich dies im Hinblick auf das soziologische Milieu?

2. Wo und wann erlebte das Kind zum ersten Male die Klassengegensätze? In welcher Form? (Situation schildern!) Wie reagierte das Kind darauf? Bewußt oder unbewußt? Hinterließ das Erlebnis in der kindlichen Psyche sichtbare Spuren? Welcher Art? Löste es bestimmte Tendenzen aus? Sind Charakterzüge des Kindes daraus zu erklären? Welche?

3. Wie sind die häuslichen Verhältnisse des Kindes beschaffen? (Arbeit, Wohnung, Krankheit, Alkohol, Kriminalität, Todesfälle, Selbstmorde, Geistesstörungen). Wer dominiert in der Familie? Ist die Erziehung streng, nörgelnd, religiös, verzärtelnd? Gehören Vater, Mutter, Geschwister proletarischen oder bürgerlichen Organisationen an? Was weiß das Kind von Arbeiterbewegung, Sozialdemokratie, Revolution? Wird geprügelt? In welchem Umfange? Von wem? Wie ist die Aufsicht? Wie ist der Verkehr mit den Eltern? (Gemeinsame Mahlzeiten? Abends? Sonntags? Was erfährt das Kind von der Arbeit des Vaters? Welchen inneren Anteil hat es an seinem Leben?)

4. An welcher Stelle in der Geschwisterreihe steht das Kind? (Ältestes, zweites, jüngstes, einziges Kind? Einziger Knabe unter Mädchen oder umgekehrt? Wessen Lieblingskind?) Welches Verhältnis besteht zwischen Geschwistern? (Ver-

träglichkeit, große Liebe, Rivalität, Feindschaft?) Werden Entwertungstendenzen beobachtet? Traten psychische Veränderungen bei schroffem Situationswechsel in der Familie ein (Todesfall, Stiefmutter, Geburt von Geschwistern, Ortsveränderung, Schlafburschen)?

5. Welche frühesten Kindheitseindrücke sind beim Kind vorhanden? (Genaue Angaben!) Stehen bestimmte Leitlinien damit im Zusammenhange? Wird die erste Fixierung unterstützt durch ein tendenziöses Gedächtnis? Inwiefern sind hier Zusammenhänge mit dem Charakter erkennbar?

6. Ist das Kind verwaist? Unehelich? Sind die Eltern religiös oder politisch geächtet? Wegen Beteiligung an Streiks, Revolution, Arbeiterbewegung in Verruf geraten? Im Gefängnis gewesen? Von der Polizei behelligt? Hat das Kind deshalb unter dem Spott, der Verachtung, Beschimpfung, Isolierung durch andere Kinder zu leiden gehabt? Kam es selbst schon mit der Polizei, dem Gericht in Konflikt? (Genaue Angaben!) Wie verhielt es sich dabei? Welche nachträglichen Wirkungen? Hat es Angst vor dem Leben?

7. Hat es Organdefekte? (Sprachfehler, O-Beine, Klumpfuß, Buckel, Hasenscharte, Augen- oder Ohrenfehler, Pockennarben; ist es linkshändig, abnorm klein oder groß, dick, schwachbegabt, auffallend schön, rothaarig; schnarcht es?)

8. Wohnen die Eltern im eigenen Haus? Im Miethaus? In der Mietkaserne? (Wieviel Kinder sind im Hause?) Spielhof? Garten? Tiere? Sandhaufen? Hat das Kind ein eigenes Bett? Wie sind die Schlafverhältnisse? (Störungen, kleine Kinder, Schichtwechsel des Vaters, Ungeziefer, Lüftung, wieviel Personen in einem Schlafraum?)

9. Wie ist die Ehe der Eltern (Harmonie, Streit, Schläge, Trennung)? Stiefeltern, Stiefgeschwister? Beteiligen sich Großeltern, Tanten an der Erziehung? Wird gebetet? Zur Kirche gegangen? In der Bibel gelesen? Viel geflucht? Gehen Eltern und Kinder sonntags spazieren? Wohin? (Biergärten, Tanzlokale, Zirkus, Tiergärten, Ausflüge, Reisen.) Wie denkt das Kind über die Ehe? Will es einmal heiraten? (Motive!) Wie wird es sich zu seinen Kindern verhalten?

10. Spielt das Kind gern und viel? Lieblingsspiele? Hat es viel Spielzeug? Ist es erfinderisch, von lebhafter Phantasie? Stört es gern die Spiele anderer? Lieblingsgeschichten? Lieblingsfiguren und -Helden? Nüchternes Denken und Ablehnung von Phantasien? Praktische Fähigkeiten? Welche Merkmale und Anhaltspunkte ergeben sich aus dem Spiel des Kindes für sein Verhältnis zu Arbeit und Leben?

11. Geht das Kind gern oder ungern zur Schule? (Motive!) Welchen Eindruck machten die ersten Schulerlebnisse auf seine Psyche? Wie steht es zum Lehrer? Zu den Mitschü-

lern? Lernt es gern, leicht, ungern, schwer? Ist es ehrgeizig? Erfolgsüchtig? Strebsam? Wie benimmt es sich in der Schule? Kommt es zu spät? Ist es vor dem Schulgang aufgeregt, hastet es? Verliert es seine Bücher, Schultasche, Hefte? Vergißt es seine Aufgaben zu machen? Weigert es sich? Vertrödelt es die Zeit? Ist es faul? Indolent? Braucht es die Hilfe anderer? Hat es Angst vor Prüfungen? Treibt es Sport? Ist es dabei ehrgeizig? Liest es viel? Was? Ist es besonders interessiert an Indianer- und Detektivgeschichten? Ist es sitzengeblieben? Wie hat es darauf reagiert?

12. Hat das Kind Kameradschaften geschlossen? Freunde? Ist es verträglich, gesellig, sozial? Hat es Führerneigung? Oder schließt es sich ab? Sammler? Quält es Menschen und Tiere? Geiz? Geldgierig? Erwerbssinn? Wird es zum Geldverdienen herangezogen? Regelmäßig oder gelegentlich erwerbstätig? Von den Eltern gezwungen oder aus eigener Initiative? Wie verwendet es das verdiente Geld?

13. Hat seine Aufzucht den Eltern viel zu schaffen gemacht? Viel geschrien? Besonders nachts? Das Bett genäßt? Ist es noch immer Bettnässer? Hat es einen auffälligen Hang gezeigt, im Bett des Vaters, der Mutter, der Eltern zu liegen? Hat es rechtzeitig gehen und sprechen gelernt? Fehlerlos? Rechtzeitige Zahnentwicklung? Auffallende Schwierigkeit beim Schreibenlernen? Rechnen? Zeichnen? Singen? Schwimmenlernen? Ist es wasserscheu? Hat es sich besonders an eine einzige Person angeschlossen? An wen? Weshalb? Ist es selbständig beim Essen, Ankleiden, Waschen, Schlafengehen? Hat es Angst vor dem Alleinsein? Vor der Dunkelheit? Ist es irgendwie auffällig durch körperliche oder geistige Schwäche? Feigheit? Nachlässigkeit? Zurückgezogenheit? Ungeschicklichkeit? Eifersucht?

14. Ist das Kind sich klar über seine Geschlechtsrolle? Primäre, sekundäre, tertiäre Geschlechtsmerkmale? Hat es dazu längerer Zeit bedurft? Wie betrachtet es das andere Geschlecht? Wie weit ist seine sexuelle Aufklärung vorgeschritten? Möchte es lieber ein Mann oder eine Frau sein? (Begründung!) Was gefällt ihm besonders am Mann, an der Frau?

15. In welcher Hinsicht ist das Kind entmutigt? Fühlt es sich zurückgesetzt? Reagiert es günstig auf Aufmerksamkeit und Lob? Abergläubische Vorstellungen? Läuft es vor Schwierigkeiten davon? Fängt es verschiedene Dinge an, um sie bald stehen zu lassen? Ist es seiner Zukunft unsicher? Glaubt es an die nachteiligen Wirkungen einer Vererbung? Wurde es von seiner Umgebung systematisch entmutigt? Pessimistische Weltanschauung?

16. Träume des Kindes (Fliegen, Fallen, Gehemmtsein, Zuspät-

kommen zum Eisenbahnzug, Wettlauf, Gefangensein, Angstträume)? Welche sind besonders eindrucksvoll und oft wiederkehrend? Was für Berufswahlphantasien hat das Kind? (Motivierung!) Was würde das Kind tun, wenn es viel Geld hätte, das Große Los gewänne? Was ist sein größter Wunsch?

17. Wie kompensiert das Kind sein Minderwertigkeitsgefühl? Bevorzugt es direkte oder indirekte Aggression? (Beispiele!) Trotzhandlungen? Gehorsamsbekundungen? Zeigen sich in seinem Verhalten Neigungen zur Abwegigkeit (Entweichungen, Vagabondage, Perversität, Kriminalität, Selbstmordgedanken)? Sucht es Gemeinschaft von Kindern, Altersgenossen, Geschlechtszugehörigen auf? Gehört es einer Kindergruppe, Jugendorganisation an? Wie benimmt es sich da? Welche sozialen, asozialen Verhaltungsweisen wurden da beobachtet?

Die vorstehend verzeichneten Fragen sind nicht punktweise und in einmaliger Feststellung, sondern im Verlaufe längerer Beobachtung und von Fall zu Fall, allmählich aufbauend, zu beantworten. Sie sollen, ohne auf Vollzähligkeit Anspruch zu erheben, dem Psychologen nur die wichtigsten Anhaltspunkte für die Erforschung der kindlichen Psyche an die Hand geben. Es wird immer auf das Zusammengehen oder gegenseitige Bedingtsein soziologischer und psychologischer Erscheinungen besondere Aufmerksamkeit verwendet werden müssen. Das Bild der Persönlichkeit wird sich erst als Resultat langer und gründlicher Studien gewinnen lassen.

Welche pädagogischen Verhaltungsweisen aus den Ergebnissen der Beobachtung abzuleiten sind, das zu erörtern und festzustellen konnte nicht Aufgabe und Inhalt dieses Buches sein. Eine Pädagogik auf der Basis der Individualpsychologie befindet sich erst im Stadium der Vorbereitung und des ersten Aufbaues.

# Der autoritäre Mensch und die Revolution*

Die AAUE (Allgemeine Arbeiter-Union, Einheitsorganisation) hat an die Spitze ihrer programmatischen Willensbekundung die Forderung gestellt: *Selbstbewußtseinsentwicklung des Proletariats.*

Selbstbewußtsein heißt selbständiges, eigenes, proletarisches Bewußtsein. Heißt Vollwertigkeitsgefühl als Persönlichkeit im Rahmen des Klassenkampfes und Klassenbewußtseins. Wobei Klassenbewußtsein nicht nur Erkenntnis der Klassenlage, bestenfalls Bereitschaft zu gemeinsamer Abwehr der dem Proletariat drohenden Gefahren bedeutet, sondern vielmehr Erkenntnis der historischen Sendung des Proletariats, die sich in seiner revolutionären Rolle darstellt, und aktive Anteilnahme an der Durchführung dieser Rolle.

Die AAUE hat erkannt, daß die Selbstbewußtseinsentwicklung des Proletariats zu beginnen hat mit dem *Abbau des autoritären Prinzips.*

In Konsequenz dieser Erkenntnis hat sie sich eine Organisationsform geschaffen, die, indem sie das Rätesystem zum Vorbild nimmt, den autoritären Zentralismus durch Verschmelzung mit dem Föderalismus in eine höhere organisatorische Synthese aufgehen läßt und damit das autoritäre Prinzip überwindet.

Weiter verzichtet sie auf das politische Mittel des Parlaments, das sich als scheindemokratische Hilfsmaschinerie des autoritären Klassenwillens der Bourgeoisie kennzeichnet und betätigt.

Endlich lehnt sie die auf Reformismus und Opportunismus eingestellte Lohnkampfpolitik der Gewerkschaften ab, die in der stillschweigenden Anerkennung der gegebenen Besitz- und Machtordnung ihre grundsätzliche Verankerung hat.

Die AAUE hat den ernsthaften Willen zu anti-(oder besser: un-)autoritärer Orientierung. Gleichwohl ist zu untersuchen: ob sie darin bisher weit genug vorgedrungen ist — ob nicht die Verhältnisse heute ein energischeres Vordringen gebieten — ob sie im Abbau der Autorität bisher alle Möglichkeiten genügend ausgenützt hat, die ihr die Entwicklung an die Hand gibt — und

* Erschienen in: Die Aktion, 15. Jg. (1925), S. 555–626.

welche neue Möglichkeiten einer intensiven Nutzbarmachung erschlossen zu werden verdienen.

Gerade weil die AAUE ernsthaften und guten Willens ist beim Abbau der Autorität, erscheint eine solche Erörterung und Untersuchung unbedingt geboten.

Das Proletariat steht augenblicklich in einer sehr schwierigen Situation. Die Revolution ist in Blut und Verrat erstickt. Die Bourgeoisie wälzt alle Lasten ihres verlorenen Krieges auf die Massen ab. Die Organisationen des Proletariats sind zermürbt, korrumpiert, kampfunfähig. Enttäuschung, Entmutigung, Indifferentismus und Resignation beherrschen die Stimmung der Arbeiterschaft. Noch nie war die Depression und Kampfunlust im Proletariat so groß wie heute.

Solche Zeiten zwingen in hohem Maße zur Nachprüfung des Erlebten, zur Ermittlung der gemachten Fehler, zur Erforschung der Ursachen des Mißerfolgs. In solchen Zeiten ist das *Bedürfnis nach Neuorientierung* größer als sonst. Aber solche Zeiten sind auch Perioden kräftigen Entwicklungsfortschritts, weil die menschliche Natur, je mehr sie durch feindliche Gewalten gefährdet ist, um so erfindungsreicher und kühner zu neuen Mitteln greift, um ihre Existenz zu verteidigen und zu sichern. Aus der größten Not wurde immer der stärkste Antrieb zur Befreiung von dieser Not geboren. Wendepunkte im Ablauf der Geschichte, die Völker plötzlich vor den Abgrund stellten, wurden sehr oft zu Wendepunkten höchster Kulturleistung und Kultursteigerung. Im Grunde ist ja alle Kultur nur das Ergebnis des gesellschaftlichen Bemühens, die in vielfältiger Form den Menschen bedrohende und bedrängende Lebensnot zu bannen und der menschlichen Rasse zu erfolgreichem Fortbestande freie Bahn zu schaffen.

Heute stehen wir an einem solchen Wendepunkte. Sozialismus oder Untergang in Barbarei — so lautet die Schicksalsfrage für das deutsche Proletariat. Der überlieferte Mensch sieht seinen Untergang. Angstvoll schaut er sich nach Rettung um.

Wollen wir mit zugrunde gehen? Wenn nicht, was haben wir zu tun?

Der überlieferte Mensch ist der *autoritäre Mensch*.

Er ist das Ergebnis des ökonomisch auf Privateigentum und Privatwirtschaft beruhenden Zeitalters, das sich philosophisch als Zeitalter des Individualismus, ethisch als das des Egoismus charakterisiert.

Im autoritären Menschen ist das Sicherungsstreben früherer Zeitläufe zu *Machtstreben* geworden. Wer viel Macht hat, ist in der Ordnung der Klassengesellschaft besser gesichert als der, der keine Macht besitzt. Macht ist: Geld, Amtsgewalt, Wissen, Überlegenheitsgefühl. Ohnmacht ist: Armut, Verurteiltsein zu

Arbeit, Untertanenpflicht, Unwissenheit, Minderwertigkeitsgefühl. In dieser Gesellschaft strebt jeder Mensch bewußt oder unbewußt irgendwie nach Macht, Geltung, Ansehen, Erfolg, Aufstieg zur Herrenklasse, tatsächlicher oder scheinbarer Überlegenheit über andere. Der wirtschaftliche Konkurrenzkampf findet sein getreues Abbild in der Welt der seelischen Beziehungen der Menschen untereinander. Nicht nur in der Bourgeoisie, sondern ebenso im Proletariat.

Der Meister beherrscht den Arbeiter; schon der Vorarbeiter fühlt sich über den gewöhnlichen Arbeitssklaven erhaben. Der Beamte beherrscht den zivilen Menschen, der Unteroffizier den Soldaten, der Mann die Frau, der Erwachsene das Kind. Der Arbeiterführer sonnt sich im Glanze der Herrschaft über die Parteimitglieder. Der Redner erlebt Hochgefühle in der geistigen Beherrschung der Versammlung. Der Literat übt Herrschaft aus durch die Macht seiner Gedanken und Ideen. Der Gescheite beherrscht den Dummen, der Kundige den Unkundigen. Überall wuchern Autoritäten, feiern autoritäre Gelüste ihre Triumphe. Selbst der Letzte und Erfolgloseste im Lebenskampf findet schließlich noch seinen Platz, um sein Geltungsgefühl zu befriedigen: als strenger Vater in der Familie, als gewiegter Spieler am Skattisch, als prämiierter Züchter im Kanarienverein, als antiautoritärer Ausnahmemensch im Klub der Edelanarchisten.

Die neuere Seelenkunde hat uns wertvolle Einblicke in das innere Leben des Menschen vermittelt. Sie zeigt, wie das gereizte Streben nach Geltung und Überlegenheit die Menschen *seelisch distanziert und isoliert.* Die Beziehungsfähigkeit geht verloren.

Einer ist des andern Konkurrent, Rivale, Widersacher, Teufel. Wahre Freundschaft und Kameradschaft werden immer mehr zur Phrase. Es gibt keine Solidarität mehr. Je heftiger der gegenseitige Kampf, je erbitterter das Ringen um Überlegenheit, desto häufiger die Enttäuschung, desto verheerender die Wirkung des Mißerfolgs auf die menschliche Seele.

Das Bild der Zwietracht und Feindseligkeit, der Zerfleischung und Uneinigkeit, das heute die Arbeiterbewegung darbietet, ist das Ergebnis dieses immer verzweifelter geführten Ringkampfes um die persönliche Geltung.

In einer *Unmenge privater Konflikte und Kämpfe* wird ein Riesenmaß seelischer Energie vergeudet, die dem Klassenkampfe verlorengeht, Mann und Frau, Eltern und Kinder, Nachbarn und Arbeitskollegen, Organisationsgenossen und Freunde stehen sich aller Augenblicke als erbitterte Feinde gegenüber. Auch die Ärmsten und Gedrücktesten finden keinen Weg zu lebendiger Kameradschaft; sie reißen sich die letzte Brotrinde, anstatt sie zu teilen, gegenseitig aus dem Halse und stoßen sich, anstatt sich die Hände zu reichen, wechselseitig ins Verderben.

Was heute am dringendsten nottut, ist der Abbau der Autorität im Menschen selbst, in seiner seelischen Verhaltungsweise, in der allgemeinen und alltäglichen Betätigung des gesellschaftlichen Lebens. Abbau der Autorität im Organisationsapparat ist wichtig. Abbau der Autorität in Theorie und Taktik des Klassenkampfes ist wichtiger. Am wichtigsten aber ist der *Abbau der Autorität in der menschlichen Seele*, weil ohne ihn ein Abbau der Autorität weder in Organisation noch in Taktik und Theorie möglich ist.

Marx gab dem Proletariat die gesellschaftswissenschaftliche Theorie, die wir als Marxismus bezeichnen.

Gesellschaftswissenschaft ist die Lehre von den menschlichen Beziehungen. Konsequent zu Ende gedacht, endet der Marxismus beim *lebendigen Menschen*, dem Träger und Vollstrecker der geschichtlichen Entwicklung. Hatte die feudale Welt gelehrt: Die *Idee* ist Ausgang und Sinn der Entwicklung, hatte die bürgerliche Welt erklärt: Inhalt und Rhythmus der Entwicklung ergeben sich aus der Gesetzmäßigkeit der *Natur*, so sagte Marx für die proletarische Klasse: Repräsentant und Vollstrecker der geschichtlichen Entwicklung ist der *vergesellschaftete Mensch*. Feuerbach hat erklärt — so schrieb Marx in seinen Thesen —, daß es die Verhältnisse seien, die den Menschen machen, aber Feuerbach hat vergessen, daß es der Mensch ist, der hinwiederum die Verhältnisse macht.

Im unausgesetzten Wechselspiel zwischen sachlichen Verhältnissen und lebendigen Menschen formt und gestaltet sich der Ablauf der Geschichte. Darum ist nicht nur wichtig, welche objektiven Bestandteile und Gegebenheiten der Mensch in Wirtschaft, Politik und Gesellschaft für sein geschichtliches Erlebnis vorfindet, es kommt auch darauf an, *was er aus diesen Gegebenheiten macht.*

Dies aber ist abhängig von seiner tiefsten seelischen Einstellung.

Mit einer bürgerlichen Orientierung macht der Mensch, entsprechend seinen klassenmäßigen Sicherungsbedürfnissen, eine Rechtfertigung und Erhaltung der überlieferten Welt mit Privatinteressen, Individualismus, Egoismus, Machtstreben, Autorität daraus.

Mit einer bewußten proletarisch-revolutionären Orientierung gewinnt er daraus, entsprechend seinem entgegengesetzt verlaufenden Sicherungsbedürfnis, die Dispositionen und Mittel zur inneren und äußeren Überwindung dieser Welt.

Es gibt keine Revolution, die nicht vorher durch Hirn, Bewußtsein und Seele des Menschen hindurchgegangen wäre.

Der autoritäre Mensch ist nicht nur autoritär im politischen Kampf und in der Wirtschaft. Er bekundet seine autoritäre Haltung *auf allen Lebensgebieten*. So in der Ehe, im sexuellen Erlebnis, in der Kindererziehung, in seinen moralischen und religiösen Beziehungen, im Verhältnis zu Kunst, Natur, Umwelt usw.

Wollen wir ihn treffen, ihn stellen, ihn entlarven und entwaffnen, so müssen wir ihn überall da aufsuchen, wo er zu finden ist.

Für die bürgerliche Betrachtungsweise ist der Klassenkampf, entsprechend der dualistischen Zerspaltung des Menschen in Geist und Körper, vorwiegend Politik und Wirtschaft. Es hieße sich auf den Kampfboden der Bourgeoisie begeben, wollten wir diese Auffassung zu der unseren machen. Uns ist der Klassenkampf mehr. Uns sind *alle* Lebensgebiete taugliche Plätze für Auseinandersetzungen im Klassenkampfsinne, zu erschließende Territorien für revolutionäre Eroberung. Dies gerade unterscheidet uns vom Bürger und Sozialdemokraten, der seine politischen und wirtschaftlichen Interessenkämpfe ausficht, im übrigen aber den Menschen sein läßt, wie er ist.

Wir haben es mit dem ganzen Menschen zu tun. Wir wollen den Abbau der Autorität von innen und außen. Im ganzen Umfange der menschlichen Wesenheit. In der Totalität.

Wohlgemerkt: Es handelt sich hier nicht um eine in der Quantität sich erschöpfende Bildungsarbeit nach sozialdemokratischem Muster, nicht um die Auswalzung verschiedenartigster Wissensstoffe für die Bedürfnisse eines breiten Publikums nach Art der Volkshochschulkurse, die bestenfalls ein ebenso seichtes als anspruchsvolles Allerweltswissen vermitteln. Mit Recht würde man solche Bestrebungen als Verflachung des Klassenkampfes zurückweisen müssen. Andererseits handelt es sich aber auch nicht um ein utopisches Experiment, das in unbegründeter Überschätzung der Bildungs- und Erziehungsarbeit meint, das Problem der sozialen Revolution lediglich vom Schulmeisterkatheder aus lösen zu können. Ein solcher Versuch müßte in die Irre führen und als ein völlig unmarxistischer Fehlschlag enden.

Was uns zu tun obliegt, ist etwas ganz anderes.

Die autoritäre Einstellung des Menschen ist keine Sache der Bildung oder des Wissens, sondern des *Charakters*. An den Charakter aber kommen wir nur heran durch ein methodisches Verfahren, das wir *Erziehung* nennen. Und die Erziehung braucht als wichtigste Hilfswissenschaft die *Psychologie* (Seelenkunde).

Ist der Abbau der Autorität dringendste revolutionäre Aufgabe, so ist die anti-(oder besser: un-)autoritäre Erziehung heute das bedeutsamste *Mittel zur Lösung dieser Aufgabe*.

Und die Beschäftigung mit den grundstürzenden Resultaten der modernen Psychologie ist *wertvollste Vorbereitung*, im Grunde ebenso wichtig, wie die Beschäftigung mit der revolutionären Soziologie, dem Marxismus. Ja, Marxismus in Verbindung mit moderner Psychologie gibt uns erst den Hebel in die Hand, mit dessen Hilfe wir den inneren und äußeren Menschen umschalten und umstellen können.

Nur so — auf keinem anderen Wege — kommen wir zu dem unautoritären Menschen der sozialen Revolution.

Der Einwand, daß der *sozialistische* Mensch erst das Erziehungsprodukt der *sozialistischen* Epoche sein könne und daß es Zeit- und Kraftverschwendung sei, heute den Erziehungsaufgaben besondere Aufmerksamkeit und Pflege zu widmen, macht sich die Abweisung und Widerlegung zu leicht.

Gewiß wird der vollendete sozialistische Mensch erst den Gegebenheiten des sozialistischen Zeitalters entwachsen. Aber ihn gilt es heute gar nicht zu schaffen. Wir brauchen den *proletarischen* Menschen zur Durchführung der *proletarischen* Revolution. Und dieser proletarische Mensch ist heute genau so möglich, wie eine proletarische Klasse neben der bürgerlichen möglich ist.

In den Händen des bürgerlich eingestellten, autoritären Menschen wird die historische Sendung des Proletariats sich immer nur in Protesten, Revolten, Putschen auswirken und schließlich fruchtlos verpuffen.

Erst der bewußte proletarische Kämpfer, der in seiner ganzen Lebenshaltung unautoritäre Mensch wird der siegreiche Vollstrecker der sozialen Revolution sein.

*Oskar Kanehl:* Zur Diskussion über Rühles autoritären Menschen und die Revolution

Unbestritten ist Marxens Erkenntnis für die proletarische Klasse: Repräsentant und Vollstrecker der geschichtlichen Entwicklung ist der vergesellschaftete Mensch. In unausgesetztem Wechselspiel machen Verhältnisse Menschen und Menschen Verhältnisse.

Diese grundlegende Erkenntnis gilt es nun aber auch in keiner Analyse, Theorie und Taktik des proletarischen Klassenkampfes zu vergessen und in keiner Folgerung Lügen zu strafen.

Wenn die AAUE an die Spitze ihrer organisatorischen Richtlinien die Selbstbewußtseinsentwicklung des Proletariats als Klasse gestellt hat, so hat sie damit die Entwicklung des Befreiungskampfes der proletarischen Klasse richtig als Entwicklung des Selbstbewußtseins des Proletariats als Klasse formuliert. In dem Maße, in dem die Selbstbewußtseinsentwicklung des Proletariats als Klasse fortschreitet, schreitet der Befreiungskampf der proletarischen Klasse seinem Ziele näher. Diese Selbstbewußtseinsentwicklung programmatisch zu fördern, folgert deshalb die AAUE als ihre revolutionäre Aufgabe.

Parallel mit der Todeskrise des bürgerlichen Wirtschaftssystems, des Kapitals, läuft, gemäß unserer Grunderkenntnis, die Todeskrise der bürgerlichen Ideologie, d. h. des Individualismus, des Egoismus, des autoritären Menschen. Die Todeskrisen der alten Gesellschaft sind zugleich die Geburtswehen der neuen. Der Befreiungskampf der Arbeiterklasse ist genau so wie der Todeskampf der bürgerlichen Klasse ein wirtschaftlich-politischer und ein ideologischer. Das jeweilige Stadium der Selbstbewußtseinsentwicklung der Arbeiterklasse spiegelt sich wider in ihrem Organisationsapparat, in Theorie und Taktik ihres Klassenkampfes. Es gäbe also gar keine antiautoritäre Klassenkampftheorie, keine antiautoritäre Klassenkampftaktik und antiautoritäre Klassenkampforganisation, wenn es nicht auch schon antiautoritäre Menschen gäbe. In dem Maße wie der Knechtungsdruck der bürgerlichen Wirtschaft und Gesellschaft sich steigert, im gleichen Maße wächst der Gegendruck der Auflehnung. Gegen den zur Groteske sich steigernden Größenwahn der autoritären bürgerlichen Menschen wächst notwendig der antiautoritäre proletarische Mensch. Unautoritär können wir nur sagen in demselben Sinne, wie wir »klassenlose Gesellschaft« sagen. Im Klassenstaat gibt es keine klassenlose Einstellung, sondern nur einen Klassenkampf. Und in der Klassengesellschaft gibt es keinen unautoritären Menschen, sondern nur den Kampf des autoritären und die Auflehnung des antiautoritären Menschen. Erst die klassenlose Gesellschaft kann die Gesellschaft der unautoritären Menschen sein. Der Wille also der AAUE zu unautoritärer Orientierung zeigt sich im antiautoritären Klassenkampf.

Wo hat der Kampf des Proletariats gegen das bürgerliche Autoritätsprinzip nun seinen Hauptangriff anzusetzen? Dort, wo es sich am sichtbarsten wirtschaftlich gesichert hat und seine gesicherte Macht am fühlbarsten auswirken läßt: im Produktionsprozeß, im Betrieb. Den bürgerlichen Menschen gab es auch schon in der Epoche des herrschenden Feudalismus, aber seine Ideologie war erst gefestigt und bekam gesellschaftliche Geltung, nachdem sein Wirtschaftssystem sich Machtsicherung verschafft hatte. Die ideologische Klarheit einer zukünftigen Gesellschaft wird und kann in der gegenwärtigen Gesellschaft immer nur eine Minderheit darstellen. Dennoch rebelliert eine Mehrheit gegen das sie unterdrückende wirtschaftliche System der herrschenden Klasse. Erst nach erfolgreicher wirtschaftlicher und politischer Umwälzung wird selbst diese Mehrheit der an der revolutionären (durch Gewaltanwendung erreichten) Umwälzungsaktion beteiligten Menschen durch die neue wirtschaftliche und politische Sicherung ideologischen Anschluß gewinnen. Die Stätten des Ausbeutungssystems als des stärksten Ausdrucks des bürgerlichen Autoritätsprinzips sind also der natürlichste Herd des Klassenhasses, des sich entwickelnden proletarischen Selbstbewußtseins, des antiautoritären Klassenkampfwillens. Nur der Betrieb kann die Geburtsstätte des antiautoritären Menschen sein.

Wie wird sich die Möglichkeit des Abbaues des autoritären Menschen vollziehen? Immer dieselben beiden Mittel sind für jede Veränderung im Geschichtsablauf erkennbar: die objektiv gegebenen Verhältnisse in Wirtschaft, Politik und Gesellschaft, die auf den Menschen wirken, und der Mensch, der die vorgefundenen Gegebenheiten und die ihnen unterworfenen Mitmenschen ändern will. Der Unionist, der die Förderung der proletarischen Selbstbewußtseinsentwicklung zur revolutionären Pflicht gemacht hat, wird also im Betrieb, der Stelle, wo der Anprall der beiden entgegengesetzten Sicherungsbedürfnisse am unmittelbarsten geschieht, seinen revolutionären Änderungswillen gegen auf Eigentums- und Profitinteresse gestützten Individualismus, Egoismus, Machtstreben und Autorität kämpfend erweisen und durch solches Beispiel werbend, proletarisches Selbstbewußtsein in seinen Klassengenossen, die ihm in dem gleichen Sicherungsbedürfnis verbunden sind, entwickeln. Nicht um aus ihnen unautoritäre Menschen zu machen, sondern um in den Klassengenossen den gleichen solidarischen Willen zu wecken, das sie autoritär beherrschende Wirtschaftssystem des bürgerlichen Ausbeuters durch gemeinsame revolutionäre Tat zu ändern.

Diese aus dem Leben der proletarischen Klasse gewachsene und stetig wachsende proletarische Selbstbewußtseinsentwicklung ist etwas anderes als die aus dem bürgerlichen Leben entstandene wissenschaftliche Disziplin der »Erziehung«. Es hat keinen Zweck, jungen Most auf alte Schläuche zu füllen. Die »Erziehung« und ihre Methoden auf die Arbeiterbewegung anzuwenden, bleibt ein gefährliches und die proletarische Klasse von ihrer eigenen Entwicklung und Aufgabe allzu schnell abführendes Unternehmen. Proletarische Erziehung ist eben Selbstbewußtseinsentwicklung. »Erziehung« und ihre wichtigste Hilfswissenschaft Psychologie, im besonderen die Individualpsychologie (deren angeblich »grundstürzende Resultate« noch einer besonderen Untersuchung vorbehalten bleiben müssen) erwachsen und sind tief verbunden mit dem arbeiterfeindlichen bürgerlichen Sicherungsbedürfnis. Proletarisches Selbstbewußtsein entsteht und kann nur »erzogen« werden auf dem Boden des wirtschaftlich-politischen Klassenkampfes, dessen Schauplatz der Betrieb ist.

Auf jeden Fall handelt es sich — bei bürgerlicher Erziehung ebenso wie bei proletarischer Selbstbewußtseinsentwicklung — immer um den lebendigen Menschen, den ganzen Menschen, diese Einheit, die grundwissenschaftlich sich als eine Wirkenseinheit von Körper und Geist (Körper und Seele, Körper und Bewußtsein) darstellt. Man muß sich also wohl hüten, den überwundenen bürgerlichen Dualismus durch ein Hintertürchen wieder schadenstiftend hereinschlüpfen zu lassen, indem man spricht von einem »inneren und äußeren Menschen«, einem »Abbau der Autorität von innen und außen«. Als ob es einen »inneren Menschen« gäbe, den man zunächst mal durch irgendwelche (auch wieder recht geheimnisvollen) Kräfte anti- oder unautoritär formen könnte, diesem inneren paßte sich dann der auch wieder nicht allein gegebene »äußere Mensch« an, und der schließlich vollzöge dieses reife Menschenprodukt die klassenreine Revolution. Was der »lebendige Mensch«, diese Wirkenseinheit von Körper und Seele, aus den Gegebenheiten macht, hängt eben nicht allein ab »von seiner tiefsten seelischen Einstellung«, »Charakter« oder so was, denn diese ihrerseits ist wieder abhängig von den Gegebenheiten, den objektiven Verhältnissen und den auf sie wirkenden anderen Seelen (Menschen). Es gibt doch keine unabhängige Seelenerziehung. Der Dualismus spukt, wenn einer von »Autorität im Menschen selbst« spricht, oder den »Abbau der Autorität in der menschlichen Seele« verlangt, »weil ohne ihn der Abbau der Autorität weder in Organisation noch in Taktik und Theorie möglich« wäre. Es gilt nicht »politische und wirtschaftliche« Kämpfe auszufechten und »im übrigen den Menschen sein zu lassen, wie er ist«. Die Tatsachen sagen ganz anders: In einer unausgesetzten Wechselwirkung der Verhältnisse und der lebendigen Menschen auf dem Boden des Kampfes um ihre klassengegensätzlichen Sicherungsbedürfnisse verändert sich der Mensch — und ändert der Mensch die Welt.

Es ist außer Zweifel, daß der autoritäre Mensch nicht nur autoritär im politischen und Wirtschaftskampf ist, sondern in »allen Lebenslagen; in der Ehe, im sexuellen Erlebnis, in der Kindererziehung, in seinen moralischen und religiösen Beziehungen, im Verhältnis zu Kunst, Natur, Umwelt usw.« Es ist sogar so, daß er sich auf diesen Gebieten länger und hartnäckiger hält als auf dem Gebiete des politischen und wirtschaftlichen Kampfes. Feudalistische Ideologie lebt bis heute fort, nachdem das kapitalistische Wirtschaftssystem längst gesichertes Herrschersystem ist. Der überlieferte Mensch der heutigen Entwicklungsphase ist in der großen Mehrheit der bürgerliche Mensch, selbst bis weit in Schichten der Arbeiterklasse hinein, deren proletarische Selbstbewußtseinsentwicklung schon ein Stadium erreicht hat, in dem es bewußt gegen das politische und Wirtschaftssystem der herrschenden bürgerlichen Klasse zum Angriff bereit ist, sich organisatorisch und taktisch antiautoritär zusammenschließt und kämpft. Die Einstellung menschlichen Bewußtseins zu den wirtschaftlichen und politischen Verhältnissen gehört genauso zu der Ideologie, oder wie man auch sagt, zum ideologischen Überbau, wie seine Einstellung zum sexuellen Erlebnis, zur Ehe, zur Kindererziehung und zur Kunst. Nur diese Einstellungen sind eingefleischter, konservativer als die zu den wirtschaftlichen und politischen Verhältnissen. Sie kommen den Menschen hier nicht so leicht zum Bewußtsein, will sagen, sind ihm schwerer erkennbar, aus dem einleuchtenden Grunde, weil die Abhängigkeit dieser ideologischen Einstellungen von den wirtschaftlich-politischen Verhältnissen verwickelter und vor allem von den zunächst mal zum Kampf um seine wirtschaftliche Sicherung gedrängten Menschen nicht so klar erkennbar und empfindlich spürbar wird wie eben an der Stelle, wo die entgegengesetzten Sicherungsbedürfnisse der Klassen direkt aufeinanderstoßen, im Produktionsprozeß selber. Es ist deshalb nach marxistischer Erkenntnis durchaus folgerichtig, daß sich das Autoritätsprinzip des Menschen zuerst abbaut in seiner Einstellung zum antiautoritären Kampfe gegen das autoritäre wirtschaftspolitische System der bürgerlichen Klasse. Und der Wille zur gewaltsamen Überwindung dieses kapitalistischen Systems wird zugleich die Basis der objektiven Verhältnisse geschaffen haben, auf dem eine Weiterentwicklung des autoritären Bewußtseins auch in seiner Einstellung zur Sexualität, Erziehung und Kunst nicht mehr lebensfähig sein wird.

Es ist deshalb nicht richtig, den autoritären Menschen, »wollen wir ihn treffen, ihn stellen, ihn entlarven und entwaffnen, ihn überall da aufzusuchen, wo er zu finden ist«. Wir? Überall? Entwaffnen? Wir sind ohnmächtig. Nur im Bewußtsein unserer Arbeitskraft sind wir stark, nur an der Stätte der Ausbeutung ist unser Selbstbewußtsein wach, nur im Zusammenschluß mit solidarischen Kräften wächst unser Kampfwille, nur in der starken Klassenorganisation schaffen wir uns das einzige wirksame Mittel, dem in der Todeskrise seines kapitalistischen Wirtschaftssystems ringenden bürgerlichen Klassenfeind den Garaus zu machen und nicht mit ihm in Barbarei unterzugehen, sondern uns zum Sozialismus, das heißt zu Bedarfswirtschaft und Gemeinschaftsleben zu befreien.

## James Broh: Erwiderung auf Rühle

Für uns Marxisten gibt es keine Einzelerscheinung. Auch Rühle ist keine. Seine jüngste theoretische Entwicklung ist nicht die seiner Person, sondern einer ganzen Schicht. Und sie reiht sich deutlich ein in das gesamte Zeitbild der gegenwärtigen Geschichtsepoche.

Was kennzeichnet diese? Daß sie den Beginn der sozialen Revolution bildet. Der Weltkrieg leitete sie ein. Er war der bisher ungeheuerste Konkurrenzkampf des Kapitalismus, der sich auch weiterhin selbst zerfleischt und das Proletariat mit in den Abgrund zu ziehen droht. Der Weltkrieg löste die große russische Revolution und die schon schwächere deutsche aus. Dann folgten noch einige Flutwellen. Und schließlich, in den letzten Jahren ist die revolutionäre Flut verebbt, wenigstens soweit sie sichtbar ist. Gerade jetzt aber hören wir die Flut langsam von weitem wieder anrauschen.

Die sichtbare Ebbe der letzten Jahre hat sich gezeigt in der völligen Liquidation der russischen Revolution und des Revolutionarismus der KPD. Aber auch in der Schicht der antiautoritären Revolutionäre hat die Ebbe große Sumpflachen gebildet. Das Aufkommen der Naturrevolutionäre, der Pazifismus, das Liebäugeln mit dem Individualismus und Anarchismus, die »Vertiefung« in Seelenbildung und Charaktererziehung, die viele Proletarier entzückt, alles dies hängt innerlich zusammen und bedeutet nur ein *Sichzurückziehen vom unzweideutigen »brutalen« Klassenkampf*. Ein Hinausschieben der Revolution in unbestimmte Ferne.

Die Thesen Rühles sind nur ein Ausdruck dieser Rückentwicklung, allerdings ein besonders verwirrender. Unter scheinbarem Marxismus, unter scheinbarem Revolutionarismus, unter scheinbar unangreifbarer (im wahrsten Sinne autoritärer) Wissenschaftlichkeit verbirgt sich schwächlicher Reformismus, der von dem sozialdemokratischen Reformismus und Bildungsphilistertum sich nur durch den modernen wissenschaftlichen Aufputz unterscheidet.

Rühle setzt zunächst richtig an die Spitze unsere Grundforderung: Selbstbewußtseinsentwicklung des Proletariats. Allmählich aber biegt er diesen Begriff um in das Selbstbewußtsein des einzelnen Proletariers, in *Vollwertigkeitsgefühl* als Persönlichkeit. Zunächst wird diese Umbiegung noch verschleiert: »Vollwertigkeitsgefühl als Persönlichkeit im Rahmen des Klassenkampfes und Klassenbewußtseins«. Allmählich aber verschwindet die Klasse immer mehr und die einzelne Persönlichkeit tritt immer deutlicher als das wesentliche Produkt hervor.

Rühle stellt der Autorität gegenüber das Vollwertigkeitsge-

fühl des einzelnen Menschen (oder des einzelnen Klassen-
kämpfers). Wir stellen der Autorität gegenüber keineswegs die
Vollwertigkeit der Persönlichkeit (welch' Hochmut! in der heutigen Gesellschaftsordnung!), sondern die Solidarität der Klasse, die zur Voraussetzung hat das Selbstbewußtsein der *Klasse*,
als einen neuen, organisch, sowohl materiell wie ideologisch
verbundenen, kämpfenden Teil der Menschheit. Wir zeigen
den Proletariern ihr Verhältnis zum Sklavenhalter. Dies Verhältnis muß zunächst beseitigt werden.

Die neue (ach im Grunde so alte) Theorie endet damit, von
dem »Innern« des Menschen heraus die Verhältnisse ändern
und den Charakter des einzelnen vorher erziehen zu wollen.
Und zwar mittels der Psychologie! »Und die Beschäftigung mit
den grundstürzenden Resultaten der modernen Psychologie ist
*wertvollste Vorbereitung*, im Grunde ebenso wichtig wie die
Beschäftigung mit der revolutionären Soziologie, dem Marxismus. Ja, *Marxismus in Verbindung mit moderner Psychologie*,
gibt uns erst den Hebel in die Hand, mit dessen Hilfe wir
den inneren und äußeren Menschen umschalten und umstellen können. Nur so — *auf keinem anderen Wege* — kommen wir zu dem unautoritären Menschen der sozialen Revolution.«

Immerhin aber doch wenigstens *auch* Marxismus. Der aber
wehrt sich gegen diese kunstvolle Verbindung. Denn er gerade
lehrt uns die Erkenntnis, daß der unautoritäre Mensch nur das
Produkt der kommunistischen Gesellschaftsordnung sein kann.
Daß also jene Erziehungsversuche *heute* nur Zeit- und Kraftverschwendung bedeuten. — Wie widerlegt Rühle nun diesen
Haupteinwand, der ihm als Marxisten in der Diskussion ent-
gegengestellt worden ist?

Er kann ihn nicht widerlegen. Er behilft sich mit einer Wort-
spielerei. Dem »sozialistischen« Menschen der Zukunft stellt
er den »proletarischen« Menschen gegenüber. »Ihn (den sozialistischen) gilt es heute gar nicht zu schaffen. Wir brauchen
den proletarischen Menschen zur Durchführung der proletarischen Revolution.« Was steckt hinter diesen Worten? Der
proletarische Mensch ist, was die Hauptmasse anlangt, heute
nichts anderes als der bürgerliche in seinen wesentlichen geistigen Beziehungen. Sonst wären die Gewerkschaften und Arbeiterparteien undenkbar. Ihn hat Rühle auch nicht im Auge, sondern »den bewußten proletarischen Kämpfer, den in seiner
ganzen Lebenshaltung unautoritären Menschen«. Wie aber
will man in der heutigen Gesellschaftsordnung, deren ökonomische und geistige Lebensbedingungen autoritäre sind, den
in seiner ganzen Lebenshaltung unautoritären Menschen schaffen? Eine Antwort auf diese Frage wird nicht gegeben und
kann nicht gegeben werden.

Doch! Die moderne Psychologie wird dies Wunder vollbringen. Sie wird helfen, den *Charakter* zu verändern. *Nur um den* handelt es sich nämlich nach der neuen Theorie, nicht um Bildung und Wissen. Wir sagen: Umgekehrt! Wissen kann allenfalls der Proletarier auch heute sich erobern. Und das Wissen vom Staat und seinen Hilfsorganisationen zur Unterdrückung der proletarischen Klasse (Justiz, Heer, Kirche, Schule, Presse, Parteien und Gewerkschaften) muß sich mindestens der kämpfende Vortrupp erobern. Aber die Umstellung des Charakters kann weder die Psychologie noch sonst eine Wissenschaft bewirken.

Vielmehr ist nachgewiesen, daß der Charakter hauptsächlich auf Vererbung beruht, im übrigen aber nur durch die Bedingungen des Lebenskampfes gemodelt werden kann. Darauf beruht ja auch unsere Gewißheit, daß in der kommunistischen, auf Kameradschaft und gegenseitiger Hilfe aufgebauten Gesellschaft die egoistischen Triebe, die heute sich üppig entfalten müssen, sich zurückbilden und absterben werden. Aber niemals kann bloße Theorie oder bloße Erkenntnis oder Erziehung dies bewirken.

*Wer* soll denn auch erziehen? Der alte Proletarier, der autoritär bis in die Knochen aufgewachsen ist, seine Kinder? Oder der Schulmeister? Oder der Redner?

Die moderne Psychologie, besonders die Psycho-Analyse, begründet von Freud, und die Individual-Psychologie von Alfred Adler ist eine rein bürgerliche Wissenschaft. Sie hat die Lehre vom Unbewußten, von den verdrängten Trieben herausgearbeitet. Sie ist dabei in sich gespalten und uneins. Während Freud fast alles auf die Sexualität zurückführt, ist für Adler das Geltungsbedürfnis der Persönlichkeit und auf der anderen Seite ihr Minderwertigkeitsgefühl das Ausschlaggebende. Für den kranken, schwächlichen Menschen geben diese modernen Untersuchungen dem Arzt und Erzieher manchen beachtenswerten Wink. Übertreibungen aber, die alles aus dem *einen* Punkte herausdeuten wollen, lassen diese moderne »Lehre« als ein ziemlich ungangbares Gewirr und Gestrüpp erscheinen. Keine Rede von »grundstürzenden« Resultaten!

Man könnte genauso fordern, daß wir uns hauptsächlich mit der Heilung der *körperlichen* Proletarierkrankheit, der Schwindsucht, als Revolutionäre abgeben sollen, um mehr und kräftigere Kämpfer zu gewinnen. Wir verachten die bürgerlichen Wissenschaften (Mathematik, Arzneikunde usw.) keineswegs. Sie alle sind, wie der Kapitalismus selbst, notwendige Vorstufen. Insbesondere erwarten wir im Gegensatz zu Rühle von den Naturwissenschaften und *ihren* grundstürzenden Resultaten einen außerordentlichen Auftrieb gerade für den Befreiungskampf des Proletariats.

Es ist unrichtig, daß »*alle* Lebensgebiete zu erschließende Territorien für revolutionäre Eroberungen sind«. Wollten wir unseren Kampf in dieser Weise mit der ganz unmöglichen Erziehung der heutigen Charaktere verzetteln, so würden wir denselben Fehler machen wie Ludendorff, der Deutschland in Syrien, Bagdad, Persien, Ukraine und sonstwo noch zu verteidigen angab.

Will man wirklich behaupten, daß die russische Revolution deshalb liquidiert ist, weil die Charaktere der russischen Proletarier noch nicht reif waren? Nur unmarxistische Denkweise könnte zu solcher schrullenhaften Behauptung führen. Die russische Revolution war eine proletarische. Sie war eine weltgeschichtliche, das Proletariat fördernde Aktion größten Stils. Sie hat Ungeheures bewirkt — trotz ihrer jetzigen Liquidation.

Der Marxist rechnet nicht damit, daß eine einzige Revolution es schaffen, daß sie dauernd siegreich sein soll! Was für eine kleinliche, bürgerliche Anschauung ist das: ein Universalmittel zu finden, um auch ja sicher des dauernden Erfolges zu sein — um keinen Rückschlag zu erleben! Die Dialektik der Geschichte spottet solcher kindlichen Angst. Sie lehrt uns, daß Aktion Gegenaktion erzeugt, diese wieder Aktion, und daß nur im Kampfe, um Unterliegen und Siegen, erst in allen diesen *Aktionen* die Klasse sich selbst kennenlernen und sich bis zum letzten Ziele hindurcharbeiten kann. Nicht durch schulmeisterliche Vorsorge und Erziehung, die den Rückschlag von vornherein ausschließen will, kann der Befreiungskampf geführt werden. Die soziale Revolution gar kann nur eine langdauernde Folge von Aktionen in den verschiedenen Ländern sein, nicht *eine* siegreiche Aktion, von der die neue Theorie so gern träumt.

Die russische Revolution mußte infolge ökonomischer Gründe zu der jetzigen Reaktion führen. Und diese ist natürlich keine dauernde. Wären nur die russischen Proletarier wirklich die Diktatoren! Ihre Autorität sollte uns nicht bekümmern. Und willkommen wäre uns dort wie hier jeder klassenbewußte Proletarier, der den Befreiungskampf mitmacht — auch wenn er kein vollwertiger Charakter ist.

Und die deutsche Revolution — ist sie gescheitert, weil die Charaktere nicht erzogen waren? Nein, weil die deutschen Proletarier infolge der sozialdemokratischen Lehre aus Partei- und Gewerkschaftsorganisation kannten, weil sie die Erkenntnis von dem Wesen derselben als Hilfsorganisationen des bürgerlichen Staates nicht hatten. Nicht einmal eine Minderheit hatte diese Erkenntnis. Dazu kam die damals im wesentlichen nur erschütterte, aber nicht gebrochene ungeheure Macht des westlichen Kapitalismus. Aber gefördert hat auch selbst diese gescheiterte Revolution, vor allem in bezug auf eben die Erkenntnis der zentralistischen Führerorganisationen.

Fassen wir zusammen: Die Erkenntnis von der Klassenlage vermögen wir schon jetzt den Proletariern beizubringen. Zum wenigsten einer tatkräftigen Minderheit. *Und die genügt*, um zunächst einmal das Rad vorwärts zu drehen, wie uns gerade die russische Revolution lehrt! — Im Auf und Nieder, in der dialektischen Folge der fortdauernden Klassenkämpfe besteht die soziale Revolution. Und durch diese *Aktionen* vor allen lernt das Proletariat, nicht durch Buchweisheit allein.

Erkenntnis und Tatkraft, die auch vor der »Brutalität« nicht zurückscheut. Denn so ängstlich man auch bedacht sein mag, daß die Revolution schön programmäßig verlaufe, nachdem alle Proletarier zu unautoritären Charakteren erzogen sind — so wird dennoch die bürgerliche Klasse auf den Terror nicht verzichten und den Unautoritären die vollwertigen Schädel einschlagen — wenn diese sich nicht in gleicher Weise wehren. Übrigens würden sie höchst wahrscheinlich schon alle verhungert sein, bis jene glückliche, einzige, siegreiche Revolution eintritt.

## *Franz Pfemfert:* Achtung, falsche Weichenstellung!

Die Allgemeine Arbeiter-Union (Einheitsorganisation) hat als Wegweiser klar vor Augen: Selbstbewußtseinsentwicklung des Proletariats. Das ist: Abbau aller bürgerlichen Ideologien. Erst die Erkenntnis, daß die geschichtliche Mission des Proletariats außerhalb dieser bürgerlichen Ideologien liegt, löst die Arbeiter als Klasse von der Bourgeoisie. Erst aus dieser Erkenntnis heraus ist das Proletariat als Klasse unüberwindlich. Je größere Schichten der Ausgebeuteten zu diesem Bewußtsein kommen, um so kraftvoller und schneller wird der Revolutionsprozeß ablaufen, in dem wir uns befinden. Wir haben alles dranzusetzen, die klassenfeindlichen Ideologien in allen ihren Formen zu entlarven, mögen sie sich nun als »Goethe« oder als »Kant« oder als »Staat« oder als »Partei«, als »Führer« oder als »Erzieher«, als »Kunst« oder als »Wissenschaft« uns präsentieren. Wir lassen uns auch nicht bluffen durch angeblich oder tatsächlich »grundstürzende Resultate« dieser bürgerlichen Wissenschaften. Das revolutionäre Proletariat hat seine *eigene* Wissenschaft von der sozialen Revolution.

In seinem Aufsatz »Der autoritäre Mensch« spricht Otto Rühle scheinbar noch unsere Sprache. Er schreibt Sätze nieder, die auch wir nicht anders formulieren würden. Doch diese Sätze sind nur noch Ornamente an einem »neuen« Erkenntnisgebäude, das kein Arsenal für den revolutionären Klassenkampf darstellt. Zwischen marxistischen Sätzen stehen idealistisch-bürgerliche Sätze, stehen völlig unlogische, unhaltbare, unbeweisbare Behauptungen. Der Marxismus wird hergenommen, gelobt, ergänzt, verbessert — bis von ihm nichts übriggeblieben ist.

Weshalb diese Wandlung? Otto Rühle schreibt: »Enttäuschung, Entmutigung, Indifferentismus und Resignation beherrschen die Stimmung der Arbeiterschaft. Die Organisationen des Proletariats sind zermürbt, korrumpiert, kampfunfähig. Die Revolution ist in Blut und Verrat erstickt.« Aus diesem düsteren Gemälde ersieht Otto Rühle ein »Bedürfnis nach Neuorientierung« und er sucht dem so von ihm konstruierten »Bedürfnis« dann gerecht zu werden.

Aber die in der AAUE organisierten Klassengenossen sind ja gar nicht in der unglücklichen Lage, dieses »Bedürfnis nach Neuorientierung« zu verspüren! Die AAUE, an die Rühle sich besonders wendet, ist weder indifferent, entmutigt noch zermürbt, korrumpiert und kampfunfähig! Die in ihr Organisierten sind vielmehr der Ansicht, ihre auf der Grundlage des Rätesystems zu errichtende proletarische Klassenorganisation stehe erst am Anfang ihrer schweren Aufgaben, und sie haben weder Lust noch Zeit, sich von diesen Aufgaben ablenken zu lassen, da für sie die Revolution noch nicht erstickt ist! Sie haben sich eben deshalb von den Parteien und Gewerkschaften frei gemacht, weil diese alten bürgerlichen Organisationen an sich nie Waffen für die soziale Revolution gewesen sind. Diese Organisationen sind heute nicht zermürbter, nicht korrumpierter als stets. Aber es sind leider noch sehr stabile Bollwerke des Klassenfeindes, weil nämlich die Proletarier, die noch drüben, im Lager bürgerlicher Ideologie sind, noch kein »Bedürfnis nach Neuorientierung« zeigen! Soweit sie jedoch beginnen, es zu zeigen, wird es durch die AAUE restlos erfüllt! Sicherlich hat die AAUE bisher zu wenig Arbeit in den Betrieben und überall sonst geleistet, um die Klassengenossen für die antiautoritäre revolutionäre Orientierung zu gewinnen. Wir sind noch längst nicht in allen revolutionswichtigen Betrieben vertreten. Wir haben erst eine Minderheit der Proletarier Deutschlands mit uns. Wir müssen unsere Propagandakräfte steigern. Aber durch Rühles »Neuorientierung«? Sind wir auf falschem Wege? Hat er sich als unpassierbar erwiesen? Hat Otto Rühle uns etwa bessere Methoden zu zeigen, die noch im Banne der bürgerlichen Ideologie befindlichen Lohnsklaven zum revolutionären Selbstbewußtsein zu erwecken? Die Antwort auf *diese* Frage und nur diese Antwort kann das revolutionäre, selber vollkommen richtig orientierte Proletariat brauchen. Und wie spricht Otto Rühle?

Dieser Marxist schreibt: »Die autoritäre Einstellung des

Menschen ist keine Sache der Bildung oder des Wissens, sondern des *Charakters*. An den *Charakter* aber kommen wir nur heran durch ein methodisches Verfahren, das wir Erziehung nennen. Und die Erziehung braucht als wichtigste Hilfswissenschaft die *Psychologie* (Seelenkunde). Ist der Abbau der Autorität dringendste revolutionäre Aufgabe, so ist die anti-(oder besser: un-)autoritäre Erziehung heute das bedeutsamste Mittel zur Lösung dieser Aufgabe . . .

Nur so — *auf keinem anderen Wege* — kommen wir zu dem unautoritären Menschen der sozialen Revolution.«

Erstens wollen wir keine herrlichen »Charaktere«, keine »idealen Menschen«, keine »edlen Seelen«, kurz: keine Engel fabrizieren, sondern es handelt sich um die soziale Revolution. *Die* verlangt nicht den *un*autoritären »Menschen«, sondern den *anti*autoritären, gegen das bürgerliche Autoritätsprinzip aufständischen Proletarier (den »Menschen« schenken wir bis zur restlosen Vernichtung der Klassengesellschaft den bürgerlichen Ethikern). Das von Carl Sternheim propagierte und von Otto Rühle bevorzugte Wörtchen »*un*autoritär« bedeutet etwas völlig anderes, als was wir mit antiautoritär bezeichnen. Ein *un*semiter Politiker ist kein *Anti*semit. Wer *Un*revolutionär ist, ist noch kein *Anti*revolutionär. Man kann *unkriegerisch* und doch kein *Antimilitarist* sein. Eine unautoritäre AAUE wäre eine absolut *passive*, den autoritären Organisationen mit tolstoianischer Nachsicht gegenüberstehende Angelegenheit. Die AAUE aber, als die aggressive, vorstoßende, revolutionäre Klassenkampforganisation, kann niemals *un*-, kann nur *anti*autoritär sein!

Doch weiter. Wir wissen und wollen es (trotz Rühles Neuorientierung) nicht einen Augenblick vergessen, daß »Bildung«, »Wissen«, »autoritäre Einstellung« und »Charakter« *Ergebnisse der ökonomischen Verhältnisse* sind, unter denen die Klassen leben. Der Kapitalismus brauchte die »autoritäre Einstellung« für seine Entwicklung, wie das Proletariat für seine Revolution die antiautoritäre Einstellung nötig hat. Der Bürger zeichnet sich nicht durch seinen Charakter aus, und nicht gegen seinen Charakter, seine gute oder böse »Seele« geht die soziale Revolution. Mag die Seele des Bourgeois noch so »edel«, sein »Charakter« noch so »vornehm«, seine Einstellung noch so »unautoritär« sein, mag das Mitglied der feindlichen Klasse auch durch alle psychoanalytischen und individual-psychologischen Schulen gerannt und ein von allen »Hemmungen« und »Verdrängungen« Befreiter, über Charakter-Erziehung gründlichst Aufgeklärter sein, das alles und dazu noch viel Wissen um Karl Marx, Engels, Lenin würde ihn nicht hindern, von seinen Zinsen, vom Besitz an den Produktionsmitteln, von der Ausbeutung zu leben. Ja, ich weiß überhaupt nicht, *welchen*

Charakter Rühle den Proletariern mittels der »Seelenkunde« anerziehen will! Da Rühle den »sozialistischen Menschen« nicht erziehen will, weiß ich sogar nicht, was das für ein »proletarischer Mensch« ist, den er durch Charakterumbildung fabrizieren möchte. Mir ist *jeder* ausgebeutete Lohnsklave, der zum Bewußtsein seiner Klassenzugehörigkeit erwacht und gewillt ist, vereint mit seinen Klassengenossen die alte Ordnung zu zertrümmern, ein willkommener Kampfgenosse. Mich aber in seine »Seele« drängen, seinen »Charakter« »erziehen« zu wollen, wo ich sicher an meiner »Seele« vieles oder alles zu renovieren hätte, wäre von mir eine unverschämte Anmaßung und widerliche Zudringlichkeit, aber keine revolutionierende Arbeit.

Otto Rühle preist die modernste Psychologie und redet von deren »grundstürzenden Resultaten«. Er degradiert den Marxismus zu einem Ding, das *»erst in Verbindung mit moderner Psychologie«* etwas tauge. Welche Resultate er meint, weiß ich nicht. Aber wir haben uns hier schon vor mehr als einem Jahrzehnt mit der Mutter dieser »Seelenkunde«, mit der Psychoanalyse beschäftigen müssen, als auch die sich sozusagen als Krönung des Klassenkampfes aufspielte. Wir haben damals (1913) erklären müssen: Für Kranke sei der brutal praktische Nutzen, der Heilerfolg dieser »Seelentherapie« zu erproben; wo aber der Analytiker sich an *Gesunde* dränge oder sich gar als Erlöser der »Menschheit« vom sozialen Joch präsentiere, sei er *konter*revolutionär und möge sich zum Teufel scheren.

Daß nun der Mann der Individual-Psychologie, der *politisch selber kaum bis zur zahmsten Schattierung der Sozialdemokratie vorgedrungene Dr. Alfred Adler* gar so Revolutionäres (im proletarischen Sinne Revolutionäres) verbrochen habe (wo doch die Bourgeoisie allerorts für seine »Seelenkunde« schwärmt), bestreite ich und Otto Rühle wird es uns nie beweisen können.

Jedenfalls ist die »grundstürzende moderne Psychologie« eine bürgerliche *Wissenschaft* und als solche *kann* der Proletarier sie absolut nicht kontrollieren. Er braucht sie auch nicht zu kontrollieren, denn sie ist für seinen revolutionären Klassenkampf ein Dreck! Wir haben glücklich die Periode der »populären Aufklärung« überwunden und damit ein wesentliches Stück autoritären Prinzips abgebaut.

Es gibt nur ein entweder — oder! Entweder Wissenschaft der Bourgeoisie (denn nur die gibt es, vom Marxismus abgesehen, heute) *oder* Klassenkampf. Der Proletarier hat keine Zeit, kein Geld und keine Vorschule, Wissenschaften zu studieren. Ihn auf sein Innenleben zu verweisen, ihm zu erzählen, die Psychologie (und nicht die Gesellschaftsordnung) müsse erst seinen Charakter bilden, die Seelenkunde müsse ihn zum Revolutionär erziehen (und nicht die Solidarität mit seinen Klassengenossen, und nicht der Haß gegen seine Unterdrücker und Ausbeuter, und nicht sein proletarisches Selbstbewußtsein), das heißt, den revolutionären Arbeiter zu verwirren, vom Kampfwillen abzudrängen, heißt (um in der peinlichen Redeweise der »Seelenwissenschaft« zu reden) ihm direkt »Minderwertigkeitsgefühle« künstlich einzuimpfen. Heißt konterrevolutionär wirken.

Ein noch autoritär befangenes Proletariat kann verraten werden durch seine Führer, die ins Lager des Klassenfeindes übergehen. Im großen Prozeß der Bewußtseinsentwicklung der proletarischen Klasse für ihre historische Aufgabe, den Sturz der kapitalistischen Gesellschaftsordnung, bleiben solche Verrätereien *klärende* Episoden, die nicht den proletarischen Instinkt verfälschen, sondern schärfen und Illusionen zerstören helfen. Die Noske, Scheidemann, Heilmann, Ebert auch vor breiteren Massen als feile Lakaien der Bourgeoisie entlarvt zu haben, ist eine wichtige Tat der Deutschen Novemberrevolution. Wir sind Marxisten und deshalb wissen wir, daß alle Bluthunde der Ausbeuter nicht imstande sind, die soziale Revolution, die jetzt von der Geschichte auf die Tagesordnung der Menschheitsentwicklung gesetzt ist, in Blut und Verrat zu ersticken. Gewiß bezahlt das Proletariat mit Tausenden von Leichen für die Schurkenuntaten seiner »Führer«. Aber es sind Niederlagen, die trotz allem vorwärts führen — zum endgültigen Siege. Die offenen Arbeiterverräter sind die letzten Stützen der bürgerlichen Ordnung, solange das Proletariat ideologisch mit dieser Ordnung verbunden ist. Aber gerade die Verrätereien zwingen das Proletariat zur Steigerung der Kampfesenergien, zu klarer Klassenerkenntnis und Klassenscheidung, zum Selbstbewußtsein, zur Antiautorität.

Die antiautoritäre AAUE hat sich von den Führern befreit. Otto Rühle hat an dieser Befreiung mitgewirkt. Jetzt will er den erledigten Führer durch den Erzieher, den »seelenkundigen« Charakter-Erzieher ersetzen. Jetzt naht er mit der Autorität einer bürgerlichen Wissenschaft. Ist das nicht gefährlicher noch als das opportunistische Spiel der Hilferding, Kautsky, Otto Bauer? Ist das nicht geistiger Verrat? Heißt das nicht, das revolutionäre Selbstbewußtsein verdunkeln wollen, verwischen, verunreinigen?

Wehe dem antiautoritären Proletarier, der sich in diese Seelenkurpfuscherei begibt! Er wird als proletarischer Kämpfer der Revolution verloren sein. Laßt euch nicht verwirren durch »grundstürzende« geistige Moden der Bourgeoisie, auch wenn sie euch nun von Otto Rühle angepriesen werden!

Achtung, falsche Weichenstellung!

Das revolutionäre Proletariat braucht zur Erfüllung seiner geschichtlichen Aufgabe weder den Seelenerzieher noch den »Führer!«

## Der autoritäre Mensch und die Revolution: Eine Antwort

Die Wissenschaft hat *nicht* die Aufgabe, absolute Wahrheiten zu ergründen.

Als Teilstück des gesamten Kulturbestandes ist sie immer nur ein Orientierungsmittel im Dienste der gesellschaftlichen Sicherungsinteressen, das entsprechend den Bedürfnissen des jeweilig maßgebenden Sicherungszwecks funktioniert.

In einer Klassengesellschaft ist der Sicherungszweck nicht einheitlich. Die herrschende Klasse hat ein anderes Sicherungsziel als die beherrschte.

Aus der Vergangenheit her verfügt die bürgerliche Klasse über das Kulturmonopol; damit hat sie auch das Monopol der Wissenschaft in der Hand.

In der Zeit des historischen Umbruchs jedoch, wo die laufende Epoche sich mit der künftigen berührt, wird ihr das Monopol streitig gemacht durch die proletarische Klasse. Als Marxisten wissen wir, daß jede Wissenschaft bedingt und eingebettet ist in der sozialökonomischen Situation ihrer Zeit. In Perioden der Einheitlichkeit, Festigkeit und Geschlossenheit eines Systems liegt der marxistisch gesehene Zusammenhang zwischen materieller Basis und ideologischem Überbau klar zu Tage. In diesem Sinne spricht man mit voller Berechtigung von bürgerlicher Wissenschaft, denn es handelt sich bei ihr ausschließlich darum, unmittelbarer Ausdruck der materiellen und sozialen Tendenzen der Bourgeoisie zu sein.

In Zeiten der Umwälzung aber, wo der Klassenkampf immer stärker die Bestände der bürgerlichen Kultur in Frage stellt, verliert die Wissenschaft mehr und mehr diese Eindeutigkeit. Es entstehen zwei wissenschaftliche Lager.

Auf der einen Seite stehen die *Apologeten*, die an die Existenzbedingungen ihrer Klasse gebundenen Forscher, die nur noch Rechtfertiger und Verteidiger des bedrohten Systems sind. Auf der andern Seite melden sich vereinzelt diejenigen, die — gewollt oder ungewollt — infolge ihrer wissenschaftlichen Konsequenz zu Feinden des bestehenden Systems werden. Dabei kann zwischen ihrer persönlichen Einstellung und ihrer sachlichen Wirkung ein Zwiespalt bestehen. Es kommt, um mit Marx zu reden, nicht darauf an, was dieser oder jener Wissenschaftler sich einstweilen als Ziel vorstellt, sondern darauf, was dieses Ziel ist und was er diesem Sein gemäß geschichtlich zu tun gezwungen sein wird. Zwischen den mehr geschlossenen

Systemen liegen chaotische Übergangszeiten, wie wir deren eine heute durchleben. Der ideologische Überbau ist in solchen Zwischenstadien seiner Herkunft nach verwurzelt im Alten, seinem Ziele nach ragt er ins Neue hinein. Die Betrachtungsweise, mit der wir dies erkennen, ist nicht mehr bloß die von der rein bürgerlichen Wissenschaft angewandte Kausalität. Diese wird ergänzt und erweitert durch die Finalität. Es ergibt sich daraus die *kausal-finale* Betrachtungsweise, die sowohl auf Ursache wie auf Endziel gerichtet ist.

Marx war der erste, der die kausal-finale Methode bei Betrachtung sozialökonomischer Phänomene anwandte. Aber auch Alfred Adler bedient sich ihrer mit derselben Konsequenz und Bewußtheit bei Betrachtung psychologischer Phänomene. Beide Forscher brechen also grundsätzlich mit der typischen bürgerlichen Denkmethode und handhaben, unabhängig voneinander, eine neue, und zwar dieselbe Methode.

Wir haben für die so geübte Wissenschaft der Übergangszeit keine andere Bezeichnung als die der proletarischen Wissenschaft, was nicht bedeutet, daß sie von Proletariern geschaffen, angewandt oder repräsentiert werde, sondern nur, daß sie zwischen bürgerlicher und sozialistischer Welt steht.

Kanehl, Broh und Pfemfert sind davon durchdrungen, daß der Marxismus die einzige und ausschließliche proletarische Wissenschaft sei. Sie fühlen sich in *ihren heiligsten Gefühlen beleidigt*, wenn man (in Konsequenz der marxistischen Betrachtungsweise) auch für andere wissenschaftliche Disziplinen die Existenzberechtigung als proletarische Wissenschaft gelten läßt. Vielleicht sind sie auch, als *echte Autoritätsmenschen, nur ärgerlich darüber, daß nicht sie selbst die Entdecker dieser Wissenschaft waren.*

Das ist der *Kardinalfehler* ihrer Einstellung. Sie wollen *marxistischer sein als Marx.* Wollen die marxistische Denk- und Betrachtungsweise nicht auf den Marxismus angewandt wissen. Sie huldigen damit einer gefährlichen, weil *entwicklungsfeindlichen Orthodoxie* und betreiben einen ganz *bürgerlich-autoritären Heroenkult*, der dem Marxismus absolut zuwiderläuft und den sich Marx aufs entschiedenste verbitten würde. Bei Marx geht alle Wissenschaft auf die »umwälzende Praxis« hinaus. Man macht die Probe auf die revolutionäre Brauchbarkeit einer Wissenschaft, indem man untersucht, ob sie geeignet ist, zum Abbau der herrschenden Ideologie, zur Überwindung des geltenden und zum Aufbau des künftigen Systems beizutragen. Dabei ist völlig gleichgültig, ob ihr Begründer und Urheber sich des revolutionären Charakters seiner Wissenschaft bewußt ist oder nicht, ob er ihre revolutionäre Auswertung will oder nicht, ob er einer Klassenkampf-Organisation angehört oder nicht. Hegel war ein ausgesprochener Reaktionär, seine

Dialektik aber war eine revolutionäre Leistung, und Marx hat keine Minute gezögert, diese Dialektik zu übernehmen, nach seinem Bedarf zu formen und für seine Wissenschaft nutzbar zu machen. Ebenso verfuhr er mit Adam Smith, Ricardo, Condorcet u. a.

Ob nun die Individualpsychologie eine revolutionäre Wissenschaft ist, hängt ganz und gar nicht davon ab, wie ihr Begründer Alfred Adler zur Arbeiterbewegung steht. Er könnte ihr größter Gegner und doch ein wissenschaftlicher Revolutionär sein, der wider Willen dem Kampfe für den Sozialismus wertvolle Waffen lieferte. So hat er nur ein Mitgliedsbuch der österreichischen Sozialdemokratie in der Tasche. Aber auch das ist höchst gleichgültig. Es kommt lediglich darauf an, welches die Konsequenzen seiner Lehre sind.

Diese Lehre freilich sollte man kennen, bevor man sich ein Urteil über sie erlaubt.

Kanehl, Broh und Pfemfert haben eingestanden oder durch ihre Polemik bewiesen, daß ihnen *jede*, auch die bescheidenste *Kenntnis dieser Lehre* abgeht. Pfemfert hat sich *grotesker Weise*, um die *Individualpsychologie* abfällig beurteilen zu können, *auf die Psychoanalyse berufen*. Und Broh verbricht einen so *greulichen Gallimathias*, aus dem klar ersichtlich ist, daß er nicht einmal diese verstanden hat.

So handelt ein *Bürger*, der, um den Sozialismus ablehnen zu können, sich auf seine Kenntnisse des Kapitalismus beruft.

Natürlich ist es nicht zufällig, daß alle drei das Studium dieser Lehre *wie das heiße Eisen* scheuen. Die Ursache der Hemmungen aufzudecken, wäre für geschulte Individualpsychologen ebenso reizvoll, wie es für *die drei demaskierend* wäre. Doch diese Analyse gehört *schließlich* nicht hierher.

»Erst die Erkenntnis, daß die geschichtliche Mission des Proletariats außerhalb der bürgerlichen Ideologie liegt, löst die Arbeiter als Klasse von der Bourgeoisie ab«, sagt Pfemfert in seiner Polemik gegen mich.

Er stellt sich damit in erfreulichen Gegensatz zu Kanehl und Broh und hätte gar keinen Grund, gegen mich zu polemisieren, weil ich seinen Standpunkt teile. Welches aber ist die Konsequenz daraus? Doch wohl nur die, daß als wichtigster Bestandteil des Klassenkampfes wie als wichtigste Voraussetzung für den Sieg der Revolution der Abbruch der bürgerlichen Ideologie zu gelten hat.

Unter der Klasse, die den Klassenkampf führt und zur Revolution steigert, versteht Marx die Gesamtheit der Menschen, die durch die »Dieselbigkeit ihrer Interessen im Produktionsprozeß« zu gemeinsamem Handeln veranlaßt wird.

Außerhalb einer Klasse ist heut kein Mensch denkbar. Daß

er aber soziologisch zu einer Klasse gehört, ist noch nicht dasselbe, wie, daß er bewußt Schicksal und Verpflichtung seiner Klasse auf sich nimmt. Erst das Durchdrungensein von der geschichtsnotwendigen Sendung des Proletariats und die Bereitschaft zu entsprechendem Handeln machen das proletarische Klassenbewußtsein aus.

Es kann gar keine Rede davon sein, einzelne Proletarier von außen durch die Erziehung für die revolutionäre Aufgabe der proletarischen Klasse vorbereiten und gewinnen zu wollen. Wie sollte dann dieser revolutionäre Privatunterricht möglich sein? Diese *heiteren Marxisten* denken sich die proletarische Klasse wie eine Schulklasse, auf die man sich auch durch Privatstunden vorbereiten kann und in die man nach erfolgreicher Vorbereitung und abgelegtem Examen als geprüfter Klassenkämpfer und Revolutionär eintritt. Oder glauben sie, daß ich mir so wunderliche Vorstellungen von der Beschaffenheit der proletarischen Klasse mache?

Gewiß gibt es noch viele Proletarier, die in sich die Spaltung in bürgerlichen Privatmenschen und proletarischen Klassenmenschen tragen. Diese leidige Zwieschlächtigkeit, die das ärgste Hemmnis der Revolution ist, findet aber in Kanehl und Pfemfert ihre theoretischen *Verteidiger*. Beide, die gegen einen angeblichen Dualismus in meiner Auffassung aufs heftigste zu Felde ziehen und dabei natürlich gegen Windmühlen kämpfen, weil meine Auffassung ja gerade auf die Überwindung des Dualismus hinausläuft, führen hier selbst einen Dualismus ein, der die gefährlichste Spezies seiner Gattung ist. Pfemfert, der von widerlicher Zudringlichkeit spricht, die sich in das Privatleben des Einzelnen einmischt, und Kanehl, der ebenso den Privatmenschen völlig ungeschoren lassen will, halten sich für gute Marxisten, wenn sie glauben, daß sich auf der Privatseite der bürgerliche Mensch bis zum Tage nach dem Siege erhalten könne, während auf der Klassenseite die proletarische Selbstbewußtseinsentwicklung sich vollziehe. Welch eine *pseudomarxistische Zweiseelentheorie!*

Was man heute für Klassenbewußtsein hält, ist im Grunde nur die soziologisch bedingte Klassengebundenheit, die an sich *nichts* besagt und sich keineswegs revolutionär auszuwirken braucht. Daher ja auch das völlige Versagen des Proletariats von heute in der Bekundung seines Klassenbewußtseins durch konsequentes revolutionäres Handeln. Dieses Versagen ist es, was zur Neuorientierung drängt.

Pfemfert bestreitet zwar, daß es in der AAU ein Versagen, eine Entmutigung, einen Indifferentismus, eine Kampfunfähigkeit gäbe. Nun denn — hat sich die AAU seit 1919 vorwärts oder rückwärts entwickelt, ist sie größer oder kleiner geworden, hat ihre revolutionäre Energie zu- oder abgenommen? Welches Bild bietet ihr Zustand dar? Man erspare jedem *Kundigen*, Zahlen zu nennen oder Tatsachen anzuführen! Hier hilft es nichts, den Kopf in den Sand zu stecken und sich durch einen Optimismus zu belügen, der an Blindheit oder *Gewissenlosigkeit* grenzt.

Die Realität der proletarischen Klassenkampfbewegung ist heute überall deprimierend. Wie kommen wir zu revolutionärem Handeln?

Nach Kanehl, indem man »im Betrieb sein Klassenbewußtsein kämpfend erweist und durch solches Beispiel werbend proletarisches Selbstbewußtsein in seinen Klassengenossen entwickelt«. Nach Broh, indem man die Fehler und Hemmnisse der Revolution »durch Wissen und Erkenntnis« überwindet. Nach Pfemfert, indem man »die zum Klassenbewußtsein Erwachten und zum Zertrümmern der alten Ordnung Gewillten sammelt«.

Alles schön und gut! Nur ein kleiner Haken ist dabei: die »Erwachten« und »Gewillten« sind nicht da, die »kämpfende Erweisung des Klassenbewußtseins« bleibt aus, das »werbende Beispiel« hat keinen Erfolg, die »Entwicklung des Selbstbewußtseins« steht nur auf dem Papier als schöne Parole.

Das ist ja gerade das *schreckliche Fiasko* der proletarischen Bewegung, *auch der AAU*. Hier, meine Freunde liegt *der Hase im Pfeffer*.

Warum aber ermangelt es an Mut, an Bereitschaft, an Solidarität, an Kampfentschlossenheit? Warum kommt das Proletariat nicht dazu, die durch Propaganda und Erfahrung gewonnenen Einsichten und Erkenntnisse in die revolutionäre Tat umzusetzen?

Nun — Mut, Opferwilligkeit, Solidarität, Kampfwille sind Angelegenheiten des *menschlichen Charakters*. Es muß also in der Verfassung und Funktion des *Charakters* etwas nicht stimmen, wodurch das *Proletariat* verhindert wird, entsprechend seiner durch »Wissen und Erkenntnis« gewonnenen geistigen Orientierung zu handeln.

Wenn dieser Annahme nachgegangen wird, so nicht, wie Pfemfert argwöhnisch behauptet, um vom Klassenkampfe abzulenken, ihn zu verwischen, zu verdunkeln, zu verunreinigen. Wozu dem Andersdenkenden nach schlechter *Politikantenmanier* von vornherein unsaubere Motive unterschieben? Niemand sucht den andern hinter dem Busch, hinter dem er nicht selbst schon gesessen! Und wozu nach dem üblichen Vorbilde des Ekki-Briefes vom hohen Piedestal der revolutionären Unvergleichlichkeit herab (»Rühle schreibt Sätze nieder, die auch wir — WIR — nicht anders formulieren könnten!«) jeden niederdonnern, der es wagt, eine vom »*Aktions*«-Normalschema abweichende Meinung zu haben? Wäre Pfemfert *auch nur ein wenig* mit Individualpsychologie vertraut, würde er tief beschämt *sein müssen* angesichts der *peinlichen Aufschlüsse*, die sein forcierter Aufwand von Pathos und Lungenkraft über den Grad seiner eigenen *revolutionären Unsicherheit* gibt. Überflüssig zu sagen, daß es keinem Menschen einfällt, durch Erziehungskünste revolutionäre Idealmenschen oder sozialistische Engel erziehen zu wollen. Hat man wirklich nötig, sich gegen solche Unterstellungen zu wehren, die man heute selbst in Kreisen skrupelloser bürgerlicher Gegner als *platte Demagogie* empfindet?

Es kann *vielleicht nicht* ausbleiben, daß Proletarier, deren scheinbarer Mut nur ein ganz hohler Überbau über tiefster Entmutigung war, das *naive Zutrauen zu* ihrer *revolutionären Courage verlieren*, sobald man den Dingen so kritisch ins Auge schaut, wie es *mein* Artikel getan hat. Aber wenn sie diese Krise überwunden haben, werden sie um so fester und zuverlässiger sein, denn sie haben *dann* die Probe auf die Antiautorität bestanden. Für einen, der verlorengeht, werden zehn neue gewonnen werden, wenn *wir* sie nur vor der Entgleisung und Entmutigung, vor dem Ausweichen sozusagen in *flagranti* erfassen.

Auf das Erfassen, das Packen kommt es an. Es muß ihnen gezeigt werden, daß sie gar nicht nötig haben, entmutigt zu sein und auszuweichen. Gegen den *Verlust des Glaubens an ihr individuelles Können* tauschen sie ja ein das Vertrauen zu der viel größeren Energie der Klassen, in die sie sich nur einzugliedern brauchen, um stark zu sein. Wo aber ist diese Klasse? *Wer* erfaßt die Flüchtigen? Und wie erfaßt man sie?

Broh meint, daß die Erkenntnis der Klassenlage, die *wir* jetzt dem Proletariat beibringen, für die Aufgaben der Revolution vollständig genüge.

Sie genügt eben nicht. Die alte sozialdemokratische Pauke: Agitation! Agitation! Agitation! hat ein Loch.

Es fehlt im Proletariat überall der Mut, der Erkenntnis gemäß zu handeln. Diesen Mut kann man nicht so ohne weiteres der Klasse beibringen. Man muß sich an den Klassenangehörigen halten. Und man muß *dort* einsetzen, *wo* beim Klassenangehörigen der *Privatmensch und der Klassenmensch sich schneiden*. Das Bemühen muß darauf hinauslaufen, den Privatmenschen im Klassenmenschen aufgehen zu lassen, die Konflikte zwischen beiden — die die Quelle der Entmutigung sind — zu vermeiden und die gesamte Energie, die heute in tausend kleinen Konflikten verpufft, dem Klassenmenschen und damit dem Klassenkampfe zuzuführen. Kanehl, Broh und Pfemfert *ziehen die Sache falsch auf*, wenn sie so tun, als ob der *Privatmensch nicht existierte.* Damit geben sie ihm jede Freiheit der Entfaltung, um dem *Klassenmenschen* jederzeit in den Rücken fallen zu können. Das Ende ist dann immer das Versagen des Klassenangehörigen als Klassenkämpfer.

Kanehl, Broh und Pfemfert müssen trotz ihrer Polemik gegen mich zugeben, daß es im Proletariat an revolutionärem Kampfwillen und an Solidarität fehlt.

Und was sagt Alfred Adler? — »Es fehlt den Menschen an Mut und Gemeinschaftsgefühl«.

*Hie Marx:* revolutionärer Kampfwillen und Solidarität — *hie Adler:* Mut und Gemeinschaftsgefühl. Man sieht, die Übereinstimmung ist verblüffend. Um was streiten wir uns?

Ob Kampfwille und Solidarität oder Mut und Gemeinschaftsgefühl — immer handelt sich's um psychische Verhaltungsweisen, Eigenschaften und Qualitäten. Da meine *ich* nun und glaube die Logik auf meiner Seite zu haben, daß man an psychische Gegebenheiten nur mit psychischen Mitteln herankommen kann. Die Methode aber, die hierfür in Betracht kommt, als die Methode planvoller Beeinflussung und Behandlung der menschlichen Psyche, heißt *Erziehung.*

Erziehung ist keine bürgerliche Erfindung, wie Kanehl meint, der entweder Erziehung mit Schule verwechselt oder dabei nur an die offizielle Kindererziehung im heutigen Staate denkt. Man kann ihm beipflichten, wenn er die Schule als bürgerliche Einrichtung verwirft. Aber vielleicht ist ihm nicht eingefallen, daß der Betrieb, den er als ideale Erziehungsstätte preist, schließlich auch eine bürgerliche, von Kapitalisten nur um ihres Profits willen geschaffene Einrichtung ist. Oder etwa nicht? Lieber Kanehl, man darf sich die Ablehnung einer anderen Meinung nicht so leicht machen, daß man ganz *mechanisch mit Schlagworten operiert:* man gerät sonst in eine Sackgasse und verfängt sich in den Schlingen seiner eigenen Argumentation.

Es geht auch nicht an, als Bekämpfer des Naturrechts-Sozialismus in den Fehler zu verfallen, daß man nach dem bequemen Schema des Naturgesetzlichkeits-Fatalismus erklärt: Proletarische Erziehung ist Selbstbewußtseinsentwicklung! Bei Marx gibt es kein »ist« und »Sein«, sondern nur ein »werden«, eine »Bewegung«. Also bitte, wie vollzieht sich diese Bewußtseinsentwicklung? Wer vollzieht sie? Nach welcher Methode? Nach welchem Ziel?

Bei dem ganzen Komplex der hier in Rede stehenden Dinge: Planmäßigkeit, Methode, Einflußnahme, Zielsetzung usw., immer in Hinsicht auf die zu vollziehende Selbstbewußtseinsentwicklung, handelt es sich doch — wer wollte das leugnen? — um psychische Prozesse, um *seelische* Vorgänge und Verhaltungsweisen.

Mit *psychischen* Prozessen aber beschäftigt sich nicht die Soziologie (also auch nicht der Marxismus), sondern die Psychologie.

Es liegt hier das Mißverständnis vor, als ob ich die psychischen Einflüsse, wie sie durch Diskussionen, Reibungen im Betrieb, Kämpfe usw. erfolgen, ersetzen wollte durch eine Kleinkinderschule und einen Unterrichts- oder Bildungsdrill.

Ganz irrig! Ich erkenne die Erziehungsleistung durch den Betrieb im vollen Umfange an. Aber ich meine darüber hinaus: was im Betriebe nur zufällig, gelegentlich, planlos und viel zu spät an erzieherischer Arbeit geleistet wird, soll vom Proletariat bewußt und mit voller Planmäßigkeit auf breitester Basis ohne Unterschied des Betriebslokals, des Alters, des Geschlechts, der Situation betrieben werden. Und zwar soll diese erzieherische Einflußnahme so rationell, zeit- und energiesparend als möglich, mit größter Aussicht auf Erfolg vor sich gehen. Das kann aber nur geschehen, wenn *schon im frühesten Kindesalter* damit eingesetzt wird, denn dies ist die wichtigste Periode der Charakterbildung; *hier* schon entscheidet sich's in den meisten Fällen, ob der Mensch *später* ein Kämpfer oder ein Drückeberger, ein autoritärer Machtmensch oder ein zur Einordnung fähiger Genosse wird.

Wenn Broh mit Gewichtigkeit die Frage aufwirft: Wer soll erziehen? etwa die Alten? die so völlig verdorbene Generation der Erwachsenen? — so antworte ich: allerdings zunächst die Alten. Und das ist, wenn wir die Zusammenhänge erst dialektisch zu sehen gelernt haben, gar kein Grund zur Mutlosigkeit. Jeder, der andere erziehen will, muß, ob er dazu Lust hat oder nicht, mit der Erziehung zuerst immer bei sich selbst anfangen. Diese *List* der Vernunft macht aus der Kindererziehung zugleich eine Erwachsenenerziehung.

Hier ist nur noch nötig zu wissen, worauf es bei einer proletarisch-revolutionären Erziehung zum Mut, zur Solidarität, zum Kampfwillen, zur Verantwortungsbereitschaft ankommt.

Das sagt uns die Individual-Psychologie.

Es bedarf einer kurzen Darlegung, warum ich die Individual-Psychologie als einzige unter vielen psychologischen Theorien für tauglich halte zur revolutionären *Charakterbildung.* (Eine ausführliche, gründliche Darlegung wird in einem besonderen Buche über »Marxismus und Individual-Psychologie« gegeben werden.)

Die Individual-Psychologie ist die psychologische Methode, die den *Fetischcharakter* der Vererbung, der Anlage, der Zwangsgebundenheit des Willens wissenschaftlich aufdeckt und als Stützpunkt bürgerlicher Ideologie entlarven hilft. Im Gegensatz zu allen bisherigen Auffassungen lehrt sie die natürliche Gleichwertigkeit der Individuen, die sich nur durch verschiedene Gliederung entsprechend ihren verschieden gerichteten Sicherungsinteressen modifizieren. Sie liefert damit die bisher fehlende psychologische Grundlage für die praktische Verwirklichungsmöglichkeit der Gemeinschaftsforderung, also des Sozialismus. Weiter zeigt die Individual-Psychologie, daß der *geistige Vorsprung* (*Genie*, Talent, Begabung), womit die herrschende Klasse ihre Privilegien zu rechtfertigen und zu verteidigen pflegt, im Grunde *nur das Resultat ersparter Hemmungen und Daseinsschwierigkeiten*, besserer Lebens-Chancen usw. darstellt. Sie befreit den Menschen von der *Last seiner Ahnen*, seiner tausendfältigen Bedingungen, unter denen er seelisch reagiert, seiner Minderwertigkeitsgefühle, stellt ihn seelisch nach vorwärts gerichtet ein, macht seine unfruchtbaren Proteste sozial fruchtbar und gibt ihm das höchste Vertrauen in seine eigene *schöpferische Kraft*, die sich in der Gemeinschaft entfaltet.

Alles dies hier nur andeutungsweise. Die notgedrungene Unzulänglichkeit der Darlegung auf diesem engen Raume läßt nicht ahnen, welche Vertiefung und Bestätigung der Marxismus durch die Individual-Psychologie erfährt. Alle von Kanehl, Broh und Pfemfert gegen die Individual-Psychologie gemachten Einwendungen zeugen von *grotesker Ahnungslosigkeit*. Keiner hat sich die Mühe genommen, ehe er ein Urteil fällte, die Lehre erst zu studieren. Was der Bauer nicht kennt, das frißt er nicht!

Ihr Verhalten bietet mehr noch als ein beschämendes ein lächerliches Schauspiel insofern, als ihr *pseudo-marxistischer* Übereifer im Angriff gegen Adler sie zu *Verbündeten der Bourgeoisie macht*, die wohl Freud, den ungefährlichen, verehrt und lobpreist, dagegen Adler aus dem sicheren *Instinkt ihres Bedrohtseins* heraus *boykottiert* und bekämpft. Gewiß ist auch die Individual-Psychologie nicht sicher vor Versuchen, sie der Reparatur der bürgerlichen Ordnung dienstbar zu machen. Aber sie ist ihrer ganzen Natur nach hierfür äußerst ungeeignet und muß alle auf reaktionäre Ziele gerichteten Hoffnungen enttäuschen.

Sie ist, wie der Marxismus, im Wesenskern und in all ihren Auswirkungen *eine proletarische Wissenschaft*. Darum gehört sie in das geistige Arsenal der proletarischen Revolution und als Waffe, wie der Marxismus, in die Hand jedes Revolutionärs.

Und darum hat sich die AAU, als die Vorhut der proletarischen Revolution, mit ihr zu beschäftigen.

Wenn in der alten SPD, gewöhnlich in der Zeit der Parteitage, Meinungsverschiedenheiten und Auffassungsdifferenzen in hitzigen Debatten ausgetragen wurden, so sahen die Mitglieder darin Literatengezänk und Intellektuellenkrakeel und nahmen kaum Notiz davon.

Wenn heute in der KPD Richtungskämpfe zwischen feindlichen Lagern ausgefochten werden, so erscheinen diese den Arbeitern als Katzbalgereien rivalisierender Führercliquen, die sie nur unwillig ertragen und über die sie so rasch als möglich zur Tagesordnung übergehen.

Insoweit bei der vorliegenden Auseinandersetzung die *schmutzige Art* der Polemik Brohs mich der versteckten Feigheit bezichtigt und die *brüske Art* der Polemik Pfemferts mich als Konterrevolutionär niederbrüllt, tun die Genossen der AAU recht daran, dies mit einem Gefühl der *Beschämung*, des *Ekels* oder der *Abgebrühtheit als üble Reste* einer *parteipolitischen Vergangenheit* auf sich beruhen zu lassen.

Ich selbst bin als *Individual-Psychologe* in der glücklichen Lage, die seelischen Hintergründe solcher Methoden zu durchschauen und sie als das zu erkennen, was sie in Wirklichkeit sind: als die Versuche autoritärer *Machtmenschen*, sich und der Öffentlichkeit ihre revolutionäre Unübertrefflichkeit zu beweisen, sei es selbst durch die *Infamie* der Entwertung der gegnerischen Motive und die Ächtung der gegnerischen Person.

Die Genossen von der Gegenseite haben damit *die schlechtesten Züge im Bilde von Marx* kopiert oder noch übertroffen, der sich im Kampfe gegen Bakunin derselben *schändlichen Praktiken* bediente; freilich mit dem Erfolg, daß der *Makel der Illoyalität für ewige Zeit auf seinem Namen haften* bleibt.

Als *Individual-Psychologe* habe ich schließlich auch gelernt, daß *Privatkonflikte* und *persönliche Ressentiments* die durch die geschichtliche Situation gebotene grundsätzliche Haltung des Menschen im Klassenkampfe nicht berühren oder beeinflussen dürfen. Deshalb *verzichte ich* nicht nur *darauf*, mich über die *polemischen Unarten* meiner Partner zu entrüsten, sondern auch darauf, ihnen *das Unrecht*, das sie mir angetan, mit *gleicher* Waffe heimzuzahlen.

Aber, weil sich immer herausgestellt hat, daß hinter dem *Literatengezänk* und *Intellektuellenstreit* doch ernsthafte und sachliche Fragen und Probleme verborgen waren, die nach Beantwortung drängten und zur Stellungnahme nötigten, und weil ich der Überzeugung bin, daß es sich auch in dieser Auseinandersetzung nicht um eine persönliche Differenz oder eine müßige Diskussion wissenschaftlicher Spitzfindigkeiten, sondern um eine bedeutsame, ja lebenswichtige Angelegenheit der AAU-Bewegung handelt, richte ich an die AAU folgende Fragen:

Ist es richtig, wenn Pfemfert behauptet, daß in der AAU

keinerlei Bedürfnis nach Neuorientierung vorhanden sei? Sagt Pfemfert die Wahrheit, wenn er erklärt, die AAU sei nicht geschwächt, nicht entmutigt, nicht korrumpiert, nicht revolutionär kampfunfähig?

*Haben Pfemfert, Broh und Kanehl das Mandat*, im Namen der AAU zu sprechen, wenn sie gegen mich polemisieren? Darf sich im besonderen Pfemfert als *Sinowjew* der AAU aufspielen, *ohne von dieser öffentlich zur Ordnung gerufen zu werden?*

Soll in der AAU die Taktik geübt werden, daß die Arbeiter, die so stolz darauf sind, auf eigenen Füßen zu stehen und der geistigen Leitung durch *bezahlte Intellektuelle entraten zu können*, ihre Diskussionen über Grund- und Lebensfragen ihrer Organisation, ihrer Taktik oder ihres Programms *ausschließlich von Intellektuellen* bestreiten zu lassen? Und soll es in der AAU Brauch werden, daß jede Anregung, jeder Vorschlag zur Verbesserung des Klassenkampfes, jede *neue Idee* von *einem ehrgeizigen Klüngel dieser Intellektuellen*, die sich (eingestandenermaßen!) nicht einmal die Mühe einer sachlichen Information nehmen, einfach niedergedonnert oder als konterrevolutionär gebrandmarkt wird?

*Ich* habe einen durch meine *politische Vergangenheit* erworbenen Anspruch darauf, als Revolutionär ebenso ernst genommen zu werden wie die Vertreter der Gegenseite.

Ich kann und darf darauf bestehen, daß meine Vorschläge und Forderungen an die AAU als Ausdruck eines ehrlichen revolutionären Kampfwillens und einer anständigen revolutionären Gesinnung gewürdigt werden.

Ich kann, darf und muß verlangen, daß die AAU zu *meiner Sache Stellung* nimmt.

Es wird sich herausstellen, ob sie hierzu den Willen und die Kraft hat und ob sie darüber hinaus für die Aufgaben, die *ich* ihrer revolutionären Rolle in der gegenwärtigen Situation *zugewiesen wissen möchte*, Verständnis und Energie genug aufbringt, um sie zu vollbringen.

Ich bin überzeugt, daß die AAU *vor einem entscheidenden Wendepunkt steht*, an dem sich ihre *revolutionäre Bewährung* erweisen muß. Die Entscheidung wird eine *Lebensfrage* für die AAU sein.

Sie *muß* den Mut zu dieser Entscheidung haben!

# Anhang: Aus der Kindheit eines Proletariermädchens*

Aufzeichnungen einer 19jährigen Selbstmörderin
über ihre ersten zehn Lebensjahre

## S. Ferenczi: Vorbericht

*Vor vielen Jahren suchte mich ein etwa 19jähriges, ausneh-
mend schönes Mädchen auf. Sie war eine einfache Kontoristin
und — wie sie sagte — suchte sie mich nur auf, um sich vor
Ausführung ihrer unabänderlich festen Selbstmordabsicht mit
jemandem, bei dem sie Verständnis voraussetzte, »auszuspre-
chen«.*

*Die klinisch-psychiatrische Untersuchung ergab bei ihr kei-
nen Befund, auf den irgendeine der geläufigen Krankheits-
diagnosen gepaßt hätte. Ich fand sie* intellektuell hochentwik-
kelt *und von unerwartet tiefer Geistesbildung; ihre Ansichten
über Menschen und Dinge normal, vielleicht etwas überfeinert,
ihre Moral gefestigt. Sie bekundete einen ungewöhnlich starken Drang nach Wahrhaftigkeit und ehrliches Streben nach
Selbsterkenntnis. Bei alledem fühlte sie sich tief unglücklich
und wollte sterben.*

*Als Motiv gab sie an, sie hätte so viel gelitten und fände
nirgends ihr Glück; ihr Leben sei von der traurigen Kindheit
und Jugend verdüstert; vor allem aber, sie könne nicht lieben.
Was ihr das Leben bis jetzt an Liebe geboten hätte, befriedige
sie nicht; ohne Liebe aber könne sie nicht leben. Sie wollte sich
einmal einem Manne, der sie anbetete, hingeben, von der Wol-
lust Vergessen und Trost erhoffend, doch sei sie — sie wisse
selbst nicht warum — im letzten Moment davor zurückge-
schreckt. Sie sei arm; sie könne nicht hoffen, je unter Menschen
zu kommen, die ihr starkes Verlangen nach Wissen und Kunst
stillen könnten; sie sei aber auch nicht genügend begabt, um
sich irgendwie selbst geltend zu machen. Hiezu kämen äußerst
mißliche Familienverhältnisse: eine tyrannische Schwester, ein
sehr abnormer absonderlicher Schwager, der ihr stets nach-
stellte, einmal sogar einen Überfall auf sie verübte, angeblich
nur, um ihre Keuschheit auf die Probe zu stellen. Schließlich
beklagte sie sich über die einförmige, tödlich-langweilige, er-
müdende Büro-Arbeit und die drückenden Geldsorgen.*

*Ich setzte ihr auseinander, daß ähnliche Bedingungen bei
einer Anzahl von Menschen gegeben sind, ohne daß sie sich*

* Erschienen in: Zeitschrift für psychoanalytische Pädagogik, 3. Jg. (1929),
Heft 5–6, S. 141 ff.

zum Selbstmord getrieben fühlten, bei ihr also noch besondere, ihr selbst unbekannte Motive wirksam sein müssen, vor deren Erforschung sie über ihr Leben nicht verfügen dürfe. Sie sei also krank und müsse behandelt werden.

Sie willigte ein und versprach, den Termin, den ich ihr als Beginn der Psychoanalyse festsetzte, abzuwarten. Ich schlug ihr vor, sie möge in der Zwischenzeit ihre Lebensgeschichte niederschreiben und mich zeitweise besuchen. Diese Lösung schien sie zu beruhigen; bei ihren Besuchen schien sie mir ruhiger, beinahe heiter. Eines Tages aber kam sie ganz verstört und erzählte, der obenerwähnte Schwager habe sich soeben erschossen.

Einige Tage später erschoß sich die Patientin, ohne den Beginn der Analyse abzuwarten, mit demselben Revolver, der das Leben des angeblich nur gehaßten Schwagers auslöschte. (Der Fall mahnt uns neuerdings, wie ernst wir jede Selbstmordankündigung nehmen und wie energisch wir dagegen immer einschreiten sollten!)

Das Stück Lebensbeschreibung, das sie mir hinterließ und das ich im folgenden mitteile, umfaßt die Zeit ihrer Kindheit bis zum zehnten Lebensjahre. Ein zweiter gleichfalls fertiggestellter Teil, der die Pubertätsjahre und die spätere Jugend behandelte, ist leider nicht aufzufinden.

Die Übersetzung aus dem Ungarischen besorgte Herr Dr. Michael Josef Eisler (Budapest). Ich kann bekräftigen, daß er sich einer möglichst wortgetreuen Wiedergabe des Originals befleißigte.

Die in der Handschrift vorkommenden Namen wurden durch andere ersetzt.


## Anmerkung des Übersetzers

Der Übersetzer dieser Aufzeichnungen hat versucht, das Original nicht nur dem Sinne nach getreu wiederzugeben. Seine Aufgabe war vielmehr, die zuweilen verworrenen, wenn auch gut gemeinten Reflexionen der Verfasserin, dann ihre subjektiv umgefärbten Erinnerungen ebenso genau zu reproduzieren, wie ihre oft eindrucksvollen und unbeabsichtigt künstlerisch wirkenden Milieuschilderungen. Besonders schwierig war auch die Wiedergabe ihrer der unmittelbaren Rede nahestehenden Erzählungsweise. Da solche Schwankungen im Stilcharakter für die mitteilende Person bedeutsam sind, mögen sie an dieser Stelle erwähnt werden, falls der Leser sie aus der Übertragung selbst herauszufühlen nicht Gelegenheit findet.

Dr. Michael Josef Eisler

## Mein Leben bis zum zehnten Jahre

Wie ein empfindsames, selbsttätiges Instrument ist das Innenleben. Es genügt die flüchtige Berührung einer einzigen Taste und eine solche Einwirkung durchläuft die ganze Skala, die entferntesten Töne erweckend.

Ebenso bin ich heute abend. Die Erinnerungen meiner Kindheit stürmen scharenweise auf mich ein, Leiden, die längst verblichen sein sollten, fühle ich in ihrer ganzen schmerzhaften Wirklichkeit. Oh, sie werden oft genug wiederkehren! Mag ich welchen Weg immer zurücklegen, die Spuren, woher ich kam, werden untilgbar bleiben.

Wie hilflos an Leib und Seele war ich damals schon; die Frage steigt ohne Unterlaß in mir auf, ob ich ein Recht zum Leben habe, und ich kann nur mit einem Nein antworten. Vergeblich beanspruche ich die Rechte, welche hier andere genießen, denn das Leben gehört heute nur den Starken und Sieghaften.

Manchmal schlägt das Leid in mir in Empörung um. Oh, warum sagt man mir nicht, ich sei unerträglich, tauge zu nichts und daß es gut wäre, allem ein Ende zu machen? Wozu diese ewige Rücksichtnahme? Einen Menschen, der Geld schuldet, sperrt man erbarmungslos ein, obschon man hoffen kann, daß er einst zahlen wird. Ich jedoch, wann werde ich zahlen? Wie entsetzlich ist es, gleich einem Parasiten, in vollem Bewußtsein meiner Zahlungsunfähigkeit zu leben, denn es ist die höchste Qual.

Meine arme gute Mutter spielt oft behutsam darauf an, daß sie mich lebhaft und heiter sehen möchte, und dergleichen. Grausam ist diese ihre Eitelkeit, denn ich bin ihr nicht gewachsen, mag ich auch wissen, daß die Mutter im Recht ist. Man kann ja kaum etwas von uns verlangen, was nicht unsere Schuldigkeit ist für alles, was wir von anderen so freigiebig und als Geschenk empfangen haben. Wie unsäglich bedrückend und verzweiflungsvoll ist es, immer nur zu nehmen und nie, nie zu geben; abweisend, kalt und den Äußerungen des Lebens gegenüber verständnislos zu bleiben. Es ist eine Qual, die man nicht beschreiben kann.

Ich muß mich irgendwohin flüchten, damit ich nicht versinke. Ich will daher versuchen, die Geschichte meiner Kindheit im Zeichen der Wahrheit niederzuschreiben.

Mutter erzählt noch heute oft folgendes:

Als ich noch ein Wickelkind war, geschah es einmal, daß mein Vater einen Zechkumpanen zum Schlafen nach Hause brachte. Mutter war darüber sehr ärgerlich, denn wir besaßen nur ein einziges kleines Zimmer und waren unser sechs, aber es schien nicht ratsam, sich zu widersetzen, wenn der Vater etwas anordnete, besonders aber, wenn er einen Rausch hatte. Meine arme Mutter stand deshalb auf, zog unter einem der Kinder den Strohsack weg und bereitete dem Gast auf dem Fußboden das Lager.

Mein Vater hielt ihn mehrere Tage bei uns zurück, gab ihm zu essen und zu trinken. Sie rauchten die Pfeife bis Sonnenuntergang und ließen die Arbeit sein.

Eines Tages machte sich mein Vater davon. Die Mutter mußte das Brot zum Bäcker in die Stadt tragen und der Fremde zeigte sich erbötig, mich und meinen fünfjährigen Bruder zu bewachen.

Kaum war die Mutter fortgegangen, da sagte der Fremde zu meinem Bruder: Nun wollen wir übersiedeln. Mein Bruder war vor Freude außer sich, er lief auf die Straße und erzählte den vorübergehenden Bekannten, wie gut wir es nun hätten, da der Onkel mit uns in ein großes Haus ziehen wolle.

Die Bekannten lächelten über das geschwätzige Kind und gingen ihren Weg. Der Fremde aber begann sofort mit dem Umzug. Er schaffte in aller Eile einen Wagen herbei, auf den er alles lud. Mein Bruder half, soweit es in seinen Kräften stand, tüchtig mit; der Wagen fuhr sodann ab und während der Fremde mich auf den Arm hob, beruhigte er meinen Bruder, er möge ihn schön ruhig im Garten erwarten, bis er ihn holen komme. Damit entfernte er sich.

Als Mutter heimkehrte, konnte sie aus den verworrenen Reden des kleinen Hans nur langsam das Geschehene begreifen. Voll Verzweiflung lief sie zu den Bekannten, die alle bestätigten, vom Kinde eine ähnliche Erzählung gehört zu haben, aber wer kümmerte sich um das Geschwätz eines Kindes? Was mit mir geschehen und wohin ich gekommen war, wußte niemand. Meine Mutter wurde fast wahnsinnig vor Schmerz; obwohl man ihr letztes Hemd fortgetragen hatte, war es ihr nicht leid darum, wenn sie nur mich wieder gehabt hätte.

Am nächsten Tag meldete eine Frau, sie wüßte mit einem Wickelkinde nichts anzufangen; ein Mann hätte es ihr übergeben und gesagt, die Mutter würde es in wenigen Stunden holen, doch niemand wäre gekommen.

Endlich also bekam Mutter ihren einzigen Schatz zurück. Übel genug war, daß weder sie noch ihre Kinder ihr Haupt irgendwo niederlegen konnten.

Das Zimmer war mit Ziegelsteinen ausgelegt, sie schliefen deshalb im Garten und benützten Säcke und altes Zeug als Kopfkissen.

Damals hielt sich der Vater von uns fern, so daß die Sorge, das Allernotwendigste zu beschaffen, auf Mutter lastete.

Als der Hausbesitzer erfuhr, daß meine Mutter allein sei, wiewohl er beiden Elternteilen die Gartenpflege aufgetragen hatte, wies er ihr nur mehr die Hälfte des Monatslohnes von 30 Kronen an. Es blieb meiner Mutter nichts anderes übrig, als Nachtarbeiten zu übernehmen. Sie will es gerne getan haben, weil sie um diesen Preis ihre Ruhe hatte.

Mutter konnte es sich nicht anders vorstellen, als daß mein Vater und der Fremde zusammenhielten und beide vereint den Diebstahl verübt hatten. Aus diesem Grunde forschte sie nicht sehr nach dem Missetäter.

Die Sache verhielt sich aber nicht so! Viele sahen den Vater in der Umgebung; des Abends kam er auch in den Garten. Meine Mutter fand oft die Gelegenheit, ihn zu belauschen, wie er den Gemüsegarten plünderte, sie traute sich aber nicht, darüber etwas verlauten zu lassen.

Inzwischen hatte sich der Hausbesitzer bedacht, daß eine Frau doch nicht im Stande sei, den Garten gehörig zu pflegen und kündigte den Dienst. Natürlich wußte er nicht, daß Mutter auch früher alles allein besorgt hatte.

Der Winter nahte und Mutter gelang es nicht, eine neue Stellung zu bekommen. Überall bekam sie zur Antwort, daß man eine Frau allein nicht in Dienst nehme. So söhnte sie sich mit dem Vater aus und vor Anbruch des Winters übersiedelten wir auf einen anderen Platz.

Hier mußte meine arme Mutter einen neuen großen Schreck erleben. Es war zur Faschingszeit, Vater war auf Vergnügen aus, doch Mutter konnte ihren Verlust noch immer nicht verschmerzen und blieb gerne zu Hause.

Gegen Mitternacht hörte sie pochen. Sie freute sich noch, daß Vater so früh heimgekehrt war und wahrscheinlich nicht alles Geld vertan hatte, weshalb sie sich beeilte, die Türe zu öffnen. In der tiefen Finsternis bemerkte sie nicht, daß ihrer zwei eintraten. Als sie Licht machen wollte, löschte es der Vater sofort aus. Meine Mutter verwies ihn voll Unwillen, aber in ihrem Herzen erwachte eine furchtbare Angst angesichts dieses sonderbaren Benehmens und vor Angst brach sie fast zusammen. Endlich gelang es ihr, die Lampe anzuzünden; sie sah sich zwei maskierten Gestalten gegenüber, die mit langen Messern bewaffnet waren. Da schrie sie auf: »Kinder, steht auf, unsere letzte Stunde hat geschlagen!« und warf sich über meine Wiege. Die maskierten Männer stachen, ohne ein Wort zu verlieren, fortwährend mit den langen Messern auf sie ein.

Mit einem entschlossenen Sprung riß Mutter die Türe auf und lief barfuß im Hemde hinaus in die kalte Winternacht. Sie war sich ihrer selbst nicht mehr bewußt, sie lief nur immer zu mit den Verfolgern hinter sich her, bis sie an der Gartenpforte zusammenbrach.

Die eine Männergestalt hob ˙sie auf und trug sie ins Zimmer. Er nahm die Maske ab und als Mutter zu sich kam, war

Vater bei ihr. Er bat sie um Verzeihung, es sei nur ein Scherz gewesen. Er war ganz nüchtern geworden.

Unter solchen Verhältnissen wurde ich ein Jahr alt. Natürlich erinnere ich mich an diese Zeit nicht und auch vom folgenden Jahre habe ich nur einige vage Erinnerungen. So z. B. sehe ich mich in der Erinnerung, wie ich von Mutter Brot verlange und über das dargereichte Stück zu weinen beginne, weil es nicht groß genug war. Hierauf schnitt meine Mutter der ganzen Brotlänge nach ein dünnes Stück ab, das der Menge nach kaum mehr als das frühere war, stellte sich auf den Fußschemel und indem sie das Brot zur Zimmerdecke hoch hielt, rief sie: »Siehst du, das ist ein so großes Stück Brot!« Da gab ich mich zufrieden und weinte nicht mehr.

Dann erinnere ich mich noch an die Osterfeier! Ich schlief in einer Art Bettlade und als ich am Morgen erwachte, war meine Decke mit roten Zuckereien übersät. Ich schrie vor Erregung: der Hase war da, der Hase war da! Mutter tat verwundert und auch meine Geschwister spielten mir zuliebe die Erstaunten. Ich erinnere mich aus dieser Zeit aller meiner Geschwister und auch einzelner fremder Personen, doch war mir, als hätte ich keinen Vater gehabt.

In meinem dritten Lebensjahre kehrten wir in die Villa zurück, die wir unter so traurigen Umständen verlassen hatten. Noch heute kann ich mich dieses Ortes nicht ohne Grauen erinnern. Hier arbeitete sich meine Mutter zu Tode, wobei sie kaum Zeit fand, sich um uns zu kümmern, man zahlte hier verhältnismäßig den besten Lohn und mein Vater suchte mehr denn je das Wirtshaus auf.

Man erzählt, ich sei damals ein schönes und braves Kind gewesen, ich selbst hielt mich für ein elendes kleines Geschöpf, das nicht verdiente, auf dieser Welt zu sein.

Ich lebte den ganzen Tag unter Fröschen und Käfern und erinnere mich, wie unbehaglich mir zu Mute wurde, als meine Schwester mit den Herrschaftskindern, die sie beaufsichtigte, uns besuchen kam. Diese Kinder waren voll guter Laune und lärmten; ich hatte förmliche Angst vor ihnen. Mich hatte man immer zur Stille verhalten, daß die Herrschaft meine Stimme nicht höre oder der Vater sich meiner Existenz nicht besinne, denn er konnte leicht wütend werden und mich verprügeln.

Es war aber gar kein Grund vorhanden, mich zu schlagen, da ich still für mich im Garten spielte, ganz wie ein seelenloses kleines Tierchen. Man wußte kaum von meiner Existenz, so wenig Wasser trübte ich, doch war ich jedesmal alarmiert, sobald man mich bemerkte.

Zuweilen, wenn er schulfrei war, spielte mein achtjähriger Bruder mit mir. Das war ein mit allen Salben geschmierter Junge. Er konnte sich jedem anpassen und es gab keine Situation, aus der er nicht einen Vorteil für sich herauszuschlagen wußte. Alle Welt liebte ihn und für mich war er die höchste Autorität. Ich gehorchte ihm blind in allem und war glücklich, wenn er mich seiner Aufmerksamkeit würdigte.

Eines Tags lungerten wir vor dem Obertor herum, gerade als ein Mann vorüberging, der das Aussehen eines Handwerkers hatte. Er schleppte auf seinem krummen Rücken einen Handkoffer, wie ihn die Soldaten besitzen. Er rief meinen Bruder beiseite und flüsterte ihm etwas zu. Hierauf ging mein Bruder auf einen Kastanienbaum los, scharrte dort das trockene Laub zusammen, machte ein weiches Lager bereit und forderte mich zum Niederlegen auf. Ich gehorchte ohne nach dem Grund zu fragen. Der Mann kniete sich vor mich hin, hob meine Kleider in die Höhe und befahl mir, mit beiden Händen meinen kleinen Körper[1] auseinanderzuziehen. Ich blickte meinen Bruder an, der mich ermunterte, alles zu tun, wie befohlen wurde. Ich war folgsam, worauf sich der Mann ganz über mich legte und ich spürte, daß etwas Feuchtes auf mich rann. Jemand kam, da sprang der Mann auf. Mein Bruder zog mich hinter einen Baum. Nachher, als niemand mehr da war, verlangte der Mann neuerlich, daß ich mich hinlege. Ich empfand ein unaussprechliches Grausen, doch in meiner Angst tat ich's. Da floß es wie ein Bach an mir herunter, so daß alle meine Kleider durchnäßt wurden. Ich fing an zu weinen, was Mutter dazu sagen würde. Auch mein Bruder war bestürzt, er hielt mir den Mund zu und beruhigte mich auf solche Weise. Der Mann gab ihm sodann Geld, das er auf einem Steine sitzend nachzählte. Wie ich mich erinnere, waren es 66 Heller, aber es schien mir ungeheuerlich viel, denn seine Hand war voll davon; waren es doch lauter Kupferkreuzer.

Mein Bruder sprach mir Trost zu, nicht zu weinen; es würde nichts passieren, auch die Muter brauche von der Sache nichts zu wissen.

Ich werde dieses Weinen niemals vergessen. Seither habe ich nur ein einziges Mal ein Kind so weinen gehört; damals hat es mein Herz schier zerrissen, denn mir fiel mein eigenes Elend ein. Es gibt nichts Herzzerreißenderes auf der Welt, als wenn ein Kind ohne Hoffnung weint. Mein damaliges Weinen war solcherart gewesen. Kaum war ich imstande, mich zum Garten zu schleppen. Da die Sonne schön warm schien, entkleidete mich mein Bruder bis aufs Hemd, daß ich mich trockne.

Bald darauf kam die Mutter hinzu und wunderte sich über unser Treiben. Mein Bruder sprach allerlei wirres Zeug zusammen, am Ende gab er das Geld her und sagte, er hätte es auf der Gasse von einem Mann bekommen. Mutter war darüber

[1] Im Ungarischen ist »Körper« (test) ein mittelbarer Ausdruck für die Geschlechtsteile (Anm. d. Ü.).

erfreut und ging der Sache nicht weiter nach. Ich aber fühlte immerwährend die Flüssigkeit auf meinem Körper, wie sehr ich mich auch reinwischte. Ich wurde vom Entsetzen gepackt, daß ich niemals trocken sein werde.

Dieses furchtbare Erlebnis konnte ich nie, auch auf kurze Momente nicht vergessen. Es begleitet meine Kinderjahre wie ein dunkler Fluch. Ich erinnere mich, daß mein Bruder nachher ähnliches mit mir treiben wollte, wozu er mich auch zweimal verleitete.

Oh, hätte meine Mutter nur einen Augenblick lang geahnt, was ihrem zarten kleinen Kinde widerfahren war, sie wäre darüber entsetzt gewesen; aber die Arme war zu Tode geplagt und stolz, daß sie uns vorm Hunger bewahren konnte. Kinder können furchtbar schweigen und ich zählte zu ihnen. Zu ewigem Schweigen erzogen und mit diesem entsetzlichen Geheimnis belastet, entwickelte sich eine so staunenswerte Verschwiegenheit in mir, daß ich mich dessen heute noch wundere.

Mutter hatte oft ihre kleinen Geheimnisse vor iher Schwester, die als wohlhabend galt und vor der sie sich unserer unerträglichen Armut schämte. Oft trug sie meinen Geschwistern auf, der Tante dies und das zu verschweigen. Ob es befolgt wurde, weiß ich nicht, was mich anbelangt, hätte man mir diese unschuldigen Dinge nicht einmal mit glühendem Eisen entlokken können.

Tante Marie bemerkte oft bissig zu meiner Mutter, daß man aus mir nicht einmal mit der Zange was herausbekommen könne. Sie verstehe nicht, wer mich so gut abzurichten wußte. Und eben aus diesem Grunde setzte sie mir stets mit Vorliebe zu. Sie bediente sich dabei aller möglichen Kniffe, so z. B. sagte sie, Mutter hätte es ihr ohnedies schon erzählt, aber ich ließ mich nicht hinters Licht führen. Ich blieb hartnäckig dabei, ich wisse nichts, oder hätte es vergessen, wiewohl in der Regel nur davon die Rede war, was es zu Mittag gegeben habe, doch ich hatte Furcht, meiner Mutter durch mein Schwatzen Ungelegenheiten zu bereiten und eben das wollte ich nicht.

Diese Frau hat es verstanden, mich mit solchen Dingen furchtbar zu quälen, aber damals hätte man mir Staatsgeheimnisse anvertrauen können.

Sie war eine eigentümliche Frau. Einerseits kam sie uns in der Not bereitwilligst entgegen, andererseits empfand sie jedoch über unsere Armut eine Schadenfreude, und ich habe gut beobachtet, daß sie mit ihrer älteren Tochter jedesmal tuschelte, wenn wir auf Besuch hinkamen. Sie bekrittelte unsere Kleider, obwohl uns Mutter immer die besten Sachen anlegte. Mich drehte sie im Kreise herum, musterte alles bis ins einzelne, auch meine Unterwäsche bis aufs Hemd.

Zwischendurch fragte sie mit süßlicher Stimme, wobei sie die

Hände zusammenschlug: »Welch herrlicher Unterrock, den hast du von dem und dem bekommen, gesteh' es nur offen, der Hans hat es auch schon gesagt.« Umsonst gab ich die Versicherung, daß Mama ihn genäht habe, sie wollte mir nicht Glauben schenken: »Ist das ein Kind! So zu leugnen! Wer hat dich gelehrt, das zu sagen? Siehst du, der Hans ist ein ganz anderes Kind, der sagt alles!« — So ging das fort, daß man verzweifeln konnte. Trotzdem mußten wir oft hingehen, denn sie gab für Mutter jedesmal was für die Küche mit.

Mit Hans wurde sie immer bald fertig. Fragte sie, was es zu Mittag gegeben habe, etwa Strudel?, gab er bereitwillig zu, auch Fleischbrühe, Braten und Wein. Alles das war eine offenkundige Lüge, aber meine Tante wollte es so haben und quälte meinen Bruder weniger als mich.

Unseren Bekannten erzählte sie, es gäbe keine ausgepichteren Kinder auf dieser Welt als uns zwei. Hans schäme sich nicht, die eigene Tante an die Wand zu stellen, ich aber sei noch viel raffinierter.

Ich war von dieser Tante durchaus nicht entzückt, ihre älteste Tochter jedoch verabscheute ich in buchstäblichem Sinne. Sie konnte es nicht unterlassen, mich zum Vergnügen zu kneifen, und zuweilen griff sie mir kichernd unter die Röcke.

Je mehr ich mich entsetzte, um so lustiger fand sie die Sache. Sie rief dazu: »Hast du Furcht, kleine H. . ., hast du Furcht?«

Meine Kusinen — es waren ihrer sieben — besaßen alle einen grausamen Zug und ich empfand sogar vor der Jüngsten Angst. Diese fiel mich oft mit einem Schürhaken an und hätte mir fast die Augen ausgestochen, denn ich war wehrlos. Man hatte ihr niemals gesagt, sie möge das nicht tun. Marie war um ein Jahr älter als ich, mit ihr befreundete ich mich am leichtesten, aber auch sie beherrschte mich und im Spiel wagte ich nicht, ihr zu widersprechen. Sie pflegte nicht eben erbauliche Spiele auszudenken.

Einmal spielten wir Papa-Mama. Sie zwang ihren jüngeren Bruder, sich auf sein kleines Schwesterchen zu legen und so zu machen, wie sie es erklärte. Der Knabe widersetzte sich, weinte, doch Marie war stark genug, jeden Widerstand zu brechen. Sie erklärte einfach, es müsse geschehen.

In mir wurden Erinnerungen wach und ich bat sie, davon abzulassen, sie stieß mich aber fort mit dem Bemerken, ich möge mich nicht in die Sache mischen. Am Ende gehorchte ihr der kleine Knabe unter Weinen. Einmal ging ein schwachsinniges Mädchen vorüber — sie mag etwa 15 Jahre alt gewesen sein — und war schauderhaft häßlich. Auf ihrem Gesicht wuchsen schwarze Haare und ihr Blick war gläsern blöde, daß mich vor Angst die Kälte überlief. Marie zog mich bei der Hand zu ihr hin und sagte: »Jetzt wirst du was erleben!«

Sie stellte sich herausfordernd vor sie hin und schrie, sie möge sich sofort niederlegen. Das große blöde Mädchen fing an zu zittern und bat um Schonung. »Sofort niederlegen!« schrie Marie sie nochmals an. Das Mädchen gehorchte dem Befehl, der dahin ergänzt wurde, daß sie ihre Röcke hochhebe. Es war ein ekelerregender Anblick, der sich mir bot, doch Marie scheint ihn bereits gekannt zu haben.

Bald darauf fand ich auch Gelegenheit, den Körper eines Mannes zu sehen, der mich mit nicht geringerem Entsetzen erfüllt. Wir spielten mit Marie neben dem Graben, als ein Mann vorüberkam, der sich vor unseren Blicken fast ganz entblößt zeigte. Ich kann es nicht beschreiben, welchen Eindruck alle diese Dinge in meinem Gemüt hinterließen. Ich lebte in dauernder Angst und wagte nicht, auf die Gasse zu gehen.

Mutter schickte mich damals schon oft weg, um Einkäufe zu besorgen. Ich ging mit unsäglicher Beklemmung, sobald ich nur einen verkommen aussehenden Menschen erblickte, und solche gab es genug in dieser Gegend. Voll Entsetzen ergriff ich die Flucht, denn sie alle erinnerten mich an den ersten und den letzten Mann.

Häufig wurde ich auch ins Wirtshaus geschickt, Vater zu holen, und das war die größte Qual für mich. Die Männer, die dort saßen, waren ohne Ausnahme verkommen, volltrunken, fluchten sie mit heiserer Stimme, schlugen um sich und johlten.

Diese Wege ins Wirtshaus werde ich niemals vergessen. Ich ging langsam, um das gefürchtete Ziel je später zu erreichen; mir selbst schien er eine Ewigkeit zu dauern, und dabei sprach ich mir fortwährend Mut zu, damit ich meine Angst verringere. In meinem großen Leid begann ich zu beten. Ich sagte das Abendgebet, das Tischgebet her, alles, was mir durch den Kopf ging. So gelangte ich vors Wirtshaus. Am meisten hatte ich doch nur vor dem Vater Furcht, wiewohl er mir nie was antat. Aber er schrie mich jedesmal an und schlug bei meinem Anblick auf den Tisch, so daß das Blut in mir stockte. »Wie unterstehst du dich, deinen Vater zu stören, du verfluchte Kanaille«, und er hob eine Flasche gegen mich. Ich zitterte an allen Gliedern, daß er sie auf mich schleudern würde, aber um nichts auf der Welt hätte ich geweint, denn es war uns nicht erlaubt, vor dem Vater zu weinen. Unter großer Anstrengung, damit meine Stimme nicht versage, erklärte ich, daß Mutter mich geschickt habe.

»Sie wird sich schon eine Weile gedulden. Übrigens sage ihr, daß ich unterwegs bin. Jetzt aber hinaus mit dir!« Ich flog wie ein Pfeil davon, wiewohl mir Mutter aufgetragen hatte, mich nicht abschütteln zu lassen und ihm so lange zuzureden, bis er kommen werde.

Meine arme Mutter wußte es nur zu gut, was es bedeutete, daß Vater unterwegs sei. Bis Abend sahen wir nichts von ihm. Bei solcher Gelegenheit erhob sie verzweifelnd die Hände: »Oh, du mein Gott, erlöse mich!« Gerne hätte ich sie damit getröstet, daß Vater diesmal doch kommen würde, denn ich hätte ihn noch ganz nüchtern gefunden, aber ich sah, daß alle meine Mühe umsonst war, und ich konnte mir nicht vorstellen, warum das Leben so furchtbar sei.

Oh, diese verzweiflungsvollen Gebärden meiner Mutter! Wie klar sehe ich sie noch heute vor mir, wie sehr habe ich ihretwegen gelitten! Sie hatte ja Grund genug dazu und es wurde ihre zweite Natur, sobald sie uns rügen wollte, mit ähnlichen Gesten zu kommen. Sie schlug selten, aber diese Bewegung traf uns besser. Ach, ich habe andere Kinder darum beneidet, daß man sie anders strafte. Man stellte sie in eine Ecke, wo sie ein bißchen weinten, aber das war noch nicht zum Verzweifeln und hinterließ in ihrer Seele keine Spur; nach fünf Minuten war alles vergessen. Mich hat das gequälte Aufschreien meiner Mutter unsäglich leiden gemacht, ich verkroch mich in irgendeinem Gebüsch und weinte stundenlang. Dazwischen dachte ich nach, warum ich mehr als andere Kinder leiden müsse, war ich doch besser als alle.

Andere Kinder hätten auch nicht so intensiv wie ich leiden können, die ich in meinem Leben noch nichts Schönes gesehen hatte. Da war mein Vater, den ich mehr als irgendeinen anderen fürchtete, denn es gab fast keinen Tag, an dem er nüchtern nach Hause kam. Bei solcher Gelegenheit war ich Zeuge der furchtbarsten Auftritte. Oft ergriff er die brennende Lampe und wollte sie in den Spiegel schleudern; von seinem eigenen Ebenbild meinte er, es sei das eines fremden Mannes. Meine Mutter weinte dabei herzzerreißend.

Zuweilen bedrohte er uns mit dem Revolver, und unser Leben war niemals in Sicherheit. Ich habe meine ganze Kindheit unter Grübeln verbracht, warum alles das so sein müsse und fand am Spiel keine Freude.

Ein besonderes Leid wurde es für mich, wenn wir zur Faschingszeit alle zusammen in Vaters Kneipe gingen. Der Anblick der Leute war mir schon ein Graus, noch mehr, zu sehen, wie sie sich vergnügten. Die meisten waren natürlich betrunken, Vater allen voran, sie johlten und tanzten, und ich empfand es geradezu als Heiligenschändung, daß meine sanfte, gute Mutter mit ihnen tanzen mußte.

Einmal hielt ich es nicht länger aus und verlangte den Wohnungsschlüssel von meiner Mutter, die Vaters wegen sich nicht getraute, mit mir zu kommen. Ich schlich allein nach Hause und setzte mich im Dunkeln müde und abgehetzt nieder. Ich dachte ans Sterben. Es war mir am Leben nichts gelegen, so wenig lockten mich Leid und Freud dieser Welt. Ich weinte sehr lange, bis alle meine Tränen versiegt waren. Darauf zündete ich die Lampe an und schaute in den Spiegel, aus dem mich ein erschreckend verzweifeltes Antlitz anblickte. Ich hielt es für unmöglich, mit einem solchen Gesicht leben zu können. Indem ich zur Erde sank, betete ich laut: »Mein Gott, warum muß ich denn leben!« In solchen Stunden habe ich das Ziellose und Bittere eines ganzen Lebens durchlitten; Gefühle, die nur ein Kind haben kann, das im zartesten Alter gleich mir den gräßlichsten Einflüssen ausgesetzt ist.

Meine Eltern kamen viel später heim und erfuhren mein unendliches Elend nie.

So habe ich bis zu meinem fünften Jahr gelebt, und außer meiner Mutter kannte ich noch keinen Menschen, der liebenswert gewesen wäre. Die Erwachsenen flößen Angst ein und die Kinder sind grausam.

Aber einmal hat mir jemand doch gefallen. Es war im Frühling, und die Familie meiner Tante war mit uns zusammen in einer Sommerwirtschaft.

Die Großen tanzten, und meine Kusine schleppte mich im Hofe nach Art der Erwachsenen herum. Es war eine schöne Mondnacht, als wir heimkehrten. Marie flüsterte mir wichtigtuerisch zu: »Siehst du, der Gruber ist in meine Schwester Stefi verliebt. Er wird sie heiraten.«

Dieser Gruber war ein neuer junger Mann aus der Stadt, viel besser gekleidet als die hiesigen, und den Mädchen gegenüber ausnehmend höflich.

Am Nachmittag hatte ich mir sein schönes Gesicht angeschaut, und jetzt dachte ich mir wörtlich das Folgende: »Wende dein süßes Angesicht mir zu, daß ich dich auch sehe.« Mein Herz wurde von einer noch nie erlebten Wärme durchströmt, ich war überzeugt davon, daß ich ihn liebte. Marie erzählte ich nichts davon, und den ganzen Weg war ich unaussprechlich glücklich.

Um diese Zeit übersiedelten wir in die Villa Zandl, wo wir endlich eine schöne Wohnung hatten. Das Zimmer war gedielt, schade nur, daß man in die Küche nur durchs Zimmer gehen konnte, nicht umgekehrt, aber wir nahmen es hin. Dafür bekamen wir keinen Lohn. Als Entgelt für das Quartier hatten wir den Garten zu pflegen. Mutter besorgte die ganze Arbeit, während Vater auf Taglohn ging, wenn etwas zu tun war, sonst saß er im Wirtshaus. Ich erinnere mich nicht, daß er je im Garten mitgeholfen hätte.

Jetzt mußte ich öfter auf Befehl der Mutter Einkäufe in der Stadt machen. In den Geschäftsläden lachte man, wenn ich mich mit einem großen Korbe einstellte, denn ich hatte Sachen für eine ganze Woche nach Hause zu schleppen.

Einmal kaufte Mutter etwa 8 bis 10 Kilogramm Gemüse, das sie für den Winter wegzulegen gedachte, zugleich hatte sie zwei große Brote zu tragen, die sie bei einem bekannten Krämer ließ, um sie nachträglich zu holen. Doch gab es immer eine unaufschiebbare Arbeit, und sie kam nicht dazu, in die Stadt zu laufen. Da hatte ich den Einfall, es selber zu tun. Mutter war zunächst dagegen, aber schließlich konnte ich gehen. Sie nannte mich voll Zärtlichkeit ihr gutes Lieschen, das ihr helfen wolle, und fragte wohl an die zehnmal, ob ich die Brote in der Tat bringen könne. Darauf trug sie mir genau auf, daß ich unterwegs achtsam sei und oft ausruhe, ich dürfe sogar den Sack ein wenig nachziehen, falls ich müde werde.

So begab ich mich denn auf den Weg. Die ganze Zeit war ich freudig bewegt, daß ich doch zu etwas tauge, da ich meiner Mutter diesen großen Dienst erweisen konnte.

Im Laden verwunderte man sich sehr, daß ich den Sack fortschaffen wolle, aber ich versicherte auch dort auf das lebhafteste, es tun zu können; größere Lasten seien mir auch nicht fremd. Die Krämerin betrachtete mich mit großem Mitleid und gab mir für meine Opferwilligkeit Bonbons und einen Kreuzer.

Unter großer Anstrengung nahm ich den Sack auf meine Schultern und entfernte mich mit festen Schritten. Mein kecker Mut hielt aber nicht lange an, denn der Sack lastete furchtbar schwer auf mir. Immer öfter mußte ich ihn absetzen, und am Ende sah ich die quälende Last mit wahrem Haß an. Verzweifelnd dachte ich daran, daß ich bis zum Abend nicht heimgelangen werde. Was wird mit mir geschehen, was wird mit mir geschehen, und Tränen rollten über mein Gesicht. Manche der Vorübergehenden fragten, was mir fehlte, aber aus meiner Anstrengung errieten sie es bald. Als einer sagte: »Welch grausame Mutter, die ihr Kind so quält!« flossen meine Tränen noch reichlicher. Geholfen hat mir keiner. Ich stellte mich mitten im Wege auf, und als eine Kutsche vorüberfuhr, schwang ich mich hinten hinauf und zog den Sack auf der Erde nach. Ein gutes Stück fuhr ich so mit. Zu meinem Unglück bemerkte mich aber der Kutscher und holte mit der Peitsche nach mir aus. Ich war fast einer Ohnmacht nahe, als ich den schneidenden Schmerz empfand. Meine Stirne war vom Peitschenhieb aufgerissen und schwoll zu einem dicken Streifen an. Das Blut floß daraus. Am Wegrand stand der gekreuzigte Christus, dorthin setzte ich mich mit dem Sack und verfiel in eine vollkommene Teilnahmslosigkeit. Jetzt mochte was immer kommen, mir war's gleich.

Bald darauf kam eine Fuhre heran, und der Bauer, der oben

saß, fragte mich, ob ich aufsitzen wolle. Als ich nur mit dem Kopf nickte, stieg er herunter, nahm meinen Sack auf und ich stieg zu ihm auf den Kutschbock.

Ich fühlte die Schmerzen nicht mehr und freute mich, daß ich endlich nichts mehr zu schleppen hatte. Voll Behagen machte ich es mir auf dem Sitz bequem.

Die Pferde trabten gleichmäßig schön dahin. Der Bauer forschte mich nach meinen Familienverhältnissen aus, und ich antwortete ihm zumeist mit einem kurzen Ja und Nein. Ich war so mißtrauisch geworden und hielt jeden Großen für so teilnahmslos, daß ich nicht einmal die Geschichte mit dem Kutscher erzählte.

Wir fuhren schon am Friedhof vorbei, und die Dunkelheit begann, als der Bauer zu mir sagte: »Willst du mir dein rotes kleines . . . nicht zeigen?«

Wie ein Pfeil flog ich auf, warf den Sack mit einem Ruck herab auf die Erde und sprang selbst nach. Zum Glück passierte mir nichts. Der Bauer lachte roh dazu, schlug zwischen die Pferde und rollte davon.

Ich nahm alle meine Kräfte zusammen, und als ich zu Hause ankam, war Vater ausnahmsweise schon daheim. Ich nahm einige Bissen zu mir und legte mich wortlos nieder, da wir vor Vater nie zu sprechen pflegten.

Mein Bruder wurde während der Ferien in einem großen Bäckerladen angestellt. Er half das Gebäck austragen, verrichtete aber auch andere Arbeiten in der Bäckerei. Mir redete er den Kopf voll mit den Sachen, die sich seine Gesinnungsgenossen beim Kartoffelschälen gegenseitig vorbrachten. So erzählte er von Toten, die im Sarge zu erwachen pflegen, und wie furchtbar es sei, wenn sie die Zähne fletschen, mit den Nägeln sich zerfleischen und Schreie ausstoßen, doch alles das vergeblich, weil niemand sie hört. Im Winter aber frieren sie entsetzlich, in dem einen Hemd, da es dort sehr kalt ist.

Je mehr mein Bruder das Entsetzen sah, das er in mir erweckte, um so lebhafter schilderte er diese Dinge. In der Tat hatte ich vor dem Tod eine große Angst, und ich fürchtete, am Kirchhof vorbeizugehen, was ich oft tun mußte.

Vater gefiel es oft nach neun Uhr abends, mich ins Wirtshaus, das jenseits des Friedhofs lag, um Rum zu schicken. Wenn ich dann wagte, meine Furcht einzugestehen, schlug er auf den Tisch und brüllte: »Du wagst es, Furcht zu haben, du Hund! Solange du deinen Vater siehst, fürchte nichts, sonst zerbreche ich dir die Glieder!« Da ich zwischen zwei Übeln zu wählen hatte und mich vor Vater am meisten fürchtete, machte ich mich auf den Weg. Ich strich, so rasch es nur ging, am Friedhof vorbei, der vom Schatten der Bäume erschreckend finster war.

Atemlos stürzte ich ins Wirtshaus und kehrte auf ebensolche Weise heim. Hatte ich dann alles überstanden, fühlte ich mich wie zu Tode erschöpft, und doch freute ich mich, als hätte ich eine Heldentat vollbracht.

Um diese Zeit überfiel meinen Vater eine wahre Erziehungswut. Während er sich früher um uns nicht gekümmert hatte, ließ er uns jetzt nicht mehr zu Ruhe kommen.

Meine Schwester litt er nicht mehr im Hause. Glaubte sie denn, daß er sie füttern würde; ihm sei es recht, wo immer sie sei, nur zu Hause dürfe sie nicht bleiben.

Meinen älteren Bruder schlug er mit der Peitsche und ließ von ihm nur ab, als man auf sein Geheul zusammenlief.

Als mein jüngerer Bruder einmal unterwegs die Wurst verlor, die er gekauft hatte, schlug ihn der Vater mit einem Stiel der Hacke. Es war ein wahres Glück, daß er ihm damals nicht die Rippen brach.

Mich hörte er einmal quietschen, worauf eine wahnsinnige Hetze entstand. Ich sah meinen Vater schon von weitem mit erhobener Faust auf mich zukommen und dachte, jetzt habe meine letzte Stunde geschlagen. Noch lauter schreiend lief ich wie eine Verrückte davon, und hinter mir blieb eine nasse Spur. Vater holte mich jedoch bald ein und packte mich beim Arm. Ich lief mit einem so wahnsinnigen Lauf um seinen Körper herum, daß die Schläge, die mich trafen, keine besondere Kraft hatten.

Allerdings schlug er mich von allen Kindern am seltensten, und im Wirtshaus erzählte er, ich sei sein Liebling.

Mein großes Mißgeschick verfolgte mich ohne Unterlaß. Eines Tages spielte ich mit meinem Bruder auf der Wiese, und gegen Abend kam ein eleganter Herr im Zylinder mit einem kleinen Jungen vorüber. Sie pflückten roten und weißen Klee, der ringsum in Menge wuchs. Er trat zu uns und klagte, sein Junge finde diese Blüten nicht schön, obzwar sie, nicht wahr, schön seien. Mein Bruder und ich lachten, denn was konnte am Klee schönes sein. Wenn ihnen dieser schön war, was würden sie zu den Blumen unseres Gartens gesagt haben.

Mein Bruder befreundete sich bald mit dem fremden Knaben, und indem er mich stehen ließ, rannte er mit jenem davon. Nach einigen Augenblicken war keine Spur von ihnen da. Mich überfiel eine große Bangigkeit, da ich mit dem fremden Herrn allein geblieben war, und ich rief voll Furcht nach Hans. Der Herr selbst ängstigte sich gar nicht um seinen Sohn. Er sprach mir freundlich zu, ich möge mich um Hans nicht kümmern, er werde schon zurückkommen. Und indem er mich bei der Hand nahm, führte er mich spazieren. Ich empfand eine unwillkürliche Angst vor diesem großen und dickleibigen Fremden, wagte jedoch keinen Widerstand. Wir waren schon ein gutes

Stück gegangen, als mich dieser plötzlich hinter einen Busch zog und unter meine Kleider griff. Vor Furcht wurde ich fast wahnsinnig. Was wollte man schon wieder von mir? Ich suchte fortzulaufen, aber der Herr ließ meine Hand nicht los, schmeichelte und streichelte mich, daß ich keine Furcht habe. Er wolle mir nichts antun.

Endlich kam Hans zum Vorschein. Ich empfand einen unaussprechlichen Haß gegen ihn, daß er mich jedesmal solchen Zufällen preisgab. Ich war tief unglücklich und dachte nach, warum die Großen gerade mich dazu aussuchten, wo ich doch vor ihnen die entsetzlichste Angst hatte und warum sie diese ekelhaften Dinge mit einem so armen kleinen Mädchen taten. Eine furchtbare Ahnung quälte mich, daß ich nicht so wie andere Kinder wäre, weshalb mir diese schrecklichen Dinge passierten. Es läßt sich nicht ausdrücken, welche Gefühle meine unglückliche Seele durchstürmten: Ich empfand eine ungemein qualvolle Scham wie eine Gezeichnete.

Mein schulpflichtiges Alter war gekommen, d. h. ich war noch nicht sechs Jahre alt und wurde schon eingeschrieben, denn meine Mutter wollte ihrer Arbeit ohne Sorgen nachkommen.

Mein Bruder konnte mir nicht genug schildern, wie grausam die Lehrer wären und was für Dinge sie mir zufügen würden, aber es war nicht so schlimm. Die Lehrerin war ein süßer Engel, den ich nicht vergessen werde. In den ersten Monaten hatte ich viele Schwierigkeiten zu bekämpfen, doch meinem Engel zuliebe gelang mir alles, und ich erwarb mir sogar einen guten Ruf unter meinen Schulgenossen.

Das gute Leben in der Schule dauerte nur drei Monate, da kam die Gnädige, eine Kreatur, wie ich sie unsympathischer noch nie gesehen habe. Sie war immer aufgeregt, und es schien, daß sie jedes Kind haßte. Niemand von uns konnte es ihr recht tun, und was mich betrifft, hatte ich danach gar kein Verlangen.

Bei einer Gelegenheit schrie sie mich so unerwartet an, daß ich infolge meiner schreckhaften Natur am ganzen Leibe erzitterte. Sie rief mich zur Antwort auf und ich wollte aufstehen und ihr Genüge leisten, doch kam vor Entsetzen kein Ton aus meiner Kehle. Ich machte furchtbare Anstrengungen, meine Lippen bewegten sich, aber ich konnte keinen Laut hervorbringen. Die Gnädige kümmerte sich gar nicht darum, sondern beschimpfte mich tüchtig.

Diese Ungerechtigkeit brachte mein ganzes Leid und meinen Haß auf die Oberfläche, und ich bekam einen Weinkrampf, der meinen Körper erzittern machte. Darauf fand ich meine Stimme wieder, und ich gab mich der offenen Empörung hin. Außer mir, wiederholte ich: »Ich werde das große D nicht schreiben, ich werde es just nicht schreiben.« Dies war meine Rache. Die Gnädige jagte mich in die letzte Bank, indem sie sagte, sie werde mich aus der Schule ausschließen. Ich wurde eingesperrt.

Es ist mir noch heute unbegreiflich, wie jemand einen solchen Beruf wählen kann, wenn man für Kinder so gar nichts übrig hat wie diese Frau.

Ich glaube, jene fünf Jahre, die ich in der Schule verbrachte, waren nicht sehr rosig für mich, trotzdem tat es mir leid, als ich sie verlassen mußte.

Im großen und ganzen vergißt man die vielen Angstgefühle, denen man in der Schule ausgesetzt ist, ich jedoch hatte von ihnen so viel abbekommen, daß ich mich lebhaft genug erinnere. Lernen konnte ich überhaupt nicht, und in den Gegenständen, die man sich einfach merken und nicht verstehen mußte, machte ich überhaupt keinen Fortschritt. Das waren Geographie und Geschichte. Wenn ich sie noch so fest eingebüffelt hatte, waren sie verdampft, ehe ich zur Schule kam, denn ich mußte an hundert andere Dinge zugleich denken. Ich war überhaupt von meinen Erinnerungen so erfüllt, daß es mir unmöglich wurde, dem Vortrage meine Aufmerksamkeit zuzuwenden, so sehr beschäftigten mich die eigenen Gedanken. Oft fuhr die Lehrerin aus offenkundiger Rache auf mich los, sobald sie meinem Gesichte ablas, daß meine Gedanken herumschweiften. Ich wußte dann nicht, was sie zuletzt erklärt hatte und wurde für diesen Tag eingesperrt.

Hätte sie nur gewußt, woran ich dachte! Ich baute mir fast immer Luftschlösser einer schöneren Welt, in welcher es weder Grausamkeit noch Roheit gab, nur Liebe. Mir selbst teilte ich edle Rollen aus, z. B. die einer Lehrerin, die vermöge ihres liebevollen Benehmens aus jedem Kinde einen vorzüglichen Schüler machte.

Ach, wüßten es die Lehrer, daß es nicht immer Leichtsinn ist, wenn das Kind nichts lernt. Sie wären dann nicht so rachsüchtig. Es ist mir unbegreiflich, daß sie solches nicht wußten, konnten sie es doch meinem verstörten Wesen anmerken, daß ich nicht leichtsinnig bin! Sie aber sagten, ich hätte Verstand genug zum Lernen, wenn ich nur wollte, aber ich sei trotzig, und so bekam ich oft genug Tintensuppe zum Mittagessen.

Zuweilen ergriff mich der Ehrgeiz, daß ich wie die Novak Vorzugsschülerin werde, und einige Tage hindurch erlernte ich auch meine Lektionen Wort für Wort. Sobald man mich aber aus dem Lehrstoff der früheren Stunden prüfte, hatte ich alles restlos vergessen. Daraus ersah ich, daß alle meine Anstrengungen vergeblich waren und ich gab mir keine Mühe mehr.

Oft dachte ich darüber nach, wozu mir dies alles tauge, und ich konnte nicht herausbekommen, was mir die Streitereien der

Arpadenkönige nützen sollten. Ich fühlte nur eines, daß es mich nicht glücklicher machte und meine Lage nicht besserte, dies aber blieb meine einzige Sorge. Wie habe ich diese Arpadenfürsten gehaßt, die mir so viel Ungemach brachten; ich verwechselte stets Andreas, Géza, Ladislaus, an denen mir ja nichts gelegen war. Mich ekelten die vielen Ränke und Verschwörungen der Adeligen, wovon dort die Rede war, denn ich hatte genug an mir selbst zu tragen.

Die reichen Kinder haben es leicht, allerlei zu lernen; für sie ist das eine kleine Zerstreuung, wofür sie zu Hause Schmeicheleien und Schokolade bekommen, wenn sie was wissen. Auch ist ihr Gedächtnis nicht mit so vielen Gräßlichkeiten beschwert, wovon sie sich nicht befreien können. Noch dazu werden sie in der Schule vom Lehrer mit ausgesuchter Hochachtung behandelt. So war es in unserer Schule. Als ob die Armen nicht ein wenig mehr Zartfühligkeit und Menschlichkeit verdienten, die ihnen zu Hause nicht zuteil wird! Aber die Großen sind empfindungslos und blind gegenüber den Leiden der Kinder, dies habe ich Schritt für Schritt erfahren. Wer nicht von Schönheit, die der Wohlstand verleiht, Gesundheit und Frische strotzt und sie auf solche Weise entzückt, den verachten sie. Sie halten diese armen, vernachlässigten, verkrüppelten, furchtsamen und gedrückten Kinder für hinterhältig und machen durch Gefühllosigkeit ihr Elend noch schwerer. Sie bedenken nicht, daß es doch nur die Sünde der Großen ist, wenn diese Kinder hinterlistig und böswillig sind.

Nicht jedes arme Kind empfindet auf solche Weise und viele helfen sich wie sie können. Sie drängen sich an die Reichen heran, um sich ein wenig bei ihnen zu sonnen. Ich konnte mich niemals anpassen, schmeichelte nicht und habe stets die himmelschreiende Ungerechtigkeit gefühlt, die mir zuteil wurde. Ich habe die verschiedene Art, wie man mich, wie man Irene Palla behandelte, nie für selbstverständlich gehalten und war von einem glühenden Haß erfüllt, ich weiß gar nicht, wem gegenüber, der Lehrerin gegenüber auf jeden Fall, auch Hochwürden gegenüber, den wir um seiner Schönheit willen zugleich vergötterten — und jenen Schulgenossen gegenüber, die sich zur Partei der »anderen« schlugen. Mit diesen wohlhabenden Kindern hatte ich nichts gemein. Ihre Rede schien mir affektiert, in der Tat ist auch jedes reiche Kind infolge seiner Verwöhntheit affektiert, was mich ihnen gegenüber mit Verachtung erfüllte. Um wieviel besser und teilnahmsvoller wußte ich mich, und doch werden sie verzärtelt. Ich hätte sterben mögen für den, der mir ein gutes Wort gab, diese jedoch nahmen keine Notiz von den Liebkosungen, mit denen man sie überhäufte, sie maulten sogar darüber.

Dies war meine Gefühlswelt, diese Gedanken beschäftigten

mich unablässig, und vielleicht aus diesem Grunde versagte ich in Geographie und Geschichte. Ich sehnte mich nach einer anderen Lehrerin, die von unserer Art war, sich mit Liebe und Verständnis in erster Reihe uns widmete und nicht jenen, die es leicht haben, und die uns ohne Mühe über jede Schwierigkeit hinweghelfen konnte. Ach, so war meine erste Lehrerin, Emma Garai, gesegnet sei ihr Andenken! Damals bekam ich durchwegs die Note »vorzüglich«, wiewohl ich in jener Zeit erst Ungarisch lernen mußte.

Ich glaube, daß viele arme Kinder nur aus ähnlichen Gründen schlecht oder mittelmäßig lernen, nicht weil sie talentlos sind.

Ich will noch unseren lieben Direktor schildern, den die ganze Umgebung, wie auch die meisten Kinder gern hatten, weil er so witzig war. Er unterrichtete die dritte Klasse und erzählte auch uns oft lustige Geschichten. Mich haben jedoch solche Dinge wenig beeinflußt, denn ich beurteilte jeden einzig danach, wie er mit armen Kindern umging, und als er einer meiner Kameradinnen mit der Faust schlug, haßte ich ihn mit jenem unbändigen Haß, wie ich ihn nur damals fühlen konnte. Er lehrte uns die Anfänge des Zeichnens und der Geometrie, welche Gegenstände mir schon im vorhinein antipathisch waren. Ich machte deshalb in ihnen keine Fortschritte, wiewohl ich als kleines Kind leidenschaftlich gerne gezeichnet und mich lebhaft für die Kegel und Zylinder interessiert hatte, die mein Bruder aus Pappe anfertigen mußte.

Zuletzt wurde die Sache so arg, daß ich während der Geometriestunde einschlief. Vergebens bekämpfte ich dieses Übel, das zu jeder Geometriestunde eintrat, und mich überfiel eine unwiderstehliche Schlafsucht. Aber es war doch kein richtiger Schlaf, nur eine Art Mattigkeit, wobei ich die Augen schließen mußte. War dann die Stunde vorüber, wich auch der Zauber von mir, und ich war nicht mehr schläfrig. Der Direktor machte allerlei Witze über mich, die ich im Halbschlaf hörte. Die ganze Klasse lachte und ich litt darunter, daß man mich verspottete.

Einmal spazierte ich mit einer Freundin auf dem Gang, sie fragte, was passieren würde, wenn wir beim Direktor anläuten würden. Ich antwortete darauf, daß ich sie nicht verraten würde, falls sie es täte. Da läutete sie an und lief spornstreichs davon. Ich war nicht schuldig und blieb dort. Plötzlich rennt der Direktor heraus und versetzt mir ohne ein Wort eine gewaltige Ohrfeige. Eine unbeschreibliche Beschämung und Wut überfiel mich. Ich dachte, die Palla hätte er nicht gewagt, so ohne ein Wort zu ohrfeigen, nur eine Elende, wie ich war, die keine einflußreichen Eltern hatte. In meinem Leid konnte ich mich einzig nur an Gott wenden. Mein ganzes Interesse war nun auf die Religion gerichtet, und ich liebte Jesus, der so viel für uns gelitten hat, unaussprechlich. Es wußte auch niemand Religion besser als ich, doch interessierte mich nur das Neue Testament mit Jesus und seiner Güte und seinen Leiden. Alles das übte einen unbeschreiblichen Einfluß auf mich. Schon zu Jahresbeginn kannte ich die ganze Bibel, und sowie ich Zeit hatte, blätterte ich darin und besah mir die Bilder, die mich immer wieder entzückten. Es war übrigens mein erstes Bilderbuch. Hier sah ich den 12jährigen Jesusknaben im Tempel, mit den Fischern in der Barke und später auf Golgatha, er war die absolute Wahrheit, nach der ich schmachtete. Es riß mich hin, daß auch er nur die Armen liebte, wie ich, und ich bedeckte mit meinen Küssen das Bild, auf welchem er die Kleinen umarmte. Jesus war mein einziger Trost, mein Freund und Zusprecher, er war die unbedingte Güte, wonach ich ein so großes Verlangen hatte.

Meine liebste Freundin war Joli Bittmann. Sie war ein kleines Mädchen aus guter Familie, aber ein wenig verkrüppelt. Sie konnte nur kleine Schritte machen, und auf dem Heimweg ließen sie alle Kinder weit hinter sich. Ich stellte mir vor, wie sehr sie das schmerzte, und gesellte mich oft zu ihr. Einmal erzählte sie mir, sie sei Jüdin, und ich war verwundert, daß sie es so ganz ungeniert sagte, denn ich selbst hielt die Sache aus mir unbekannten Gründen für sehr beschämend. Ich dachte bisher, daß »Jude« eine Art Gemeinheit sei, wie es Hochwürden lehrte, und daß die Juden nicht selig werden, nur die Angehörigen der römisch-katholischen Kirche.

Mein Herz tat mir weh um diese kleine Joli, die so gut und wahrscheinlich ohne ihre Schuld Jüdin war. Ich erzählte ihr von Jesus, über den sie nichts wußte. Auch sie fand alles sehr schön, nur daß Jesus ein Gott war, wollte sie mir nicht glauben. Ich bat sie, nicht daran zu zweifeln, da ihr sonst die Verdammnis drohe, wogegen sie behauptete, daß ich eine Sünde begehe, wenn ich glaube, daß es außer dem einen guten Gott noch einen anderen Gott gäbe. Sie und ihre Eltern wären gute Menschen, die Gott nicht verdammen werde. Ich sah dies ein und hätte es nicht für gerecht befunden, daß dieser Fall eintreten könne.

Allerlei sündhafte Gedanken versuchten mich, warum die Welt so eingerichtet sei, und ich wiederholte mir laut, daß ich mir nichts denke, nichts, überhaupt nichts, trotzdem war es eine große Qual für mich. Denn wir hatten überdies gelernt, daß das Nachdenken eine Todsünde sei, weil Gottes Weisheit nicht erklärt und erforscht werden könne, und doch versuchten mich stets die Gedanken. Dies mit der Religion war bedrückend und trostlos zugleich. Diese unerbittliche Strenge Gottes, womit er in die Hölle stieß, dieser Makel der Sünde überall und auf allem. Auch ich hatte sehr viele Sünden laut dem Sündenregister des Katechismus, so daß ich vor der Beichte Angst bekam, wo ich dies alles eingestehen müßte.

Einmal beging ich eine furchtbare Sünde. Wir waren zur Maiandacht in der Kirche versammelt, dort wo ich die glücklichsten Momente meines Lebens verbracht hatte. Auch jetzt war alles so herrlich schön und in mir ringsherum jubelte alles. Da stieß mich plötzlich die Käthe Krieshuber in die Seite und flüsterte mir irgendein dummes Wort zu. Ich habe diese Krieshuber immer verachtet. Sie hatte rotes Haar und Sommersprossen, war dabei ordinär und dumm und kicherte in einem fort. Aber diesmal konnte ich ihr nicht böse sein. Ihr Lachen steckte mich an und wir lachten und lachten, ohne zu wissen warum.

Dadurch erregten wir um uns allgemeines Aufsehen, und sofort fanden sich einige rachsüchtige Mädchen, die uns mit dem Angeben bedrohten. Da versteckten wir uns lachend in der Bank. Zufällig stießen wir an diese an, daß sie umfiel. Mein angebeteter Hochwürden warf kurz einen niederschmetternden Blick zurück, das Entsetzen stieg uns ins Gesicht, aber als wir uns mit Käthe in die Augen sahen, sprudelte das Lachen jetzt laut aus mir. Dies alles war mir in der Seele furchtbar, während des unverzeihlichen Lachens, und unter Hochwürdens strengem Blick fühlte ich genau, daß ich verdammt sei, weil ich im Hause Gottes mich derart aufführe. Aber ich konnte nichts dafür. Denn die Lustigkeit des armen Kindes ist nicht wie die eines anderen. Sie bricht hemmungslos hervor, wenn das Kind sich irgend einmal wohl fühlt und das Übel ist da. Käthe Krieshuber kannte eine solche Reue nicht, und sie wollte das Spiel fortsetzen. Sie stieß mich noch immer. Sie hatte es leicht, denn ihr lag nicht viel an der Religion, und sie war so dumm, daß sie nicht wußte, was das Seelenheil sei. Ich wußte es und fiel in Sünde. Dazu kam, daß ich auch den Rosenkranz sehr langweilig fand, worüber ich mir innerlich dauernde Vorwürfe machte. Ich versuchte jeden Abend den Kranz zu Ende zu beten, aber es war vergebens. Kaum war ich bis zur Hälfte gelangt, schlief ich ein. Ich dachte daran, wozu verlange die heilige Maria, daß man ein und dasselbe fünfzigmal hintereinander hersage, das sei unnötig, ja unsinnig. Natürlich war das wieder eine Sünde.

So gab es keine andere Rettung für mich als Jesus, der ohne Spur einer unerbittlichen Strenge war, der die Sünder mit Liebe zu sich hob. Ich liebte ihn mit verdoppelter Kraft, und in mir, ganz insgeheim, dachte ich, ihm ähnlich zu sein.

Bei meinen Freundinnen fand ich einen tiefen Judenhaß und sie warfen mir die Freundschaft mit einer Jüdin vor.

Meine zweite Freundin war die Tochter des Wächters im jüdischen Friedhof, die den übrigen als Jüdin galt. Die Lore leugnete das vor mir, aber ich begriff es nie ganz klar, und um nichts auf der Welt hätte ich Brot von ihr angenommen. Trotzdem konnte ich mit ihr nicht brechen. Jeder verachtete sie, die Lehrerin verwies sie in die letzte Bank, was sie, weiß Gott, gar nicht behelligte. Sie war sehr lustig und mutwillig und verstand sich auch in der letzten Bank zu vergnügen. Oft kam sie blau und grün geschlagen oder mit blutigem Kopf zur Schule. Die kleinen Mädchen höhnten sie, zu Hause Schläge bekommen zu haben, aber sie blieb trotzdem lustiger Dinge und erzählte dann mir allein, welch eine schlechte Mutter sie habe. Ich dachte an mein gutes, sanftes Mütterchen und sah, daß sie noch unglücklicher war als ich. Dies begründete wahrscheinlich meine Neigung für sie.

Sie hatte immer viel zu erzählen, ihr Mund stand nie still und immer wußte sie Geheimnisse. Sie war in die Familienereignisse der Lehrerin, des Direktors eingeweiht, und ich konnte mich nicht genug wundern, woher sie dies alles hatte. Ich mußte ihr meist unter Eid ein ewiges Schweigen geloben, worauf sie mit erregenden Neuigkeiten kam.

Einmal brachte sie nach langen Umschweifen vor, sie hätte mir noch etwas zu sagen, doch befürchtete sie, ich würde ihr die Freundschaft kündigen, sie Schwein nennen u.s.f. Ich versicherte sie des Gegenteils, da erzählte sie mir, was ihre Eltern in der Holzkammer gemacht hätten, und seufzend fügte sie hinzu: »Jetzt kommt wieder ein Balg, den ich wiegen kann, so ist's bei uns.« Ich wurde starr, als ich diesen Zusammenhang hörte und zweifelte daran, aber sie machte mich klein: »Red' kein dummes Zeug, das weiß ich schon besser, übrigens kannst du ja andere auch fragen.« Sie kam später darauf noch mehrmals zurück, um mich davon zu überzeugen, aber ich wollte ihren Gedankengang nicht verstehen, und insgeheim stellte ich mir die Sache ganz anders vor.

Auch die anderen Mädchen taten sehr geheimnisvoll, da sie fürchteten, man könnte sie verklagen. Als ich einmal aus der Schule blieb, erzählte mir Lori tags darauf, was passiert war. Sie gingen alle zusammen auf der Gasse, da kamen die Buben zu ihnen, nahmen mit Gewalt ihren Arm und erzählten Schweinereien. Die Mädchen verteidigten sich, worauf die Buben schrien: »Auch ihr sagt Schweinereien, und das wird morgen angezeigt.«

Die Luft war mit lauter solchen Dingen voll, und die Lori hatte einen dämonischen Einfluß auf mich. Wir kannten ein 4jähriges Mädchen, und Lori sagte, was würde sein, wenn wir ihr gemeine Worte sagten. Wir besprachen die Sache und trafen uns noch am selben Tage mit dem kleinen Mädchen. Sie schaute uns verwundert an und versuchte fortwährend von anderen Dingen zu reden. Uns machte diese Verstellung erbost, weil wir nicht denken konnten, daß man so was nicht begreife.

Nachher bekam ich Gewissensbisse, ich empfand Abscheu vor mir. Mich wunderte, daß ich mich dazu hergeben konnte, und ich betete zu Gott, er möge mich von Lori befreien, denn ich wollte um jeden Preis gut bleiben.

Zu meinem Glück bekam ich eine andere Freundin, die damals eingeschrieben wurde. Sie war so winzig wie ein 5jähriges Kind, und bald machte ich die Erfahrung, daß sie ebenso gutherzig war wie ich. Einmal trat sie aus Zufall auf eine Biene, die mit halbem Leibe im Staub weiterkroch. Beide weinten wir darüber, und wir konnten uns lange nicht beruhigen, als wir so fortgegangen waren. Wir besprachen, daß es besser wäre, zurückzugehen und sie ganz zu zertreten, daß die Arme nicht leide. Wir fanden sie wieder, doch nach langer Beratung vermochten wir doch nicht, sie ganz zu töten.

Neben ihr fühlte ich mich gut und rein und ich liebte sie von Herzen, wie bisher keine meiner Freundinnen. Ich erzählte ihr von der armen alten Bettlerin, die von den Kindern mit Steinen beworfen wurde. Ich habe diese Grausamkeit nie begriffen, und mein Herz brach fast vor Mitleid. Wenn es niemand sah, half ich ihr Bündel tragen, und jetzt war es mir lieb, daß eine andere ebenso dachte wie ich.

Einmal war mir, als ob ich auch in meinem Vater etwas wie Liebe zu den Tieren beobachtete. In meinem Herzen erwachte Freude und Hoffnung, vielleicht war mein Vater doch kein so böser Mensch. Es war so, daß unsere Katze von Samstag auf Sonntag Junge geworfen hatte. Mein Vater blieb Vormittag zu Hause, er sah öfter nach den Katzen und trug sie im Korbe an die Sonne. Ich wagte mich hinzu und sah, wie er mit den kleinen Katzen spielte. Dieser Anblick wurde mir sehr lieb und mein Herz füllte sich mit Dankbarkeit. Vater lachte fröhlich über die hilflosen Dinger, auch die Sonnenstrahlen lachten, und ich sah, daß nicht alles auf der Welt furchtbar war.

Wieder hatten wir Übersiedlung. Man hatte meinen Eltern eine Stellung mit 30 Kronen Monatslohn angeboten, aber (überall gab es ein »aber«) die Wohnung war nicht ordentlich und der Garten zweimal so groß. Trotzdem nahmen wir sie an. Als wir einzogen, konnte ich mir nicht vorstellen, daß wir länger als einen Tag in diesem furchtbaren Zimmer bleiben werden. Früher diente es als Weinkeller und hatte eine gewölbeartige Decke. Es war natürlich dunkel und so naß, daß das Salz im Faß zerrann und auf den Schuhen und unter dem Bett ein fingerdicker Schimmel sich bildete.

Mutter stellte in der geschicktesten Weise die Möbel derart auf, daß die Wand, von der der Putz infolge der Nässe abgefallen war, überall verdeckt wurde. Der Fußboden war an zahlreichen Stellen ganz verfault. Mutter machte alles nach Möglichkeit hübsch und freute sich dazu, denn das Zimmer war mehr als geräumig.

Ich glaube, in keiner anderen Stellung hat sich Mutter so geplagt wie hier. Die Hausfrau schnüffelte den ganzen Tag im Garten herum, und sie fand immer etwas, das ihr nicht ganz recht war. Sie rief Mutter jeden Augenblick von der Arbeit weg; ob sie nun beim Waschen oder Kochen war, sie mußte sofort ausführen, was jener eingefallen war. Nie früher wurde meine Mutter so sehr behelligt und nie war sie so nervös wie hier. Mein Gott, was wird daraus werden, dachte ich mir fassungslos. Wie kann es Menschen geben, die so herzlos sind wie diese Frau?

Erst gegen Mitternacht konnte sich Mutter schlafen legen, und um 3—4 Uhr vor Morgenanbruch war sie schon auf den Beinen. In den ersten Stunden versuchte sie, mit der Hausarbeit fertig zu werden, dann begann das Treiben und Hin- und Herrennen. Hätten diese vielen Plagereien wenigstens einen Sinn gehabt, aber die Hausfrau ließ unnütze Arbeit verrichten, wovon sie gar nichts verstand.

Am Ende wußte Mutter nichts Besseres mehr als Klage zu führen, daß sie es nicht aushalten könne. Ein solches Leben war unerträglich. Sooft ich nicht zur Schule ging, verkroch ich mich vor unserem Quälgeist, sonst fand sie auch für mich irgendeine langweilige und sinnlose Beschäftigung. Dies alles ermüdete und entnervte mich so sehr, daß ich voll Angst daran dachte, ich werde als Erwachsene ebenso arbeiten müssen, und unter Arbeit verstand ich nur überflüssige Dinge, womit die reichen Leute die Armen quälen.

Damals geschah es, daß meine Mutter 200 Kronen erbte und sich entschloß, meine Schwester nach Hause zu holen, um sie lernen zu lassen. Bisher kannte ich meine Schwester kaum, die Mutters größte Freude und Stolz war.

In mir erweckte dieses sicher auftretende, strenge, elegant gekleidete Mädchen einen großen Respekt, und auch die Knaben fühlten sich vor ihr beengt. Ihretwegen hatte ich besonders zu leiden, denn ich mußte mit Vater schlafen und lebte in dauernder Angst, von ihm erwürgt zu werden. Ich versuchte deshalb, immer früher einzuschlafen, bevor er nach Hause kam, denn war er nicht nüchtern, so schlief ich die ganze Nacht nicht mehr. In solchen Fällen horchte ich auf sein Schnarchen, das in der tiefen Nacht ertönte, als käme es aus der Lunge eines Riesen.

Meine Befangenheit ließ der Schwester gegenüber niemals nach, sie blieb mir viel zu fremd, um eine Neigung für sie zu empfinden. War sie zu Hause, so räumte sie auf, ordnete und erteilte Befehle, die man im Augenblick befolgen mußte, sonst geriet sie in Zorn. Sie hatte nie ein zärtliches Wort für mich, und ich fühlte deutlich ihre Verachtung. Zum Glück war sie selten zu Hause, denn sie verbrachte in der Regel den ganzen Tag in der Stadt, der Schule wegen. Am Abend bekam ich dafür mein Teil doppelt. Sie hatte stets viele Lektionen, und ich mußte ihr diktieren. Etwas Langweiligeres konnte ich mir nicht vorstellen. Lauter eintönige unverständliche Sätze und jedes Kapitel 5—6mal diktieren. Es war etwa 9 Uhr, als wir begannen, und ich schlief zu Beginn fast ein. Eine Weile ging es noch leidlich, danach aber konnte ich die langen und eintönigen Sätze nur ermattet hersagen. Ich feuchtete mir die Augenlider wiederholt an, daß sie nicht herabfielen, aber als es nicht mehr nützte, schlief ich zwischen zwei Sätzen auf einen Moment ein. Bei alledem hielt ich dies für dieselbe unnütze Quälerei wie die Narrheiten der Hausfrau, denn meine Schwester schrie jeden Augenblick, bald »schneller«, bald »langsamer«, dann verstand sie mich nicht oder vergaß inzwischen, was ich sagte, so daß sie im Grunde allein viel mehr erreicht hätte. Diese Zwecklosigkeiten waren der Fluch meiner Jugend. Ich dachte fortwährend wozu, wozu denn, und konnte meinen Widerwillen nicht niederkämpfen. So dauerte diese Quälerei bis Mitternacht.

Am Morgen mußte ich trotzdem früh aufstehen. Mein Bruder hatte zum Sommer das Austragen der Zeitungen übernommen, und an zwei Plätzen, die abseits von seinem Wege oben auf dem Berge lagen, mußte ich die Blätter abgeben.

Mutter begann mich schon um 6 Uhr zu wecken, zunächst ohne Erfolg. Ich war schläfrig von der Müdigkeit in allen Gliedern. Zuletzt hob sie mich aus dem Bett, während meine Augen noch geschlossen waren. Die arme Teure entschuldigte sich dabei fortwährend. Sie tue es nicht aus bösem Willen, ihretwegen könnte ich bis 9 Uhr schlafen, doch ich müsse es begreifen, so sei die Sache. Ich möge mich zusammennehmen, daran sei nichts zu ändern. Die Kleider mußte sie mir auf den Leib ziehen. Ich nahm die Zeitungen zur Hand und begab mich im Halbschlaf auf den Weg. Draußen machten mich die frische Kälte und das Sonnenlicht wach.

Zuweilen hatte ich einen guten Tag. Ich kam mit dem Bäcker zusammen, und für ein Kipferl trug ich sein Gebäck auf einige Plätze. Diese Morgengänge waren herrlich, und auf dem Rückweg, nachdem meine Schläfrigkeit fort war, fand ich alles wundervoll. Der Weg führte an einem tiefen, tiefen Graben vorbei den Berg hinauf, dessen Seiten mit Fliedergebüsch, Heckenrosen und vielen Blumen bedeckt waren. Alles war vom Tau frisch und duftend. Schmetterlinge flogen in der Luft, die Vögel sangen, und mein Herz schwoll vor Freude und Gerührtheit, daß die Welt so schön sei.

Tief unten im Graben wußte ich eine verborgene Quelle, wohin die wilden Bienen und Hummeln zum Trinken kamen.

Hier pflegte ich zu ruhen. Es waren die schönsten Minuten. Vor den Bienen hatte ich keine Furcht, und sowie eine ins Wasser fiel, hob ich sie mit einem Stäbchen heraus. Ich fuhr nur dann zusammen, wenn ich Schritte über meinem Kopf hörte. Ich befürchtete, man könnte mein Versteck erraten und herunterkommen. Ich hatte vor dem Wild keine solche Angst wie vor den Menschen.

Am liebsten wäre ich dort lange geblieben, um die Ruhe und den Frieden zu genießen.

Um 11 Uhr kam ich aus der Schule, da wartete auf mich schon eine neue Beschäftigung. Ich mußte Veilchen suchen, die meine Schwester zu Sträußen band, und diese verkaufte ich.

Oft stand ich stundenlang, ohne einen Strauß zu verkaufen. Zuweilen kamen Ausflügler aus der Stadt, die in meinen Blumen ein wenig herumwühlten; mein Herz pochte vor Hoffnung, aber in der Regel war ihnen der Preis zu hoch und sie feilschten. Ich war erbittert, daß sie um ein paar Heller herumhandelten und gab nicht nach. So kehrte ich meist mit geringem Ertrage heim.

Meine Schwester schalt mich, daß ich täppisch sei und statt gefällig anzubieten, stünde ich gewiß blöde dabei, natürlich schere man sich da wenig um mich. Ich fühlte, daß sie im Recht sei. Öfter kamen aus dem Dorf erwachsene Bauernmädchen mit Veilchen, die mich ganz in den Hintergrund drängten. Sie waren geschickt und zudringlich, und wiewohl sie nicht so schöne große Gartenveilchen hatten wie ich, brachten sie ihre Ware bald an. Trotzdem vermochte ich mein Benehmen nicht zu ändern.

Ach, welche Qualen haben mir diese herzigen kleinen Blumen bereitet! Ich war überzeugt, mein Äußeres sei schuld daran, daß man sich um meine Person nicht kümmere, weshalb ich mich noch mehr zurückzog.

Einmal kauften ein Herr und eine Dame Blumen von mir. Der Herr versuchte aus Gewohnheit zu feilschen, aber nur zum Scherz. Die Dame bemerkte, daß ich immer mehr betrübt wurde und sagte lächelnd dem Herrn, »laß doch die Arme«, worauf er mir noch mehr gab, als mir zukam. Welch einen dankbaren Blick ich auf die gutherzige Dame warf, die sich noch einmal umwandte, mich beim Kinn faßte und voll Aufmerksamkeit anblickte! Sie machte dazu eine Bemerkung, worauf der Herr lachte und mir in die Backe kniff, daß es weh tat, aber ich wußte, daß es nicht Spott war, weshalb ich mich um den Schmerz nicht kümmerte. Ich sah ihnen lange nach und fühlte, daß es gute Menschen waren. Jeden Tag hoffte ich, sie würden wiederkommen, doch nur harte, teilnahmslose Menschen gingen an mir vorüber. Noch im Gebet gedachte ich ihrer, die wahrscheinlich nicht wußten, welch schöne Augenblicke sie mit ihrer Güte einem armen Kinde bereiteten.

Das Peinlichste war, zum Tore ein- und auszugelangen, denn ich hatte eine Begegnung mit der Hausfrau zu befürchten. Sie hätte es sicherlich nicht erlaubt, daß ich die Veilchen verkaufte, die im Grase ringherum sprießen und sie nichts kosteten.

Es kam die Zeit der Sommerferien, die meine Lage nicht besserte. Die Hausfrau hatte sich etwas ausgedacht, das nicht anstrengend war, doch mir eine ungelegene Last schien, da ich es für vollkommen überflüssig hielt. Sie verlangte, daß ich im Obstgarten sitze und das Obst bewache. Als hätte ich bloß zu diesem Zweck meine Ferien bekommen. Und ich fühlte die ganze Zeit den drückenden Zwang, nicht frei kommen und gehen zu dürfen, ich mußte mich verstecken, daß sie mich nicht erblickte, sonst hätte sie mich gleich angeherrscht, warum ich nicht unten bliebe, denn inzwischen würde man alles stehlen. Als ob dies nicht nachts passieren konnte und gerade nur zur Nacht.

Wäre es kein Zwang gewesen, ich hätte mich am liebsten dort aufgehalten. Wie liebte ich doch diese Bäume! Jeder einzelne war mir ein Freund.

Wir hatten einen jungen Maulbeerbaum, den Vater kugelrund geschnitten hatte. Er sah aus wie ein elegantes rundgeschorenes Baby. Daneben ein schlanker flegelhafter Birnbaum mit großen schwerfälligen Früchten. Dann waren große, große Haselnußbäume, achtunggebietende; die Pflaumenbäume liebte ich am wenigsten. Die standen neben dem Zaun und mit ihren dünnen, durcheinander gebogenen Zweigen glichen sie struppigen Dienerinnen; jeder Vorübergehende durfte an ihnen zerren. Mitten im Garten stand mein Lieblingsbaum, ein kurzstämmiger Apfelbaum mit breiter Krone und mattgrünen Blättern; er streckte seine Zweige breit und freundlich gegen mich hin, wie eine rufende Mutter. Oft stieg ich hinauf und er empfing mich in seinem schattigen Schoß. Es war so gut, hier auf einem bequemen Ast zu sitzen, leider mußte ich inzwischen einen endlosen und langweiligen Spitzenstreifen häkeln, wovon mich die Schwester täglich einen Viertelmeter machen ließ. Mich langweilten diese Spitzen unendlich, die mir jede freie Zeit raubten. Sie waren häßlich, nachdem sie fertig wurden, und gelangten in ein Bündel zwischen allerlei Kram, um einmal zur Brautausstattung zu gehören. So zweifelhaft schien ihr Nutzen, mir aber raubten sie die freie Zeit, denn ich konnte nicht in der Phantasie ungehemmt herumschweifen, da ich fortwährend die Stäbchen und Luftmaschen zählen mußte.

Irgendein nervöses Gefühl überkam mich, ein wahnsinniger Tatendrang, alle diese Arbeiten ein für allemal abzuschütteln und auch meine Mutter davon zu befreien, jeden, daß niemand mehr eine überflüssige Sklavenarbeit verrichten möge.

Täglich ging an unserem Hause ein angetrunkener oder schwachsinniger Glaser vorüber, zuweilen mehrere Male am

Tage, und jedesmal hörte ich seinen sinnlosen Ruf: »Einlöche-
riges, zweilöcheriges, dreilöcheriges Powidelglas.«

Nie sah ich, daß man ihm was abkaufte, und ich fand das
Schicksal dieses Menschen so furchtbar, daß ich ihm um jeden
Preis helfen wollte. Einmal warf ich ihm Obst zu über den
Zaun, wofür er mir zum Dank gemeine Worte zuflüsterte. Ich
lief wie besessen davon, und das ganze Leben schien mir öde
und freudlos. Dasselbe Gefühl hatte ich, sooft ich den eintönigen Ruf jenes Menschen hörte, bis er gänzlich fortblieb. Wahrscheinlich ist er gestorben, dachte ich, und freute mich, seiner
ledig geworden zu sein.

Es wurde Herbst und die Herrschaften zogen in die Stadt. Das
Zeitungsaustragen nahm auch ein Ende, und mein Bruder zählte schon im vorhinein auf das Trinkgeld, welches er zu erhalten
dachte. Wenn seine Rechnung stimme und er auch mein Trinkgeld dazunehme, so reichte es hin für einen schönen Anzug.

An diesem Tag gingen wir natürlich spät, um den Herrschaften zu begegnen.

Um ganz sicher zu sein, schrie mir mein Bruder nach, ich möge nur ganz frei verlangen, wenn man mir nichts gäbe, denn es
käme uns von Rechts wegen zu. Ich erschrak vor dieser Möglichkeit, aber darauf ermutigte ich mich, es würde dazu nicht
kommen und so reiche Leute würden sicherlich etwas geben.
Trotzdem stellte ich mich im ersten Haus sehr beklommen ein
und verlangte das Zeitungsgeld. Der Herr zählte für die Zeitung sechs Kronen auf meine Hand und fügte dann noch eine
hinzu. Ich jubelte, daß alles so glatt ging, und das zweitemal
hatte ich keine Furcht mehr.

Dort empfing mich die Gnädige. Ich küßte ihre Hand, um sie
geneigter zu stimmen und verlangte das Geld, doch las ich kein
Wohlwollen aus ihrem Gesicht. Sie musterte mich von oben bis
unten und fragte, ob jedesmal ich die Zeitung gebracht habe.
Ich bejahte, worauf sie zurückgab, man sei überhaupt nicht zufrieden gewesen, da die Zeitung immer zu spät gebracht worden sei. Mein Gott, das war ihnen zu spät, wo ich im Halbschlaf hergetrabt war, zu einer Zeit, da sie gewiß noch gut
schlief. Ich schnitt eine haßerfüllte Grimasse, als sie sich umwandte, und dachte mir, sie sage dies nur, um nichts geben zu
müssen, ich werde jedoch verlangen. Sie zahlte mir sechs Kronen und tat, als ob sie mich abgefertigt hätte.

Ich zauderte ein wenig und fragte, ob mir so viel zukäme?
Da herrschte sie mich unfreundlich an: »Wissen Sie denn nicht,
wieviel Sie zu bekommen haben?« Ich fühlte, daß ich bis zu
den Ohren rot wurde, und schlich beschämt wie ein geschlage-
ner Hund davon. Kaum vermochte ich das Weinen zurückzu-
halten, das mir die Kehle zuschnürte, aber vor ihr wagte ich es

nicht, erst als ich zum Tore hinaus war, brach es hervor. Mein Gott, wie werden mich mein Bruder und meine Mutter schelten! Ich haßte mich wegen meiner Feigheit, setzte mich auf einen Stein und hielt es für unmöglich, so nach Hause zu gehen. Es waren furchtbare Minuten, die ich durchlebte, zehnmal vielleicht stand ich auf, um zurückzugehen, aber ich schämte mich so sehr, ein Trinkgeld zu verlangen, daß ich trotz meines Elends darauf verzichtete. Mich befiel die Hoffnung, ich könne eine Krone finden und begann zu suchen, doch es war vergebens. Da kam ich auf eine Idee:

Ich werde die eine Krone verstecken, dann zurückkehren und ihr sagen, sie hätte mir zu wenig gegeben. Ich steckte also das Geld in mein Hemd und ging auf das Tor zu, aber es brannte mich derart und ich empfand das Sündhafte meines ganzen Tuns, daß ich meine Absicht nicht durchführen konnte.

Nein, das Geld darf nicht bei mir bleiben, dann werde ich viel mutiger sein, dachte ich, und so verfiel ich darauf, das Geld zu vergraben, bis ich zurückkam. So tat ich, aber daß ich nicht von der furchtbaren Aufregung krank wurde, ehe ich vor die Gnädige kam, das wundert mich noch jetzt.

Ich sah schon von weitem ihre antipathische Gestalt. Sie saß in einem Gartenstuhl bei der Handarbeit und blickte mich voll Mißtrauen an. Als sie meine Angaben angehört hatte, stand sie indigniert auf: »Das ist ja unglaublich! Sie haben es doch selbst nachgezählt!« Es war in der Tat so und ich fühlte mich dem Tode nahe. Ich stand vor Scham wie vernichtet, meine Tränen rannen und sagte nur, ich wisse nicht, wie es kam, aber mir fehlt eine Krone. Ärgerlich ging sie ins Haus, brachte das Geld und rief mir nach: »Jetzt aber kommen Sie mir ja nicht mehr zurück.«

Den ganzen Weg fühlte ich mich wegen meiner Sünde tief unglücklich, und am liebsten wäre ich in den Graben gesprungen, um meinem Elend ein Ende zu bereiten.

Mein Bruder erzählte uns lebhaft, wie es ihm ergangen war, an manchen Plätzen hätte er ungeniert verlangt, wie denn nicht, hätte er es ihnen schenken sollen, aber man gab ihm auch zwei-drei Kronen ohne ein Wort.

Ich erzählte von meinem Abenteuer kein Sterbenswörtchen und übergab die zwei Kronen. Mein Bruder neckte mich, man könne mich nicht zum Reden bringen, wahrscheinlich hätte ich dort blöde gestanden, deshalb gab man mir so wenig. Erbost antwortete ich ihm, er möge mich in Ruhe lassen. Auch Mutter hielt seine Partei, ich lasse kein Wort mit mir reden, es sei schon schrecklich, worauf ich weit davon rannte bis ans Ende des Obstgartens, wo ich unter einem Baum weinend zusammenbrach. Ich umarmte meinen Baum und wiederholte: »Mein

Gott, mein Gott, warum hast du mich verlassen.« Ich sah das Qualvolle des Lebens und verzweifelt suchte ich zu begreifen, warum mir dies alles widerfuhr. Warum war ich nur so unmöglich, so verdammt, bisher habe ich noch niemanden gefunden, der unglücklicher war als ich. Ich allein habe keine glückliche Minute gehabt und mußte leiden, wenn nicht für mich, so für einen anderen. Es schien mir unmöglich, so weiter zu leben, und ich bat Gott, mir ein Zeichen zu geben, was ich zu tun habe, um seinen Schlägen auszuweichen, aber alles war vergebens, Gott blieb mir gegenüber unerbittlich.

Bald darauf hatte ich ein ähnlich trauriges Erlebnis. Zu Allerseelen besaß meine Mutter keinen Heller und dachte daran, ein paar Kränze zu binden, die ich verkaufen sollte.

Ich hatte keine guten Erfahrungen mit solchen Verkäufen, aber ich sah die Notwendigkeit der Sache ein und fügte mich sofort. Ich bekam vier Kränze, und Mutter entließ mich mit vielen Hoffnungen. Sie lächelte mich süß an, herzte mich, nur ihr gutes kleines Lieschen könne ihr helfen. Mir taten ihre Worte sehr wohl, aber ich wagte nicht zu hoffen. Ich machte mich auf den Weg zur Stadt, wo viel Volk zum Friedhof strömte. Ich stellte mich zu den Zelten hin, in welchen man die Kränze verkaufte. Viele Bekannte kamen vorüber, vor denen ich mich zurückzog, um unbemerkt zu bleiben, sie sahen mich aber doch, und ich schämte mich gewaltig, daß ich Kränze verkaufen mußte. Nur die Käufer wollten mich nicht erblicken. Jeder, dem ich sie anbot, gab mir zur Antwort, er habe schon gekauft, oder sie antworteten mir überhaupt nicht. Es war unglaublich, denn in den Zelten gingen die Kränze einer nach dem anderen weg. Wieder fühlte ich mein Geschick, in meiner Seele schluchzte die Verzweiflung ob meiner Verlassenheit; was war an mir, daß man mich wie einen Aussätzigen mied. Ich fürchtete keinen Bekannten mehr, stellte mich mitten im Weg auf und bot jedem Vorübergehenden meine Kränze an, aber es war schon spät und keiner brauchte sie mehr. Mir blieb nichts anderes übrig, als nach Hause zu gehen, ohne ein Stück verkauft zu haben. Müde schleppte ich mich davon, indem ich Gott bat, mich zu sich zu nehmen, da ich zu nichts nütze.

Zu Hause Mutters verzweifeltes Händeringen, ich hätte lieber gelitten, daß man mich ans Rad flocht, nur das nicht, das nicht!

In ihrer höchsten Not suchte Mutter einen Mehlsack hervor, ich möge ihn beim Krämer verkaufen. Inzwischen fiel mir ein, daß ich meine Häkelnadel verloren hatte, die ich tags darauf in der Schule brauchte. Ich fragte, ob ich vom Gelde eine andere kaufen dürfe, da wurde Mutter arg böse, sie sähe nun, daß sie in mir ein unbrauchbares Ding erzogen habe, meine Schwester behielte recht, die das sagte. Ich könne gehen, und am liebsten wäre ihr, wenn ich nicht wiederkäme. So fiel jede Hoffnung in mir zusammen, ich war von Gott und Menschen verlassen. Die Zeit, welche darauf kam, schien mir, als ob ich nicht mehr leben würde. Ich war ewig müde, die Schwester nannte es aber Faulheit, und gerne wäre ich von früh bis abends gelegen.

Einmal ging Mutter am frühen Morgen zur Wäsche fort und auch Vater war nicht zu Hause. Da dachte ich mir, es ist die beste Gelegenheit, zu Hause zu bleiben und nicht aufzustehen. Um 7 Uhr begann mich die Schwester aus dem Bett zu zerren. Ich antwortete, daß ich müde sei und nicht in die Schule wolle. Da fuhr sie mich an, sie möchte wohl wissen, wovon; ich könne ihr nichts vorlügen, sie dulde meine Faulheit nicht, wenn ich glaubte, sie wäre ein so gutmütiger Narr wie die Mutter, so irrte ich mich stark. Und sie zog die Decke von mir. Ich fing an zu weinen, was sie sehr in Wut brachte. Sie schlug mich auf den Mund und fragte dazu jedesmal: »Wirst du schweigen, schweigst du nicht?« Natürlich weinte ich nach jedem Schlag immer mehr. Darauf riß sie mich aus dem Bett, schlug mich am ganzen Leib und war wie eine rasende Furie. Dazwischen verlangte sie, daß ich schweige, sonst würde sie mich das Schweigen lehren.

Als sie endlich von mir ließ, war ich mit Beulen bedeckt, so daß sie selber erschrak. Sie kam zu mir und fragte, ob ich sie hasse? Ich hatte Angst, daß sie von vorne beginnen würde und antwortete, nein. »Warum lügst du, ich merke es dir doch an. Liebst du mich vielleicht?« Hierauf antwortete ich auch: »Nein.« Was dann, wenn ich sie weder liebe noch hasse, so quälte sie mich, und das war noch ärger als ihre Schläge.

Sie hielt mir eine Predigt, sie könne mich nur deshalb nicht leiden, weil ich mich herumschleppe, als wäre kein Leben mehr in mir. Wer zum Teufel hätte ein solches Kind gesehen? Da wären die Kleinerschen Kinder, bei denen sie in Stellung war, viel herziger und lebensfähiger. Warum nehme ich mir die nicht zum Beispiel? Sie würde mich so lange schlagen, bis ich mich änderte. Ich fand ihre Rede ungemein grausam. Da fühlte ich, daß ich meine Schwester nie im Leben gerne haben würde. Darauf verlangte sie noch, ich möge sie zum Zeichen meiner Folgsamkeit küssen, wozu ich aber nicht fähig war. Sie kam nochmals in Wut: »Siehst du, man kann mir dir nicht schön reden, du hartköpfige starrsinnige Niedertracht, ich werde es noch der Mutter sagen, daß man dich wie einen Hund prügeln muß.« Zuletzt, da ich nicht zur Schule ging, mußte ich ihr bei der großen Aufräumerei helfen. Dies war meine ersehnte Ruhe. Trotzdem war ich froh, daß ich sie nicht gegen mein Gefühl geküßt hatte.

Im Winter wurde mein Bruder krank, und ich beneidete ihn um dieses Glück. Er stellte sich im Bett leidend, und ich wunderte mich darüber, wie man bei so viel Behagen noch Klage führen könne. Wie gerne hätte ich seine Stelle eingenommen und den ganzen Tag im warmen Zimmer gelegen. Es war mein sehnlichster Wunsch. Er bekam auch irgendeine süße Medizin, wie ich sie besser noch nicht gekostet habe. Mein Bruder wollte sie nie einnehmen, und wenn niemand zugegen war, trank ich sie an seiner Stelle. Wo es nur möglich war, umschlich ich sein Bett: Du gibst mir wohl davon ein wenig und er hätte mir gerne die ganze Flasche zu trinken gegeben.

Später erkrankte auch die Schwester und man brachte sie ins Spital. Ich besuchte sie mit Mutter jeden Tag und dachte während der ganzen Zeit an nichts anderes, wie ans Spital, so schön und gut war dort alles. Meine Schwester seufzte und jammerte viel, und die Nonnen erfüllten jeden ihrer Wünsche mit Zärtlichkeit und Liebkosungen. Wie schön und lieb waren doch diese Schwestern! Wie glücklich war ich, wenn sie sich mit einigen Worten auch an mich wendeten. Ich schwärmte immerfort davon, wie gut es wäre, her zu gelangen, wo sich die teuren guten Nonnen mit mir beschäftigen würden. Ich hätte sie nicht geplagt wie meine Schwester. Ich wäre glücklich, wenn sie mich nur zuweilen streicheln würden.

Manchmal schickte mich Mutter allein dorthin, weil sie keine Zeit hatte. Meine Schwester fragte mich dann spöttisch: »Warum kommst du denn herein? Du liebst mich doch wohl nicht? Oder bemitleidest du mich, daß du jeden Tag kommst?« Solche Fragen wurden mir sehr peinlich. Was sollte ich an ihr bemitleiden? Vielleicht den letzten Bissen, den wir ihr hintrugen, denn jeder suchte ihre Gunst und sie hatte alles. Deshalb sollte ich sie bemitleiden?

Ach, wie ich darum flehte, ebenso krank zu sein! Damals wußte ich's nicht, aber jetzt habe ich die Gewißheit, daß ich in der Tat krank war, aber es kümmerte sich niemand darum, und auch ich dachte nicht daran. Meine Gesichtsfarbe war so gelb, daß es in der Schule auffiel, und ich dünkte mich so unerträglich häßlich, daß ich nicht wagte, in den Spiegel zu blicken. Ich fing an, gebeugt zu gehen, da ich schnell wuchs und die Kinder neckten mich, was ich wohl auf der Erde suche.

Als meine Schwester gesund wurde, gab es der Besuche und Gratulationen kein Ende. Mutter litt unter der Krankheit meiner Schwester derart, daß sie jeder darum bemitleidete. Auch mich stellte man bei jedem Schritt und Tritt zur Rede, wie es der Schwester gehe und jetzt, nachdem sie gesund wurde, kam jeder auf Besuch.

Meine Schwester hatte auch viele Bekanntschaften in der Stadt, und eines Sonntags kamen diese zu uns. Mutter kaufte zwei Liter Milch und buk zu dieser Gelegenheit »Buchteln«, ich aber dachte mit großem Verlangen daran, einen Liter Milch selbst trinken zu können. Schon lange wünschte ich sehnlich, ein Glas laue, süße Milch zu trinken, rein, ohne Kaffee, doch ich wagte nicht, davon einem Menschen etwas zu erzählen, denn es schien mir eine unmögliche Sache. Wir hatten täglich einen Liter Milch für sechs, den mußten wir mit so viel Kaffee verdünnen, daß es ausreichte. Und jetzt, diese viele Milch nur für Fremde! Bevor Mutter die Jause machte, schlich ich mich zur Milchschüssel und tunkte ein Kipferl hinein, das von der süßen Flüssigkeit dick anschwoll. Ich tunkte, solange das Kipferl langte und habe im Leben keinen größeren Genuß gehabt.

Im Frühjahr bezog die Familie des Bankdirektors Braun die Villa. Sie hatten ein 4jähriges Mäderl.

Herr Braun sagte zu ihr: »Siehst du, da ist ein schönes, kleines Mädchen, sie wird deine Spielkameradin sein.« Sie war ein ungemein lebhaftes Mädchen, und ich war von der in Aussicht gestellten Freundschaft gar nicht entzückt.

Bald machte ich die Entdeckung, daß Gretel viele Märchenbücher besaß, die ich noch nicht gelesen hatte und denen zuliebe ich sie oft oben besuchte. Sowie man mich ein wenig aus den Augen ließ, nahm ich ein Buch zur Hand und las die herrlichen Feengeschichten. Aber das kleine Mädchen liebte es nicht, daß ich las. Gleich lief sie zur Mutter mit der Klage, ich käme zu ihr der Bücher zuliebe, nicht um mit ihr zu spielen. Ihre Mama ließ mir keine Ruhe, und mit leidender Stimme gab sie mir zu verstehen, daß ich Gretel sich nicht langweilen lassen und ihr keinen Kummer bereiten möge. Was wußte Gretel von Kummer! Ich stand widerwillig auf und spielte jene sinnlosen Komödien zu Ende, die sie ein Spiel nannte und die ihren Kummer verscheuchten.

Wir spielten Papa-Mama, wozu nach ihren Begriffen sogleich Köchin, Stubenmädchen und Kinderfrau gehörten, die ich alle darstellen mußte. Im Sinne dieser Rollen hatte ich ihr, der Mama, allerlei Antworten zu geben.

Ich begriff nicht, welche Antworten eine Köchin oder ein Stubenmädchen zu geben hat, weshalb sie mir sie vorsagte. So wurde das Spiel noch langweiliger. Dann zerrten wir die Puppe hin und her, die war das Kind, das wir alles Gute lehren, mit der Kinderfrau spazieren schicken und vor den Gästen artig antworten lassen mußten. Mir wurde es jedesmal leicht ums Herz, wenn diese Dummheiten ein Ende nahmen. Ich liebte es niemals, mit der Puppe zu spielen; mir war jedes solche Spiel geziert, und als ganz kleines Kind besaß ich auch keine Puppe, nur die, die ich mir selbst aus einem Kochlöffel und Fetzen gemacht hatte.

Um diese Zeit bekam ich von Tante Marie eine wirklich kostbare Puppe geschenkt. Ich freute mich ein wenig, endlich auch eine zu haben, aber später langweilte sie mich, und ich schenkte sie einer Schulfreundin weiter. Mein ganzes Verlangen war nach einem Reifen oder Ball gerichtet, die einen Sinn hatten und mit denen man spielen konnte.

Gretels Mutter fuhr im Sommer weg und legte mir sehr ans Herz, ich möge recht viel mit dem kleinen Mädchen spielen und sie sich ja nicht langweilen lassen. Sie würde mir nach ihrer Heimkehr einen Silbergulden schenken, wenn ich es tun wolle. Mutter sagte sie es ebenfalls, und diese erinnerte mich stets an den Gulden, wenn ich mal nicht hinaufging.

Jetzt, wo Gretels Mutter fort war, wagte ich eher zu lesen. Ich versank ganz in den Herrlichkeiten und blieb halbe Tage lang oben. Mutter freute sich über meinen Eifer.

Wie sehr schämte ich mich aber vor meiner Mutter, als ich nur eine Krone bekam und mir gesagt wurde, dies sei darum, weil die Kleine über mich geklagt hätte, es wäre langweilig mit mir gewesen. Ich las aus Mutters Augen den Vorwurf, daß ich nicht einmal zum Spielen tauge.

Mit diesem Gelde ließ Mutter für mich einen Stoff, den sie im Hause besaß, nähen. Wie oft habe ich nachher gewünscht, nie die Krone bekommen zu haben! Ach welch qualvolle Erinnerungen sind mit diesem Kleide verbunden! Es war ein kornblumenfarbiger Stoff, und man kann sich denken, welch ein Meisterstück die Schneiderin daraus für eine Krone verfertigte. Sie wollte trotzdem ihre Kunst zeigen und es sehr prächtig herstellen. Auf den Ärmeln und vor der Brust brachte sie Goldschnüre an.

Als ich es zum erstenmal anzog, verursachte mir der Gedanke, fortan darin gekleidet zu sein, Entsetzen. Es schrie vor Geschmacklosigkeit. Ich bat meine Mutter, sie möge wenigstens die Schnüre abnehmen, aber sie hielt dafür, das Bezahlte auch auszunützen, und ich müsse es tragen, wie es gemacht sei.

Hatte ich bis dahin mein Äußeres für unmöglich gehalten, so wagte ich mich jetzt in diesem Kleide vor Scham nicht mehr auf die Gasse. Mein Gott, welchen Schnitt hatte es! In der Brust so enge, daß ich nicht atmen konnte und in Zwickel geschneidert, so daß es hinten natürlich länger wurde als vorne.

Ich habe viel Trauriges erfahren, aber dies war sicherlich das Peinlichste, daß ich in solchem Aufzug unter Menschen gehen mußte. Gretels Mama tat, als ob ihr das Kleid gefiele, und lobte mich darin. Ich wurde davon erbittert. Mir kannst du gut reden! Deinem Kinde würdest du einen solchen »Graus« nicht umhängen, aber mir ist auch das schön! Als ob ich nicht wüßte, daß Schönste auf der Welt sei ein Matrosenkleid, das bequem und elegant ist und worin man sich frei bewegen kann.

Am nächsten Tag ging ich sehr früh zur Schule und schlich in meine Bank, daß mich niemand bemerke. Ich wagte mich nicht zu rühren, um kein Aufsehen zu erwecken. Unglücklicherweise rief man mich an diesem Tag zur Tafel. Beschämt und verlegen ging ich mit solchen Gebärden nach vorne, daß das Fräulein mich eigentümlich anblickte: »Nun, was ist denn mit dir?« Darauf wurde ich noch mehr verlegen, ich fühlte, wie mein Gesicht einen ganz unnatürlichen Ausdruck annahm, meine Bewegungen schwerfällig wurden, als ob man mich in dem engen Kleide an einem Draht gezogen hätte. Mein Gesicht brannte vor Schande, und jede Bewegung wurde mir zur Qual.

Ungeschickt fuhr ich mit der Kreide hin und her und konnte überhaupt nicht rechnen. Das Fräulein herrschte mich ärgerlich an: »Wenn du den Verstand zu Hause gelassen hast, magst du auf deinen Platz gehen.« Irgendwie stolperte ich zurück. Die Kinder blickten mich alle an, und auch ich war der Meinung, den Verstand verloren zu haben.

Diese Schande um einen solchen Fetzen! Dazu war auch mein Schuhwerk nicht in Ordnung. Der eine Schuh hatte eine stumpfere Spitze als der andere, wer ein wenig hinsah, konnte es sofort merken. Aus diesem Grunde zog ich den Fuß ewig hintendrein, und wo es ging, versteckte ich ihn. Jeden hatte ich in Verdacht, daß er meine Füße ansehe. Wieviel Leid so was einem Kinde bereiten kann!

Die Armut bedrückte mich nicht, auch daß ich nicht so schön und behaglich wohnte wie die anderen, nur die viele Schande, die ich ertragen mußte. Ich konnte mir nicht mehr vorstellen, daß ich jene wohltuende Ruhe der Ungezwungenheit besitzen könne, die ein gutsitzendes Kleid verleiht. Alle meine Bewegungen machte ein unnennbares Schamgefühl steif.

Zuweilen ging ich mit der kleinen Bittmann, die über unsere Verhältnisse nichts wußte, was ich ihr auch niemals verriet. Da sehe ich auf einmal den Vater entgegenkommen, wie immer ein wenig schwankend. Eine brennende Röte stieg mir ins Gesicht, ich wußte nicht, wie ihm auszuweichen, um nicht grüßen zu müssen, und wahrscheinlich wäre ich versunken, wenn die Bittmann erfahren hätte, daß dieser verkommen aussehende Trunkenbold mein Vater war. Ich war nie ganz sicher, wann und wo ich ihm begegnen würde, denn das Wirtshaus lag auf dem Weg zur Schule.

Immer nur Schande über Schande und immer ohne mein Verschulden! Mein Gott, wann wird es anders werden. Dies waren meine Gedanken ohne Unterlaß.

Dann standen wir an der Schwelle einer großen Veränderung. Es war davon die Rede, daß meine Schwester irgendwo weit eine Stellung erhielt und wir Vater verließen. Ich ging nicht mehr zur Schule, beendete auch die Klasse nicht, und zu Hause gingen die geheimen Vorbereitungen fieberhaft vonstatten.

An Stelle meines Vaters sollte ich unter die Gewalt meiner Schwester kommen — und ich wußte nicht, was besser sei. Soll ich mich freuen oder nicht? Aber dies war mein Schicksal . . .

## S. Ferenczi: Schlußbemerkungen

*Die unglückliche Schreiberin dieser Kindheitsgeschichte war in der Zeit vor ihrem Selbstmord, wie gesagt, mit der Aufzeichnung ihrer späteren Mädchenzeit beschäftigt. Diese späteren Blätter waren nach Angaben der Angehörigen nicht aufzufinden. Da ich aber von Zeit zu Zeit Gelegenheit hatte, in sie Einsicht zu nehmen, kann ich wenigstens den Allgemeincharakter des verlorengegangenen Manuskripts in der Erinnerung rekonstruieren. Das Unglück (wohl auch ein unbewußtes Leidenwollen) verfolgte die Dulderin auch in ihrem zweiten Lebensjahrzehnt. Die in den obigen Kindheitserinnerungen erwähnte Schwester heiratete bald einen Mann aus einer Hochgebirgsgegend. Hierdurch war es der Schreiberin ermöglicht, zum ersten Mal eine Reise und dazu gleich in eine Prachtlandschaft zu unternehmen. Unvergeßlich bleibt mir die Schönheit und die Treue, mit der sie Landschaften und Naturereignisse beschreiben konnte. Ich sah in diesen Zeilen die Ansätze zu einer vielleicht nicht unbedeutenden literarischen Laufbahn. Eine nicht sehr liebevolle Schwester, ein gar zu sehr lieben wollender Schwager (der offenbar geistig abnorm war), vergifteten aber auch die von Naturgenuß, Kunst und Literatur bereits verschönten Lebensjahre, und die materielle Not der Familie zwang das junge Mädchen zur Aufgabe aller geistigen Entwicklungspläne und zur harten Arbeit in einem düsteren Bürozimmer. Als milder Sonnenstrahl schwebte allerdings über all dem Unglück die nie versiegende Liebe der Mutter, deren Feinfühligkeit inmitten all dieses sozialen und persönlichen Elends Bewunderung verdient. Und dunkel erinnere ich mich an eine Liebesangelegenheit, der sich aber die Schreiberin — sie wußte selbst nicht warum — entzog, bevor sie ihr Glück oder wenigstens Momente der Befriedigung gebracht hätte. Dann kam des Schwagers Selbstmord — bald darauf auch das Ende ihres vielgeplagten Lebens.*

*Es wäre nicht sehr schwer, diesem Tatbestand einen analytischen Deutungsversuch aufzupfropfen, er könnte aber nur die neuerliche Bestätigung bereits gutbekannter psychologischer Zusammenhänge bieten. Ich ziehe also vor, diese Aufzeichnungen als menschliche Dokumente unverändert und ohne Kommentar zu veröffentlichen. Psychologen und Soziologen, Lehrer und Eltern dürften sie nicht ohne Nutzen lesen.*

# Nachwort

Zu Unrecht ist Otto Rühle, der revolutionäre Kommunist und anarchistische Pädagoge, heute fast völlig vergessen. Seiner Soziologie und Psychologie des proletarischen Kindes ist es zu verdanken, daß schon in den zwanziger Jahren, lange vor aller schichtenspezifischen bürgerlichen Sozialisationsforschung, die im Kapitalismus begründete Unterdrückung besonders der Arbeiterkinder systematisch aufgedeckt wurde. Bei der auch heute noch verbreiteten ohnmächtigen Konstatierung der autoritären Verstümmelung, die den Kindern der Arbeiterklasse geschieht, ist Rühle aber nicht stehengeblieben. Er hat die praktische Aufhebung des Unrechts an den Kindern reflektiert und erkannt, daß nur der Kampf der Kinder selbst die Kinder von autoritärer Herrschaft befreien kann.

Bevor Otto Rühle diesen radikalen Ansatz entwickelte, hatte er mit seinem pädagogischen Werk eine sozialistische Kritik bürgerlicher Erziehung und Ausbildung formuliert und von der individualpsychologischen Seite her eine klassenspezifische Sozialisationsforschung begründet. Von der Kritik der Volksschule (*Die Volksschule, wie sie ist*, Berlin 1903) über die Kritik an der proletarischen Familienerziehung (*Das proletarische Kind*, München 1911), dem Entwurf der Erziehungsutopie *Neues Kinderland* (Berlin 1920) und einer Kritik der Frauenemanzipation (*Die Sozialisierung der Frau*, Dresden 1924) gelangte er zur Begründung der politischen Selbstorganisation der proletarischen Kinder. Die Herausgabe der Zeitschrift *Am anderen Ufer* (1925), die Arbeitsgemeinschaft »Das proletarische Kind« (1926/27) und die Zeitschrift *Das proletarische Kind* (1926/27), nicht zuletzt die Initiierung proletarischer Kindergruppen waren praktische Schritte auf diesem Wege.

Die psychologischen Probleme, die der antiautoritäre Klassenkampf der Kinder aufwirft, wurden mit dem Buch *Die Seele des proletarischen Kindes* (1925) Rühles zentrales Thema.

In diesem Buch wird versucht, die psychologischen Widerstände gegen die Führung eines antiautoritären Kampfes durch die proletarischen Kindermassen aufzudecken.

Das Versagen vor den Aufgaben eines antiautoritär geführten Klassenkampfes wird auf die weitgehend in Kindheit und Jugend gescheiterten Auseinandersetzungen der proletarischen Kinder mit den herrschenden Autoritäten zurückgeführt. Anpassung, Verwahrlosung und kompensatorischer Autoritarismus werden von Rühle als die verfehlten Formen kindlicher Autoritätsbewältigung erkannt. Weder in der bürgerlichen noch in der sozialdemokratischen oder auch in der kommunistischen Kinder- und Jugendbewegung sah Rühle adäquate Lösungen des Autoritätsproblems. Allein die Tendenzen der »Freien Jugend«, des Zentrums der anarchistischen Kinder- und Jugendbewegung, wollte Rühle akzeptieren. In ihren antiautoritären Organisationsansätzen, in denen die Selbstorganisation einer altershomogenen Nur-Kinder-Bewegung sich entfaltete, sah Rühle den richtigen Weg, auf dem Kinder ihren kompensatorischen Autoritarismus überwinden und sich zu antiautoritären Klassenkämpfern entwickeln könnten.

An die »Freie Jugend« schlossen sich Rühles »proletarische Kindergruppen« an. Mit diesen konkreten Ansätzen einer anarchistischen Kinder- und Jugendpädagogik steht Rühle fast allein. Lediglich Francesco Ferrer, der spanische Begründer einer nichtautoritären Schulpädagogik, ist ihm zur Seite zu stellen. Anklänge an eine nichtautoritäre Kollektiverziehung zeigen nicht zuletzt auch Versuche sozialistischer Kibbuz-Erziehung in Israel.

Allerdings wirft Rühles Pädagogik, die in die heutige Diskussion um antiautoritäre Erziehung kaum aufgenommen wurde, eine Reihe von Fragen im Hinblick auf die Didaktik und Methodik radikaler herrschaftsfreier Erziehung auf. Die Konzeption einer individualpsychologisch fundierten Gemeinschaftserziehung wäre heute angesichts der im Übermaß ideologisierten Gemeinschaftstheorie und -praxis erneut zu reflektieren.

Die Wiederveröffentlichung von Rühles Beitrag *Die Seele des proletarischen Kindes,* von Auszügen der Diskussion über ›Der autoritäre Mensch und die Revolution‹ (aus der Zeitschrift *Die Aktion,* 1925) und das von Ferenczi herausgegebene *Tagebuch eines proletarischen Mädchens* (1929) werden die Diskussion um eine klassenspezifische antiautoritäre Kollektiverziehung in der sozialistischen Bewegung unterstützen.

Die Auseinandersetzung um den politischen Stellenwert antiautoritärer sozialistischer Erziehung und ihre Praktikabilität in der Arbeiterklasse wird Rühles Analysen und Argumente berücksichtigen müssen.

Berlin, im Sommer 1969                     L. v. W./R. W.

# Verzeichnis der Schriften Otto Rühles

Bücher:
— *Die Volksschule, wie sie ist.* Berlin 1903.
— *Die Volksschule, wie sie sein sollte.* Berlin 1903.
— *Das sächsische Volksschulwesen.* Leipzig 1904.
— *Arbeit und Erziehung.* München 1904.
— *Kinderelend.* Proletarische Gegenwartsbilder. 1906.
— *Das proletarische Kind.* München 1911. 1922².
— *Grundfragen der Erziehung.* Stuttgart 1912.
— *Erziehung zum Sozialismus.* Berlin 1919.
— *Kind und Umwelt.* Eine sozialpädagogische Studie. Berlin 1920 (Gesellschaft und Erziehung Nr. 7).
— *Die Revolution ist keine Parteisache.* Berlin 1920.
— *Das kommunistische Schulprogramm.* Berlin 1920 (Politische Aktionsbibliothek. Nr. 9).
— *Neues Kinderland.* Ein kommunistisches Schul- und Erziehungsprogramm. Berlin 1920 (Gesellschaft und Erziehung Nr. 10).
— *Liebe, Ehe, Familie,* Dresden 1922.
— *Von der bürgerlichen zur proletarischen Revolution.* Dresden 1924.
— *Die Sozialisierung der Frau.* Dresden 1924.
— *Die Seele des proletarischen Kindes.* Dresden 1925.
— *Das verwahrloste Kind.* Dresden 1926 (Schwererziehbare Kinder. 9).
— *Geschichte der Revolutionen Europas.* Bd. 1–2. Dresden 1927.
— *Karl Marx.* Leben und Werk. Dresden 1928.
— und Rühle, Alice: *Sexualanalyse.* Rudolstadt 1929.
— *Weltkrise — Weltwende.* Kurs auf den Staatskapitalismus. Berlin 1931 (Unter Pseudonym »Carl Steuermann«).
— *Der Mensch auf der Flucht.* Berlin 1932 (Unter Pseudonym »Carl Steuermann«).
— *Mut zur Utopie.* Baupläne zu einer neuen Gesellschaft. Prag 1935.

Aufsätze:
— *Klassenkampf — Massenkampf.* In: Die Jugendinternationale. August 1915.
— *Die kommunistische Arbeitserziehung.* In: Die Aktion, 9. Jg. (1919).

— *An die Mitglieder der KPD.* In: Die Aktion, 10. Jg. (1920), S. 11.

— *Weil die Parole fehlte.* In: Die Aktion, 10. Jg. (1920), S. 221.

— *Freie neue kommunistische Partei?* In: Die Aktion, 10. Jg. (1920), S. 243.

— *Die Überwindung der Partei.* In: Die Aktion, 11. Jg. (1921), S. 108.

— *Grundfragen der Organisation.* In: Die Aktion, 11. Jg. (1921), S. 533, 559, 587, 615.

— *Sexualmoral und »Sexualreform«.* In: Die Aktion, 11. Jg. (1921), S. 581.

— *Proletarische Mädchen.* In: Zeitschrift für Individualpsychologie. München 1925, S. 328 ff.

— *Die Grundlage der Ehe.* In: Die Aktion, 15. Jg. (1925), S. 93.

— *Andere Verhältnisse — andere Menschen.* In: Die Aktion, 15. Jg. (1925), S. 173.

— *Der autoritäre Mensch und die Revolution.* I. und II. In: Die Aktion, 15. Jg. (1925), S. 555 ff und S. 598 ff.

— *Warum bleiben die Massen in der Partei?* In: Die Aktion, 15. Jg. (1925).

— *Die Flucht in den Buddhismus.* In: Die Aktion, 16. Jg. (1926).

Sekundärliteratur:

Lukács, Georg: *Otto Rühle, Geschichte der Revolutionen Europas.* Bd. 1—3. Dresden 1927. In: Archiv für Geschichte des Sozialismus und der Arbeiterbewegung. 14. Jg. (1929), S. 160—162.

Duncker, Hermann: *Marx, Rühle und die »Weltbühne«.* In: Die Linkskurve, 2. Jg. (1930), Nr. 3, S. 25 f.

Franck, Sebastian: *Soziologie der Freiheit.* Otto Rühles Auffassung vom Sozialismus. Eine Gedenkschrift. Ulm 1951.

# Register

232

# FISCHER
## TASCHENBÜCHER

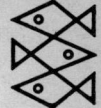

## Funk-Kolleg

# FISCHER
## TASCHENBÜCHER

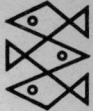

## Psychologie.

# FISCHER
## TASCHENBÜCHER

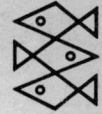

# Psychologie.

**Klaus Holzkamp**
Kritische Psychologie (Bd. 6505)

**Henry Jacoby**
Alfred Adlers Individualpsychologie
und dialektische Charakterkunde
(Bd. 6230)

**C. G. Jung**
Bewußtes und Unbewußtes
(Bd. 6058)

**Alfred C. Kinsey**
Das sexuelle Verhalten des Mannes
(Bd. 6003)

**Marxismus Psychoanalyse Sexpol**
Hrsg.: Hans-Peter Gente
(Bd. 6056) / (Bd. 6072)

**Tilmann Moser**
Jugendkriminalität und
Gesellschaftsstruktur (Bd. 6158)

**Reuben Osborn**
Marxismus und Psychoanalyse
(Bd. 6279)

**Fischer Lexikon Psychologie**
Neubearbeitung
Hrsg.: Peter R. Hofstätter
(Bd. FL 6)

**Ola Raknes**
Wilhelm Reich und die Orgonomie
(Bd. 6225)

**Josef Rattner**
Aggression und menschliche Natur
(Bd. 6173)
Der schwierige Mitmensch (Bd. 6186)
Gruppentherapie (Bd. 6223)
Psychotherapie als Menschlichkeit
(Bd. 6253)
Neue Psychoanalyse und intensive
Psychotherapie (Bd. 6266)

**Wilhelm Reich**
Die sexuelle Revolution (Bd. 6093)
Die Entdeckung des Orgons /
Die Funktion des Orgasmus (Bd. 6140)
Charakteranalyse (Bd. 6191)
Die Massenpsychologie des
Faschismus (Bd. 6250)
Der Einbruch der sexuellen Zwangs-
moral (Bd. 6268)

**Marthe Robert**
Die Revolution der Psychoanalyse
Leben und Werk Sigmund Freuds
(Bd. 6057)

**Otto Rühle**
Zur Psychologie des proletarischen
Kindes (Bd. 6280)

**Manès Sperber**
Alfred Adler oder
Das Elend der Psychologie (Bd. 6139)

**Robert Waelder**
Die Grundlagen der Psychoanalyse
(Bd. 6099)

**Gunther Wollschläger**
Kreativität und Gesellschaft
(Bd. 6177)

**Hans Zulliger**
Heilende Kräfte im kindlichen Spiel
(Bd. 6006)
Helfen statt strafen — auch bei
jugendlichen Dieben (Bd. 6037)
Umgang mit dem kindlichen
Gewissen (Bd. 6074)
Die Angst unserer Kinder (Bd. 6098)

# Alfred Adler

Gesamtauflage:
362 000 Exemplare

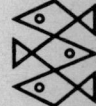